财政部规划教材
全国财政职业教育教学指导委员会推荐教材
全国高等院校财经类教材

国际金融原理与应用

王群琳　主编

中国财经出版传媒集团

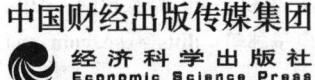

经济科学出版社
Economic Science Press

图书在版编目（CIP）数据

国际金融原理与应用 / 王群琳主编. —北京：经济科学出版社，2018.6（2021.1 重印）

财政部规划教材　全国财政职业教育教学指导委员会推荐教材　全国高等院校财经类教材

ISBN 978-7-5141-9336-7

Ⅰ. ①国… Ⅱ. ①王… Ⅲ. ①国际金融-高等学校-教材 Ⅳ. ①F831

中国版本图书馆 CIP 数据核字（2018）第 104191 号

责任编辑：刘殿和
责任校对：刘　昕
责任印制：李　鹏　范　艳

国际金融原理与应用

王群琳　主编

经济科学出版社出版、发行　新华书店经销
社址：北京市海淀区阜成路甲 28 号　邮编：100142
教材分社电话：010-88191355　发行部电话：010-88191522
网址：www.esp.com.cn
电子邮箱：esp@esp.com.cn
天猫网店：经济科学出版社旗舰店
网址：http://jjkxcbs.tmall.com
北京密兴印刷有限公司印装
787×1092　16 开　16.25 印张　400000 字
2018 年 6 月第 1 版　2021 年 1 月第 2 次印刷
ISBN 978-7-5141-9336-7　定价：48.00 元
（图书出现印装问题，本社负责调换。电话：010-88191510）
（版权所有　侵权必究　举报电话：010-88191586
电子邮箱：dbts@esp.com.cn）

前言

本书是财政部规划教材,由财政部教材编审委员会组织编写并审定,可作为全国本科院校经济管理类专业教材。

近年来,国际金融领域发生了深刻的变化,国际金融理论研究的新成果以及国际金融工具、国际金融市场的创新不断涌现,国际金融危机、国际贸易及投资争端层出不穷。同时,在经济金融全球化的发展趋势下,中国经济与世界经济不断融合,国际金融活动日益频繁,国际金融业务迅速增加。在此背景下,培养懂得国际金融知识、掌握国际金融业务技能的人才非常重要,国际金融专门人才培养的需求不断提高。

国际金融学是一门研究国际间货币交易、资本流动、资金融通规律、制度安排及其组织管理方法的学科,它既有很强的理论性,也具有很突出的实用性和可操作性。本书在结构体系和内容取舍上,力求能适应现代国际金融学科发展对人才知识结构的要求,适应高校应用型本科人才培养的需要,强调理论的透彻性和实践的运用性。在编写的过程中力争从以下几方面突出自身特色:

1. 结构清晰,体例完整。全书在体系上可分为三大模块:基础理论篇、市场实务篇、政策管理篇。基础理论篇包括:国际收支、外汇与汇率、汇率制度、国际货币体系。市场实务篇包括:外汇市场业务、外汇市场创新、外汇风险管理、国际金融市场、国际融资。政策管理篇包括：国际储备管理、国际资本流动管理、开放经济下的宏观经济政策、国际金融组织。在强调专业素质培养的同时，兼顾实务操作能力的培养。从结构上给人以直观清晰、一目了然的感觉。

2. 内容新颖，资料翔实。国际金融领域的新知识、新概念层出不穷，本书在编写过程中尽量做到基础知识与时新内容的统一，国际金融理论与国内运作的紧密结合，注意吸收本学科最新的研究成果，尽量采用最新的统计资料，介绍当代国际金融领域的新成果、新政策和新动态，反映当前我国金融体制改革过程中形成的新观点、新业务和新方法。着重案例分析和热点问题的讨论，既提供大量的信息，达到强化知识、提高技能的目的，又着重增强读者的学习兴趣，有利于学生在掌握坚实理论的基础上更好地理解国际金融应用。

3. 形式丰富，操作性强。教材大量使用启发式教学方法，突出趣味性、实用性，以实训提升操作技能。每个章节开篇列出"教学目标"，用"引导案例"切入正文，帮助学生明确学习方向，引发学生思考，诱导主动学习。正文插入"知识窗""专栏""拓展思考"等增强可读性，拓展知识面。结尾归纳出全章"知识要点"，列出"思考题"，通过"技能案例"引导学生进行"技能考核"，并进行相关"实训操作"，完成"实训任务"，以检视学习效果，巩固重点知识技能。

本书在编写过程中，借鉴、吸收了国内外专家学者的研究成果、著作和同类教材，在审稿出版过程中也得到辽东学院梁峰教授和经济科学出版社的真诚帮助，在此一并致谢。

本书由湖南财政经济学院王群琳教授主编，湖南财政经济学院李艳丰、龚洪林老师参与编写。第一章、第二章、第五章、第十章、第十二章、第十三章由王群琳编写，第三章、第四章、第六章、第七章、第十一章由李艳丰编写，第八章、第九章由龚洪林编写。

由于我们水平有限，书中难免有疏漏和不足，恳请广大读者提出宝贵意见，以便修订和完善。

编　者

2018 年 4 月

目 录

基础理论篇

第一章 国际收支 ········· 3
  第一节 国际收支与国际收支平衡表 ········· 4
  第二节 国际收支分析 ········· 13
  第三节 国际收支不平衡及其调节 ········· 17
  第四节 国际收支调节理论 ········· 25

第二章 外汇与汇率 ········· 33
  第一节 外汇与汇率的基本概念 ········· 34
  第二节 汇率决定及其理论 ········· 42
  第三节 汇率的变动与影响 ········· 49

第三章 汇率制度 ········· 56
  第一节 汇率制度的种类 ········· 56
  第二节 固定汇率制度和浮动汇率制度之争 ········· 60
  第三节 人民币汇率制度 ········· 62

第四章 国际货币体系 ········· 67
  第一节 国际货币体系概述 ········· 68
  第二节 国际金本位制 ········· 69
  第三节 布雷顿森林体系 ········· 71
  第四节 牙买加体系 ········· 73
  第五节 欧洲货币体系 ········· 75

市场实务篇

第五章 外汇市场业务 ... 83
- 第一节 外汇市场概述 ... 84
- 第二节 即期外汇交易与远期外汇交易 ... 92
- 第三节 掉期交易 ... 98
- 第四节 套汇与套利 ... 100

第六章 外汇市场创新 ... 105
- 第一节 外汇期货交易 ... 105
- 第二节 外汇期权交易 ... 110
- 第三节 互换交易 ... 114

第七章 外汇风险管理 ... 122
- 第一节 外汇风险概述 ... 122
- 第二节 银行外汇风险管理实务 ... 125
- 第三节 公司外汇风险管理实务 ... 129

第八章 国际金融市场 ... 135
- 第一节 国际金融市场概述 ... 136
- 第二节 欧洲货币市场 ... 147

第九章 国际融资 ... 154
- 第一节 国际贸易融资 ... 155
- 第二节 国际项目融资 ... 158
- 第三节 一般国际信贷融资 ... 161

政策管理篇

第十章 国际储备 ... 173
- 第一节 国际储备概述 ... 174
- 第二节 国际储备管理 ... 179
- 第三节 中国的国际储备 ... 183

第十一章 国际资本流动 ... 193
- 第一节 国际资本流动概述 ... 193
- 第二节 外债管理 ... 197
- 第三节 国际债务危机与新兴市场国家的资本外逃 ... 199

第十二章 开放经济下的宏观经济政策 ·· 207
第一节 开放经济下的宏观经济政策目标与政策工具 ·· 208
第二节 开放经济下的政策配合理论 ·· 210
第三节 蒙代尔—弗莱明模型 ·· 216

第十三章 国际金融组织 ·· 227
第一节 全球性国际金融组织 ·· 228
第二节 区域性国际金融组织 ·· 240

主要参考文献 ·· 248

基础理论篇

第一章 国际收支

> **教学目标：**
> 1. 正确理解国际收支的含义；
> 2. 了解国际收支平衡表的内容及其编制方法；
> 3. 识别国际收支不平衡的原因及产生的影响；
> 4. 掌握国际收支不平衡的自动调节机制以及政府调节措施。

▶▶ 引导案例

2018年中美贸易战"一触即发" 激进措施将造成双输局面

特朗普宣誓就任以来，已陆续实现退出跨太平洋伙伴协议（Trans-Pacific Partnership，TPP）、紧缩移民政策、在美墨边界筑墙、重启北美自由贸易协定（North American Free Trade Agreement，NAFTA）谈判等多项竞选承诺，但对反制中国贸易逆差一事迟迟未采取任何具体行动。但上周，特朗普开始行动了。

上周美国总统特朗普已批准对进口的太阳能电池板和洗衣机征收保护性关税，最高税率分别为30%和50%，后者还实施进口配额限制。韩国、中国等亚洲国家所受影响最大。而美国商务部长罗斯1月24日在达沃斯世界经济论坛上抛出"贸易战每一天都在打"的论调更令市场各方神经紧张。

美国贸易政策小组委员会主席、后冲突国家特别贸易代表Michael Delaney告诉《国际金融报》记者："特朗普的主要关注点是贸易赤字。所有的贸易措施都是解决这个主要问题的手段。"

1月12日，中国海关公布数据，2017年中美贸易总值为3.95万亿元人民币，同比增长15.2%，占我国进出口总值的14.2%，其中对美出口2.91万亿元，增长14.5%，自美进口1.04万亿元，增长17.3%，对美贸易顺差1.87万亿元，增长13%。这一数据发布后，多家外媒和机构预测，中美贸易战或一触即发。

国家开发银行研究院副院长朱文彬和国家开发银行研究院国际战略研究处副处长李一君联合发表的署名文章指出，贸易逆差并不是严重危害美国利益的毒药。

文章指出，第一，根据长期研究全球经济一体化的悉尼大学Salvatore Babones教授在《福布斯》杂志发表的观点，贸易逆差在不同时期、不同经济状况下意味着不同的东西。在受到重大冲击、陷入衰退的疲弱经济中，巨额贸易逆差是一个国家正在失控地走向收支平衡危机的信号；在经济强劲的情况下，巨额贸易逆差是资本顺差的一方面表现。当前，美国经济处于三年来最快增长时期，美联储连续加息，迅速增长的资本账户盈余表明国际投资者正在美国寻找机会。

第二，税改后美国逆差将进一步加大，这是美国主动追求的政策效果。诺贝尔经济学奖得主保罗·克鲁格曼按照美国税务基金会的预测估算了本次税改后未来10年内将有6.4万亿美元资本流入美国，有可能导致美元汇率走高，驱使美国企业寻求海外服务与商品供应商，增大美国贸易逆差。

第三，中美贸易逆差数据不能代表利润和利益在哪个国家。加工贸易占中美贸易的1/3，在当前全球价值链分工中，中国仍处于价值链生产的中下游，中国从加工贸易只赚取少量加工费。将国际产业和贸易体系割裂开来，否认全球价值链中的国际分工，单纯以顺差逆差划分阵营将会伤害美国经济，而不是"使美国再次伟大"。

第四，美国就业问题同对中国贸易逆差没有直接因果关系，就业岗位的减少主要是源于生产率的增长速度超过了需求的增长速度。

牛津经济研究院（Oxford Economics）研究显示，中国市场支持了美国260万个工作机会，至少4 000亿美元的市场。目前美国自然失业率约为4.5%，而2017年10月份美国失业率已降至4.1%，为16年来低点。美国对中国逆差则在2017年达到历史峰值，可见，对美国逆差贡献度高达46%的中国同美国的充分就业没有直接联系，中国贸易是美国政府平衡国内外政策的"替罪羊"。

贸易摩擦持续升级甚至引爆中美两国全面贸易战的担忧正在上升。各方专家认为，从目前的各种现状来看，2018年中美贸易摩擦局部升温恐难以避免，贸易战潜在风险在上升。

资料来源：袁源. 2018年中美贸易战"一触即发"激进措施将造成双输局面 [N]. 国际金融报, 2018-01-29.

思考： 通过以上案例，请分析：（1）一国国际收支包括哪些项目？（2）影响一国贸易收支的因素有哪些？（3）国际收支不平衡是否对本国经济以及本国与他国的经济政治交往产生影响？

在开放经济条件下，一国与外国经济往来已经成为该国日常经济活动的一个重要组成部分。国际收支全面反映了一国的进出口贸易状况以及该国资本输出和输入状况，它与国际储备、外汇及汇率一起，构成国际金融研究的核心内容，国际收支也常被作为国际金融研究的起点。

第一节 国际收支与国际收支平衡表

一、国际收支概述

国际收支（Balance of Payment）是一国居民在一定时期内与他国居民之间全部经济交易的系统记录。

国际收支的概念是随着国际经济交易的发展变化而变化的。资本原始积累时期，国际经济交易主要表现为对外贸易,国际收支即被定义为一国的对外贸易收支。金本位制崩溃后,国际收支的含义扩展为一国的外汇收支。第二次世界大战后,国际经济交易的内容和范围进一步扩大,国际收支由以往的狭义概念发展到广义概念。

国际货币基金组织在《国际收支手册》(第五版)中将国际收支概念定义为:"国际收支是一定时期的统计报表,它着重反映:(1)一国与其他国家之间商品、劳务和收入的交易;(2)该国货币、黄金、特别提款权以及对其他国家债权、债务的所有变化和其他变化;(3)无偿转移支付,以及根据会计处理的需要,平衡前两项没有相互抵消的交易和变化的对应记录。"

要全面地准确掌握国际收支的含义,需要把握几个特征:

第一,国际收支是一个流量概念,它与一定的报告期相对应。各国一般以一年为报告期。

第二,国际收支所反映的内容是以货币记录的经济交易。所谓经济交易是指经济价值的所有权由一个经济体向另一个经济体的转移。它包括四类:(1)交换,即一交易者向另一交易者提供一宗经济价值并从对方得到价值相等的回报;(2)转移,即一交易者向另一交易者提供了经济价值但没有得到任何补偿;(3)移居,指一个人把住所从一经济体搬迁到另一经济体的行为,由此导致的对外债权债务关系的变化应记录在国际收支中;(4)其他交易,指一些情况下,根据推论而存在的交易,即使不涉及资金和劳务的流动,也应在国际收支中反映出来。

第三,国际收支记录的经济交易必须是本国居民与非居民之间发生的经济交易。居民是指在一个国际的经济领土内具有经济利益的经济单位,它包括个人、企业、非营利机构和政府四类。居民与非居民的划分是以居住地为标准进行的,在一国居住超过1年以上的法人和自然人均属该国居民,而不论其注册地和国籍。需要特别注意的是:一个企业的国外子公司是其所在国的居民,而不是其母公司所在国的居民;一国的官方外交使节、驻外军事人员、出国留学和出国就医者,尽管在另一个国家居住1年以上,仍是派出国的居民,所在国的非居民。此外,国际性机构是任何国家的非居民。

知识窗

中国居民

国际收支统计申报中的"中国居民"具体包括以下人员:

1. 在中国境内居留1年以上的自然人,外国及香港、澳门、台湾地区在境内的留学生、就医人员、外国驻华使馆领馆外籍工作人员及其家属除外;

2. 中国短期出国人员(在境外居留时间不满1年)、在境外留学人员、就医人员及中国驻外使馆领馆工作人员及其家属;

3. 在中国境内依法成立的企业事业法人(含外商投资企业及外资金融机构)及境外法人的驻华机构(不含国际组织驻华机构、外国驻华使馆领馆);

4. 中国国家机关(含中国驻外使馆领馆)、团体、部队。

资料来源:《国际收支统计申报办法》,发布时间:1995年9月14日。

第四,国际收支是一个事后的概念。定义中的一定时期是指过去的一个会计年度,所以

它是对已发生事实进行的记录。

>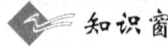
>
> 事实上，使用"国际收支"这一名词来描述一国的国际经济交易并不贴切。1945年国际联盟曾建议改称为"国际交易账户"（International Transaction Account），但由于人们使用这一名词已久，这一建议并没有得到采纳。

二、国际收支平衡表的主要内容

国际收支平衡表是指按一定原则和格式编制的、系统地记录并综合反映一国在一定时期内国际收支状况的一种统计报表。国际货币基金组织先后于1948年、1950年、1961年、1977年、1993年和2008年出版了第一版至第六版的《国际收支手册》，要求会员国根据手册的项目分类和标准格式编制国际收支平衡表，以便进行国际间的比较。我国为与国际接轨，从1997年开始按此手册的分类标准开始编制本国的国际收支平衡表。

依据国际货币基金组织（IMF）2008年12月发布的《国际收支和国际投资头寸手册》，国际收支平衡表分为经常账户、资本账户、金融账户以及错误和遗漏账户四大项目。

（一）经常账户（Current Account）

经常账户又称经常项目，是指对实际资源在国际间的流动行为进行记录的账户，包括货物、服务、收益和经常转移，是本国与外国进行经济交易而经常发生的会计项目，是国际收支平衡表中最基本、最重要的项目。

1. 货物和服务。货物（Goods）是经常项目乃至整个国际收支平衡表中最重要的项目，记录一国商品的进口和出口。它包括一般商品、转手买卖货物、非货币黄金。货物账户数据主要来源于海关进出口统计，但与海关统计存在以下主要区别：一是国际收支中的货物只记录所有权发生了转移的货物（如一般贸易、进料加工贸易等贸易方式的货物），所有权未发生转移的货物（如来料加工或出料加工贸易）不纳入货物统计，而纳入服务贸易统计；二是计价方面，国际收支统计要求进出口货值均按离岸价格记录，海关出口货值为离岸价格，但进口货值为到岸价格，因此国际收支统计从海关进口货值中调出国际运保费支出，并纳入服务贸易统计；三是补充部分进出口退运等数据；四是补充海关未统计的转手买卖下的货物净出口数据。

服务（services）。相对于商品的有形贸易来说，服务贸易是无形贸易（Invisible Trade），主要记录劳务的输出和输入。服务贸易的内容非常广泛，主要包括：对他人拥有的实物投入的制造服务、维护和维修服务、运输、旅行、建设、保险和养老金服务、金融服务、别处未涵盖的知识产权使用费、电信、计算机和信息服务、个人文化和娱乐服务、其他商业服务以及别处未涵盖的政府货物和服务等。

2. 初次收入。初次收入账户显示的是作为允许另一实体暂时使用劳动力、金融资源或非生产非金融资产的回报，而应付和应收的金额，是居民与非居民之间的初次收入流量。

初次收入反映的是机构单位因其对生产过程所做的贡献或向其他机构单位提供金融资产

或出租自然资源而获得的回报，主要包括与生产相关的收入（如雇员报酬、对生产的税收和补贴等）以及与金融资产和其他非生产性资产所有权有关的收入（如投资收益、财产收入等）两个细分账户。以雇员报酬和投资收益为例进行说明。

（1）雇员报酬，即支付给非居民工人的职工报酬，包括个人在非居民经济体中为该经济体居民工作所得到的现金或实物形式的工资、薪水和福利。

（2）投资收益，即居民与非居民之间有关金融资产与负债的收入和支出，包括直接投资、证券投资和其他投资所得的收入和支出。

3. 二次收入。经常账户的"经常转移"子账户在《国际收支手册》（第六版）中更名为"二次收入"账户，显示的是收入的再分配，即一方提供用于当前用途的资源，但该方没有得到任何直接经济价值回报。

二次收入表现的是居民与非居民直接的经常转移（Current Transfers），包括个人转移、对所得与财富等征收的经常性税收、社保缴款、社会福利、非寿险净保费、非寿险索赔、经常性国际合作、其他经常转移等。经常转移可细分为：

（1）政府间的经常转移，如战争赔款、政府援助、政府向国际组织定期交纳的费用以及国际组织作为一项政策向各国政府定期提供的转移。

（2）私人间的经常转移，如侨汇、捐赠、继承、资助性汇款、退休金等。

收入的初次分配影响国民总收入，经过经常转移后，收入的初次分配影响国民总收入，经过经常转移之后，收入的二次分配则影响可支配收入以及商品和劳务的消费，如本国提供的粮食援助，就属于经常转移，降低本国的可支配收入和消费的水平。资本转移不影响可支配收入，因此放在资本账户中统计。

（二）资本账户（Capital Account）

资本账户反映资产在居民与非居民之间的转移，由资本转移和非生产、非金融资产交易两部分组成。

1. 资本转移。包括：（1）债务减免；（2）非人寿保险索赔；（3）投资捐赠；（4）一次性担保和其他债务承担；（5）税金；（6）其他资本转移。

2. 非生产、非金融资产的取得和处置。包括：（1）自然资源；（2）契约、租约和许可；（3）营销资产和商誉。

（三）金融账户（Financial Account）

金融账户反映居民与非居民之间投资与借贷的增减变化，按照投资类型或功能可分为：直接投资、证券投资、其他投资和储备资产。

1. 直接投资（Direct Investment），其主要特征是投资者对另一经济体的企业拥有永久利益。这一永久利益意味着直接投资者和企业之间存在长期的关系，并且对企业经营管理施加着相当大的影响。直接投资项下包括股本资本、其他资产投资和利润收益的再投资等。直接投资在传统上主要采取在国外建立分支企业的形式，目前越来越多地采用购买国外企业一定比例的股票的形式，《国际收支手册》中规定这一比例为10%。

2. 证券投资（Portfolio Investment）也称间接投资，它是跨越国界的股本证券和债务证券的投资。股本证券包括股票、参股或其他类似文件（如美国的存股证）等；债务证券包括:一是中长期债券、无抵押品的公司债券等;二是货币市场工具,或称可转让的债务工具,如短期国库券、商业票据、银行承兑汇票、可转让的大额存单等;三是衍生金融工具,如各种金融期权、期货等。

3. 金融衍生产品和雇员认股权(Financial Derivatives and Employee Stock Options)。金融衍生产品和雇员认股权具有类似的特征。金融衍生产品往往与其他金融工具、指标或商品相联系,通过市场对特定金融风险进行交易。由于在现实中很难将服务费从金融衍生产品的价值中剔除,因此常常将整个价值归于金融资产。而雇员认股权更多的是作为一种报酬形式,是公司向雇员提供的一种购买公司股权的期权,计入金融账户的雇员认股权交易。

4. 其他投资(Other Investment)。其他投资是一个剩余项目,包括所有直接投资、证券投资及储备资产未包括的金融交易,即贷款、预付款、金融租赁项目下的货物、货币和存款(指居民持有外币和非居民持有本币)等。

5. 储备资产(Reserve Assets)。储备资产是指一国金融当局持有的储备资产(亦称官方储备、国际储备)及对外债权,包括黄金储备、外汇储备、在基金组织的储备头寸、特别提款权以及官方对外持有的债权债务等。储备资产的相关内容我们将在本书第十章详细介绍。

(四) 错误和遗漏账户(Errors and Omissions Account)

错误和遗漏账户是一种人为设置的抵消账户,用来抵消编表时出现的净的借方或贷方余额。原则上,国际收支平衡表按复式记账法,借方与贷方总额应当是相等的,差额为零。但实际上,一国的国际收支平衡表不可避免地会出现净的借方余额或净的贷方余额,很难达到平衡。这个余额是统计资料有误差和遗漏而造成的。如果经常账户、资本和金融账户的贷方出现余额,就在净误差与遗漏项下的借方列出与余额相等的数字;如果这几个账户的借方出现余额,则在净误差与遗漏的贷方列出与余额相等的数字。

造成统计资料有误差的主要原因是:(1)统计资料不完整,如商品走私、以隐蔽形式进行的资本外逃等;(2)统计数字的重复计算和漏算,如统计资料有的来自海关,有的来自银行,有的来自官方主管机构,难免造成错算和漏算;(3)统计资料本身缺乏真实性和准确性,如有的数据是估算出来的,当事人故意瞒报或虚报统计数据,短期资本在国家之间的投机性流动造成统计上的困难等。

国际收支平衡表的编制如表1-1所示。

表1-1　　　　2016年与2017年中国国际收支平衡表　　　　单位:亿美元

项　目	行次	2016年	2017年
1. 经常账户	1	1 964	1 649
贷方	2	24 546	27 089
借方	3	-22 583	-25 440
1. A 货物和服务	4	2 499	2 107

续表

项　　目	行次	2016 年	2017 年
贷方	5	21 979	24 229
借方	6	-19 480	-22 122
1. A. a 货物	7	4 941	4 761
贷方	8	19 895	22 165
借方	9	-14 954	-17 403
1. A. b 服务	10	-2 442	-2 654
贷方	11	2 084	2 065
借方	12	-4 526	-4 719
1. A. b. 1 加工服务	13	184	179
贷方	14	185	181
借方	15	-2	-2
1. A. b. 2 维护和维修服务	16	32	37
贷方	17	52	60
借方	18	-20	-23
1. A. b. 3 运输	19	-468	-561
贷方	20	338	372
借方	21	-806	-933
1. A. b. 4 旅行	22	-2 167	-2 251
贷方	23	444	326
借方	24	-2 611	-2 577
1. A. b. 5 建设	25	42	36
贷方	26	127	122
借方	27	-85	-86
1. A. b. 6 保险和养老金服务	28	-88	-74
贷方	29	41	41
借方	30	-129	-115
1. A. b. 7 金融服务	31	11	18
贷方	32	32	34
借方	33	-20	-16
1. A. b. 8 知识产权使用费	34	-228	-239
贷方	35	12	48

续表

项 目	行次	2016年	2017年
借方	36	−240	−287
1.A.b.9 电信、计算机和信息服务	37	127	77
贷方	38	254	270
借方	39	−127	−193
1.A.b.10 其他商业服务	40	147	161
贷方	41	580	586
借方	42	−432	−426
1.A.b.11 个人、文化和娱乐服务	43	−14	−20
贷方	44	7	8
借方	45	−21	−27
1.A.b.12 别处未提及的政府服务	46	−20	−18
贷方	47	12	17
借方	48	−32	−35
1.B 初次收入	49	−440	−344
贷方	50	2 258	2 573
借方	51	−2 698	−2 918
1.C 二次收入	52	−95	−114
贷方	53	309	286
借方	54	−404	−400
2. 资本和金融账户	55	263	570
2.1 资本账户	56	−4	−1
贷方	57	3	2
借方	58	−7	−3
2.2 金融账户	59	267	571
2.2.1 非储备性质的金融账户	60	−4 170	1 486
2.2.1.1 直接投资	61	−466	663
2.2.1.1.1 直接投资资产	62	−2 172	−1 019
2.2.1.1.2 直接投资负债	63	1 706	1 682
2.2.1.2 证券投资	64	−622	74
2.2.1.3 金融衍生工具	65	−47	5

续表

项目	行次	2016 年	2017 年
2.2.1.4 其他投资	66	−3 035	744
2.2.2 储备资产	67	4 437	−915
2.2.2.1 货币黄金	68	0	0
2.2.2.2 特别提款权	69	3	−7
2.2.2.3 在国际货币基金组织的储备头寸	70	−53	22
2.2.2.4 外汇储备	71	4 487	−930
2.2.2.5 其他储备	72	0	0
3. 净误差与遗漏	73	−2 227	−2 219

注：1. 根据《国际收支和国际投资头寸手册》（第六版）编制。
2. "贷方"按正值列示，"借方"按负值列示，差额等于"贷方"加上"借方"。本表除标注"贷方"和"借方"的项目外，其他项目均指差额。
3. 本表计数采用四舍五入原则。
4. 细项数据请参见国家外汇管理局国际互联网站"统计数据"栏目。
资料来源：国家外汇管理局。

三、国际收支平衡表的记账方法

国际收支平衡表是按照"有借必有贷、借贷必相等"的复式簿记原理来编制的，对每一笔交易同时进行借方和贷方的记录。采用这一记账方法，是因为绝大多数国际交易都是商品、劳务等实际资源和金融资产之间的双向转移。而对于只有一方的单向性交易，则需要使用特殊项目（如"经常转移"和"资本转移"等）来进行抵消性记录。

无论是实际资源还是金融资产，借方（以负号表示）表示该经济体资产（资源）持有量的增加，贷方（以正号表示）表示资产（资源）持有量的减少。记入借方的账目包括：（1）反映进口实际资源的经常项目；（2）反映资产增加或负债减少的资本与金融项目。记入贷方的账目包括：（1）反映出口实际资源的经常项目；（2）反映资产减产或负债增加的资本与金融项目。

具体地说，主要是：

（1）进口商品属于借方项目；出口商品属于贷方项目。

（2）非居民为本国居民提供劳务或从本国取得收入属于借方项目；本国居民为非居民提供劳务（如运输、保险和旅游等）或从外国取得投资及其他收入属于贷方项目。

（3）本国居民对非居民的单方面转移属于借方项目；本国居民收到国外的单方面转移属于贷方项目。

（4）本国居民获得外国资产（包括财产和对外国居民的债权）属于借方项目；外国居民获得本国资产或对本国投资属于贷方项目。

(5) 本国居民偿还非居民债务属于借方项目；非居民偿还本国居民债务属于贷方项目。
(6) 官方储备增加属于借方项目；官方储备减少属于贷方项目。

【案例1-1】

国际收支平衡表的记账方法——以A国为例

（1）A国向南非出口价值为100万美元的小麦，南非以在美国银行的存款支付进口。

借：资本与金融账户——金融账户——其他投资　　　　　100万美元
　　贷：经常账户——货物——商品出口　　　　　　　　　　100万美元

（2）一位A国居民到日本旅游，动用了其在日本的1万美元存款。

借：经常账户——服务——旅游　　　　　　　　　　　　　1万美元
　　贷：资本与金融账户——金融账户——其他投资　　　　　1万美元

（3）A国某公司从美国购买200万美元的机电产品，用纽约银行的美元支票付款。

借：经常账户——货物——商品进口　　　　　　　　　　　200万美元
　　贷：资本与金融账户——金融账户——其他投资　　　　　200万美元

（4）美国进口商租用中国的油轮，支付30万美元，用其在A国银行的存款支付。

借：资本与金融账户——金融账户——其他投资　　　　　　30万美元
　　贷：经常账户——服务——运输　　　　　　　　　　　　30万美元

（5）美国为A国的希望工程捐款10万美元。

借：资本与金融账户——金融账户——其他投资　　　　　　10万美元
　　贷：经常账户——二次收入　　　　　　　　　　　　　　10万美元

（6）A国以价值500万美元的设备投入印度，兴办合资企业。

借：资本与金融账户——金融账户——直接投资　　　　　　500万美元
　　贷：经常账户——货物——商品出口　　　　　　　　　　500万美元

（7）法国居民取用其在A国银行的100万美元存款，购买中国某公司的股票。

借：资本与金融账户——金融账户——其他投资　　　　　　100万美元
　　贷：资本与金融账户——金融账户——证券投资　　　　　100万美元

（8）英国居民购买A国国债40万美元。

借：资本与金融账户——金融账户——官方储备　　　　　　40万美元
　　贷：资本与金融账户——金融账户——证券投资　　　　　40万美元

（9）A国政府向朝鲜赠送价值10万美元的谷物。

借：经常账户——二次收入　　　　　　　　　　　　　　　10万美元
　　贷：经常账户——货物——商品出口　　　　　　　　　　10万美元

（10）A国某企业在海外投资所得利润200万美元。其中，100万美元用于当地的再投资，40万美元购买当地商品运回国内，60万美元调回国内结售给政府以换取本国货币。

借：资本与金融账户——金融账户——直接投资　　　　　　100万美元
　　经常账户——货物——商品进口　　　　　　　　　　　40万美元
　　资本与金融账户——金融账户——官方储备　　　　　　60万美元
　　贷：经常账户——初次收入　　　　　　　　　　　　　　200万美元

上述各笔交易可编制成一张完整的国际收支平衡表（表1-2）。

表 1-2　　　　　　　　　　A 国国际收支平衡表　　　　　　　　　　单位：万美元

项目	差额	贷方（+）	借方（-）
A. 经常账户	+599	850	251
1. 货物	+370		
商品出口		100（1）+500（6）+10（9）	
商品进口			200（3）+40（10）
2. 服务	+29		
（1）旅游			1（2）
（2）运输		30（4）	
3. 初次收入	+200	200（10）	
4. 二次收入	0	10（5）	10（9）
B. 资本和金融账户	-599	341	940
1. 资本账户			
2. 金融账户			
（1）直接投资	-600		500（6）+100（10）
（2）证券投资	-60	40（8）	100（7）
（3）其他投资	+161	1（2）+200（3）+100（7）	100（1）+30（4）+10（5）
（4）储备资产	-100		40（8）+60（10）
C. 错误和遗漏账户			
总　计	0	1 191	1 191

注：括号内的数字代表 10 笔交易序号。

会计意义上的国际收支平衡表全部项目的借方总额与贷方总额应是相等的，其净差额为零。但在实际中，对国际收支平衡表每个具体的明细项目来说，借贷双方的金额不一定相等，而经常出现差额，这种差额被称为局部差额。当收入大于支出而有盈余时，称为顺差或黑字；当支出大于收入时，称为逆差或赤字。

上例结果表明，该年度 A 国国际收支是顺差（总差额为经常账户与除储备资产外的资本与金融账户之综合：+599 万美元 -499 万美元 = +100 万美元），储备资产增加 100 万美元。

第二节　国际收支分析

一、国际收支平衡与不平衡的含义

如前所述，国际收支平衡表是按复式记账原理编制而成，因此借方总额与贷方总额完全相等,表总是平衡的。但是,这只是会计意义上量的平衡,即仅仅是形式上的平衡,掩盖着实际上的不平衡。

在国际收支的理论分析中,将国际收支平衡表中的项目按交易的动机或目的划分为两类:一是自主性交易;另一类是补偿性交易。自主性交易又称事前交易,是指个人和企业为某种自主性目的(如追逐利润、旅游、汇款赡养亲友等)而从事的交易。而补偿性交易是指为弥补国际收支不平衡而发生的交易,如为弥补国际收支逆差而向外国政府或国际金融机构借款,动用官方储备等,它又称事后交易。

国际收支差额是指自主性交易的差额。自主性交易是否平衡,是判断一国国际收支是否平衡的标准。国际收支失衡是指自主性交易借贷双方总值不相等,如果借方总额大于贷方总额称为逆差或赤字;反之,贷方总额大于借方总额称为顺差或盈余。

按交易动机来判定国际收支是否平衡在理论上看很有道理,但实际上,要明确作出这种区分,往往存在难以逾越的技术性困难。一些交易很难断定它是自主性交易还是补偿性交易,尤其是在浮动汇率制度下,所有交易都可视作是自主性交易,这种交易划分失去了实际意义。

二、国际收支分析方法

要全面掌握一国对外经济情况,需对国际收支平衡表进行整体和具体分析。分析方法包括:

(一)静态分析法

静态分析是指对某国在某一时期(1年或1季)的国际收支平衡表进行账面上的分析。这种分析方法需要对国际收支平衡表中各个项目及其差额进行定量分析,依据国际收支不平衡的口径进行政策决断。

1. 贸易收支差额。贸易收支差额(Trade Balance),也称净出口,即商品出口 X 与进口 M 之间的差额。

$$NX = X - M \tag{1-1}$$

它在全部国际收支中所占的比重相当大,贸易收支差额在很大程度上决定了国际收支的总差额。同时贸易收支的数字尤其是商品贸易收支的数字易于通过海关迅速收集,汇总上报,能较快地反映出一国对外经济交往情况;其他数据,特别是劳工方面的数据,分散而复杂,往往不能及时获得。

贸易收支在国际收支中还有它的特殊重要性,商品的进出口情况综合反映了一国的产业结构、产品质量和劳动生产率状况,反映了该国产业在国际上的竞争能力。

因此,贸易收支的差额备受各国重视,在实际分析时,经常用贸易收支差额近似地替代经常项目差额甚至是国际收支差额。

2. 经常账户差额。经常账户差额(Current Account Balance),即加上初次收入(BPI)、二次收入(BSI)等项目的差额。

$$CAB = NX + BPI + BSI \tag{1-2}$$

虽然经常账户收支不能代表全部国际收支,但它综合反映了一个国家对外经济交易的一般态势,可以反映一国的国际竞争能力,因而被当作制定国际收支政策和产业政策的重要依据。国际货币基金组织也特别重视各国经常账户差额情况,经常采取这一指标对成员国经济进行衡量。

3. 资本和金融账户差额(Capital and Financial Account Balance)。用 KAB 来表示资本与金融账户的差额,用 NKF 表示不包含储备资产在内的资本与金融账户的差额,储备资产的变化用 RT 来表示。那么,有以下公式成立:

$$KAB = NKF + RT \tag{1-3}$$

用 NEO 来表示净错误和遗漏账户的差额,可以得到以下公式:

$$CAB + KAB + NEO = 0 \tag{1-4}$$

其经济含义是经常账户差额、资本与金融账户差额和净错误与遗漏账户差额之和为零。如果要单独反映国际储备的影响因素,可以得到以下公式:

$$CAB + NKF = -RT \tag{1-5}$$

资本和金融账户差额具有两方面的分析作用。

首先,通过资本和金融账户余额可以看出一个国家金融市场的开放和发达程度,对一国货币政策和汇率政策的调整提供有益的借鉴。一般而言,金融市场开放的国家资本和金融账户的流量总额较大。

其次,资本与金融账户和经常账户之间具有融资关系,所以资本与金融账户的余额可以折射出一国经常账户的状况和融资能力。

根据复式记账原则,在国际收支中一笔贸易流量通常对应一笔金融流量,在不考虑错误与遗漏因素时,经常账户中的余额必然对应着资本和金融账户在相反方向上的数量相等的余额,也就是说经常账户余额与资本和金融账户余额之和等于零。当经常账户出现赤字时,必然对应着资本和金融账户的相应盈余,这意味着一国利用金融资产的净流入为经常账户赤字融资。但是,值得注意的是,该项目中直接投资和证券投资对经常项目逆差的弥补效果是不同的,直接投资不构成一国的对外债务,而其他方面的投资则是要偿还的。因此,若一国国际收支平衡是通过金融账户中证券投资和其他投资的顺差来弥补经常项目的逆差而获得的,则此平衡是不健康的;反之,若平衡是由经常项目盈余或直接投资引起的,则此平衡是良性的。

4. 综合收支差额或总差额(Overall Balance)。综合收支差额是指经常账户与资本和金融账户中的资本转移、直接投资、证券投资、其他投资账户所构成的余额,也就是将国际收支账户中的官方储备账户剔除后的余额。

由于综合收支差额必然导致官方储备的反方向变动,所以可以用它来衡量国际收支对一国储备造成的压力。总差额为正,则储备资产增加,总差额为负,则储备资产减少。通常人们讲的国际收支盈余或赤字就是指综合收支差额盈余或赤字。

(二)动态分析法

动态分析是指对一国若干连续时期的国际收支平衡表进行分析的方法。一国连续多年的国际收支之间有着密切的联系,可以将历年国际收支平衡表的各个项目、总体情况及差额并列起来进行综合分析,考察各指标在一个较长时期内的发展变化,力求实现国际收支的动态平衡。

国际收支动态平衡,亦称国际收支均衡,它是以经济实际运行可能实现的计划期为平衡周期,保持周期内国际收支的平衡。只有通过动态分析,才能了解一国国际收支的均衡状况,并通过一系列调节措施,促使该国保持最佳的国际储备水平,促进该国货币汇率均衡与经济正常发展。

(三)比较分析法

比较分析是指将一国的国际收支平衡表与其他国家,尤其是主要的经济大国的国际收支平衡表进行比较,找出本国与他国国际收支顺逆差的异同及原因,分析本国与他国的国际收支结构以及调节措施,从而了解本国和他国在世界经济中的地位,正确认识国际金融格局,并借鉴他国经验,为调节本国国际收支所用。

三、分析国际收支平衡表的作用

通过分析国际收支平衡表,可以判断该国在全球经济交易中所处的地位、该国整体的国际收支状况、该国货币汇率的未来走势,以及政府是否需要对外汇市场进行干预等。所以,国际收支平衡表对贸易商和投资者、政府机构以及国际金融组织都有非常重要的意义。

从宏观经济的角度来看,其作用主要概括为:(1)及时了解和掌握本国国际收支顺逆差状况及其产生的原因与影响,以便采取正确的调节措施;(2)了解和掌握本国与相关国家之间经济关系的状况及其原因,弄清本国对外经济实力和在国际经济中的地位,为及时准确地制定对外经济政策提供依据。

从微观经济的角度来看,主要表现在:(1)有利于准确地预测其货币汇率的走势,以帮助企业正确选择进出口计价货币;(2)有利于准确预测其政策变化趋势,以帮助企业及时调整进出口国别;(3)根据对相关国家国际收支状况的分析及汇率走势的预测,可帮助企业适当调整其进出口商品价格。

由表1-3可知,在这36年中,中国基本保持国际收支的双顺差——经常账户顺差和资本与金融账户顺差,其结果导致储备资产的增加,但是其增加的规模低于双顺差之和,其间的差额大体体现为资本外逃,不过强调的是这里指的是累计差额,并不是说在这期间不存在热钱内流,而很可能是热钱内流的规模要小于资本外逃的规模,整体上呈现出资本外逃的现象。

表1-3　　　　　　　　　1982~2017年我国的国际收支　　　　　　　　　单位:亿美元

年份	经常账户	资本与金融账户	净错误与遗漏	储备资产
1982	57	3	3	-63
1983	42	-2	1	-41
1984	20	-10	-9	-1
1985	-114	90	0	24
1986	-70	59	-10	20
1987	3	60	-15	-48
1988	-38	71	-10	-24

续表

年份	经常账户	资本与金融账户	净错误与遗漏	储备资产
1989	−43	37	1	5
1990	120	33	−32	−120
1991	133	80	−68	−145
1992	64	−3	−82	21
1993	−116	235	−101	−18
1994	69	326	−91	−305
1995	16	387	−178	−225
1996	72	400	−155	−317
1997	370	210	−221	−359
1998	315	−63	−189	−62
1999	211	52	−176	−87
2000	205	19	−117	−107
2001	174	348	−47	−474
2002	354	323	78	−755
2003	459	527	184	−1 170
2004	687	1 107	270	−2 064
2005	1 341	1 010	155	−2 506
2006	2 327	526	−6	−2 848
2007	3 540	951	116	−4 607
2008	4 124	463	209	−4 795
2009	2 611	1 808	−435	−3 984
2010	3 054	2 260	−597	−4 717
2011	2 017	2 211	−350	−3 878
2012	2 154	−318	−871	−987
2013	1 482	3 461	−629	−4 327
2014	2 197	382	−1 401	−1 188
2015	3 306	−1 424	3 429	−1 882
2016	1 964	263	4 437	−2 227
2017	1 649	570	−2 219	−915

资料来源：国家外汇管理局。

第三节 国际收支不平衡及其调节

一、国际收支不平衡的原因

导致一国国际收支失衡的原因很多，概括起来主要有以下几种。

(一) 临时性不平衡

临时性不平衡是短期的，由非确定或偶然因素如自然灾害、政局动荡等引起的国际收支不平衡。这种性质的国际收支失衡程度一般较轻、持续时间不长、带有可逆性，可以认为是一种正常现象。在浮动汇率制度下，这种性质的国际收支失衡有时根本不需要政策调节，市场汇率的波动有时就能将其纠正。在固定汇率制度下，一般也不需要用政策措施，只须动用官方储备便能加以克服。

例如，1990年伊拉克入侵科威特，国际社会对伊拉克实行全面经济制裁，世界各国一度曾中止与伊拉克的一切经济往来，伊拉克的石油不能输出，引起出口收入剧减，贸易收入恶化；相反，由于国际市场石油短缺，石油输出国扩大了石油输出，这些国家的国际收支从而得到了改善。

(二) 结构性不平衡

结构性不平衡是指国内经济、产业结构不能适应世界市场的变化而发生的国际收支失衡。它包括两层含义：

一是指因经济和产业结构变动的滞后和困难所引起的国际收支失衡。例如，一国的国际贸易中，在一定的生产条件和消费需求下本来是均衡的，当国际市场发生变化，新产品不断地淘汰老产品，这些新的替代品性能更优，价格更低，如果该国不能及时根据国际形势调整自己的生产结构，那么，原有的贸易平衡就会被破坏，逆差就会出现。

二是指一国的产业结构比较单一，或其产品出口的需求收入弹性低，或虽然出口需求的价格弹性高，但进口需求的价格弹性低所引起的国际收支失衡。这种含义的结构性不平衡在发展中国家表现得尤为突出，如在20世纪70年代，石油输出国调整了石油产量，引起世界市场石油价格上涨数倍，导致部分国家国际收支出现巨额逆差。这就是由于进口需求价格弹性低所引起的结构性失衡。

(三) 周期性不平衡

周期性不平衡是指由经济周期变化而造成的国际收支不平衡。当一国的经济处在繁荣和高涨的阶段时，国际贸易和国际投资会非常活跃，商品和劳务的出口也将加大，因此国际收支可能出现顺差。相反，在经济出现衰退和萧条时，经济增长放慢，贸易和投资活动可能减少，国际收支可能出现逆差。

周期性不平衡在第二次世界大战前的发达资本主义国家中表现得比较明显。第二次世界大战后，其表现经常受到扭曲，即繁荣时期国际收支出现顺差，萧条时期出现逆差。如1981~1982年发达国家（除日本外）在衰退期普遍伴有巨额的贸易逆差。

(四) 货币性不平衡

货币性不平衡又称价格性不平衡，是指在一定汇率水平下，一国物价与商品成本高于他国而引起出口货物价格相对高昂、进口货物价格相对便宜，从而导致的国际收支失衡。在这里，国内商品成本与一般物价上升的原因被认为是货币供应量的过分增加，因此，国际收支失衡的原因是货币性的。

货币性失衡可以是短期的，也可以是中期或长期的。

（五）收入性不平衡

收入性不平衡是指由于一个国家国民收入的相对快速增长而导致进口需求的增长超过出口增长所引起的国际收支不平衡。

国民收入变动的原因很多，一种是经济周期波动所致，这属于周期性不平衡；另外一种是因经济增长率的变化而产生的，在这里是指这种不平衡，它具有长期性。一般来说，国民收入的大幅度增加，全社会消费水平就会提高，社会总需求也会扩大，在开放型经济下，社会总需求的扩大，通常不一定会表现为价格上涨，而表现为增加进口、减少出口，从而导致国际收支出现逆差；反之，当经济增长率较低、国民收入减少时，国际收支出现顺差。

以上是国际收支失衡的主要原因。此外，外汇投机和不稳定的国际资本流动等因素也会引起国际收支不平衡。

二、国际收支不平衡的影响

国际收支的失衡，特别是长时期、严重的国际收支失衡，不论是顺差还是逆差都会给一国经济造成一定的不利影响。

（一）国际收支逆差的影响

1. 逆差意味着该国的外汇支出超过外汇收入，在外汇市场上表现为外汇短缺，外汇汇率上升，本国货币汇率下跌。
2. 若该国政府不愿接受这样的后果，对外汇市场进行干预，则会消耗外汇储备，甚至造成外汇储备的枯竭，从而严重削弱其对外支付能力。
3. 如果国际收支逆差是由于贸易逆差所致，由于外贸乘数的作用，本国会出现国民收入下降，失业增加的现象。
4. 如果国际收支逆差是由于资本项目逆差所致，那么资本的大量外流会造成国内资金紧张，促使利率水平上升，使投资减少，失业增加，国民收入下降。

（二）国际收支顺差的影响

人们一般认为顺差比逆差好，主要是因为顺差的消极作用不像逆差那样明显，而且顺差可以增大一国外汇储备，增强其对外支付能力。但是，长期和严重的国际收支顺差也给一国带来消极影响。

1. 顺差一般会使该国货币汇率上升，从而不利于其出口贸易的发展，加重国内的失业问题。
2. 顺差带来国际储备的增加，从而使该国货币供应量增加，加重通货膨胀。
3. 加剧国际经济摩擦。因为本国国际收支顺差意味着其主要贸易伙伴国的国际收支逆差，逆差国往往会给顺差国施加压力，要求开放市场，这会导致国际经济关系的矛盾，不利于一国发展长期稳定的对外经济联系。
4. 若顺差是由于过度出口形成的，则意味着国内可供使用资源减少，从而不利于该国经济的发展。

5. 若顺差是通过借入外债形成的，是国家的负债，将来终究要归还对方，而在归还的时候，它将成为储备减少的原因。

专栏 1—1

人民币近两年来贬值压力从何而来？

人民币贬值的压力从何而来？我们经常讲是资本往外流或者外逃等，从一个更广的角度来看压力，那就是中国的国际收支出现了逆差。

我国经常项目一直是顺差，顺差主要来自于贸易项目。经常项目下的另外一个项目是投资收益，投资收益基本上是逆差。但由于我们的贸易顺差比较大，所以经常项目一直有顺差。在相当长的时间资本项目基本上也都是顺差。

中国的所谓双顺差已经持续了很久，至少从20世纪90年代开始，一直到最近基本都是双顺差。因为我们不想让人民币升值，持续干预外汇市场，这种双顺差的结果就是外汇储备的不断增加。但是2014年以来发生了一些变化，中国的资本项目逆差开始增加，而且在最近一段时间资本项目逆差比较大，大于经常项目顺差，于是就出现了国际收支逆差。

这是一个恒等式：外汇储备变动 = 经常项目顺差 - 资本项目逆差（含误差与遗漏）。

这是2015年的官方数字，经常项目是2 932亿美元，资本项目包含误差与遗漏分别是5 044亿美元和1 321亿美元，得到的是外汇储备减少了3 423亿美元（这里我用负号表示外汇储备减少，见专图1—1）。

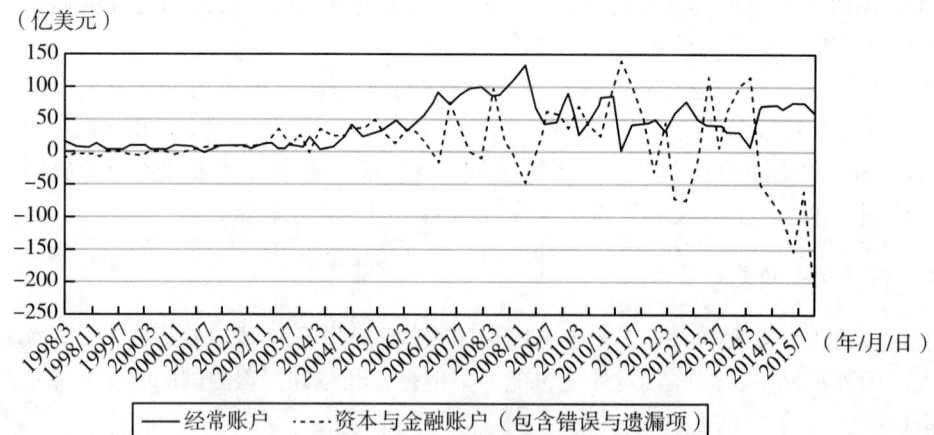

专图 1—1 1998～2015年中国国际收支差额变动

不同的人有不同的说法，国外的数字比这大得多。无论如何，从2014年下半年开始到目前，我们外汇储备减少了8 000亿美元。总之，中国的资本项目逆差超过了经常项目顺差，这样就产生了人民币的贬值压力。

资料来源：余永定. 人民币贬值压力从何而来 [EB/OL]. http://finance.sina.com.cn/zl/china/2017-02-28/zl-ifyavvsk3868516.shtml

三、国际收支不平衡的调节

一国国际收支持续出现不平衡,不管是顺差还是逆差,对其经济的协调、健康发展都非常不利,因此,各国政府都非常关心对国际收支不平衡的调节问题。国际收支的调节大体可分为两类,一类是自动调节;另一类是人为的政策调节。

(一)国际收支的自动调节机制

国际收支自动调节是指由国际收支不平衡引起的国内经济变量变动对国际收支的反作用过程。国际收支失衡后,有时并不需要政府当局立即采取措施来加以消除。经济体系中存在某些机制,往往能够使国际收支失衡至少在某种程度上得到缓和,乃至自动恢复均衡。在不同的货币制度下,自动调节机制也有所差异。

1. 国际金本位制下的自动调节机制。金本位制下的国际收支自动调节机制称为"物价—现金流动机制(Price Specie-Flow Mechanism)",又称"休谟机制",它是1752年由英国经济学家休谟·大卫(Hume David)提出的。具体过程为:一国的国际收支如果出现逆差,意味着本国黄金的净输出,由于黄金外流,国内黄金存量下降,货币供给就会减少,从而引起国内物价水平的下跌。物价下跌后,本国商品在国外市场的竞争能力增强,外国商品在本国市场的竞争能力就会下降,于是出口增加,进口减少,国际收支得到改善。如果一国国际收支出现顺差,其自动调节过程完全一样,只是各经济变量的变动方向相反而已(图1-1)。

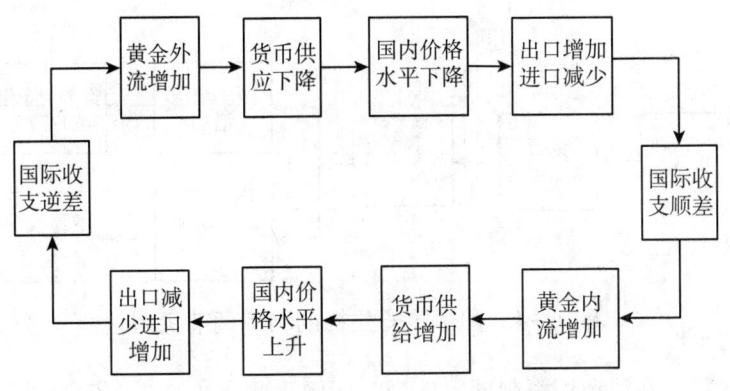

图1-1 金本位制下的国际收支自动调节机制

2. 纸币流通条件下的国际收支自动调节机制。在不兑现纸币流通条件下,黄金流动虽已不复存在,然而,价格、汇率、利率、国民收入经济变量对于国际收支自动恢复平衡仍发挥着一定的作用。下面以逆差为例,说明调节过程。顺差情况刚好相反。

(1)价格机制。当一国国际收支出现逆差时,对外支出大于收入,本国货币供应下降,导致国内信用紧缩、国内总需求减少、物价下跌,使出口商品成本降低,从而增强了其在国际市场上的竞争能力,与此同时,进口商品在国内相对显得昂贵而使进口减少,于是,国际收支得到改善(图1-2)。

(2)收入机制。当一国国际收支出现逆差时,会使其外汇支出增加,引起国内信用紧

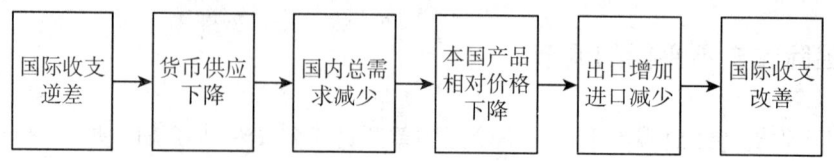

图 1-2 国际收支失衡的价格调节机制

缩、利率上升，总需求下降，国民收入也随之减少，而国民收入的减少必然导致对外国商品劳务和金融资产的需求都不同程度的下降，国际收支因此得到改善（图 1-3）。顺差情况刚好相反。

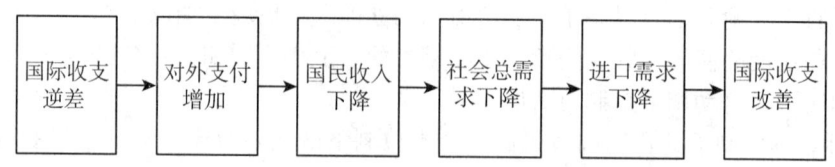

图 1-3 国际收支失衡的收入调节机制

（3）利率机制。当一国国际收支出现逆差时，即表明该国银行所持有的外国货币或其他外国资产减少，负债增加，于是就会发生信用紧缩，银根相应地趋紧，利率随市场供求关系的变化而上升，利率上升必然导致本国资本不再外流，同时外国资本也纷纷流入本国以谋求高利。因此，国际收支中的资本项目逆差就可以减少而向顺差方面转化；另外，利率提高会减少社会的总需求，进口减少，出口增加，贸易逆差也逐渐改善，国际收支逆差减少（图 1-4）。

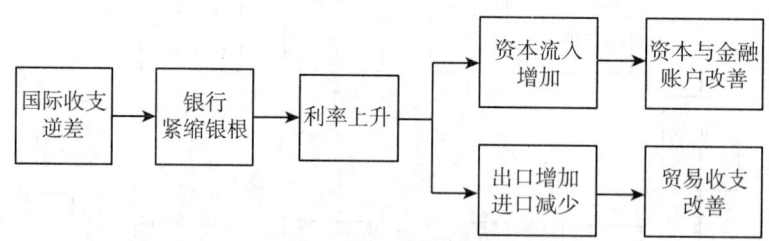

图 1-4 国际收支失衡的利率调节机制

（4）汇率机制。在浮动汇率制度下，当一国国际收支出现逆差时，外汇需求大于外汇供给，本币汇率下跌，出口商品的价格以外币计算下跌，而以本币计算的进口商品的价格上升，于是刺激了出口，抑制了进口，贸易收支逆差逐渐减少，国际收支不平衡得到缓和（图 1-5）。

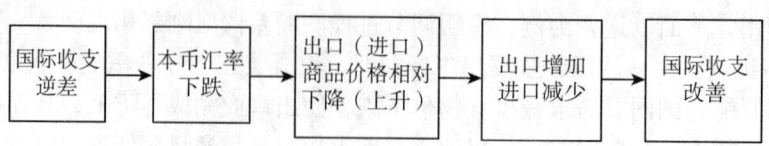

图 1-5 国际收支失衡的汇率调节机制

(二) 国际收支失衡的政策调节

市场失灵时,国际收支自动调节机制的作用将被削弱或失效,需要政府对市场进行适当干预,以实现国际收支平衡。

1. 外汇缓冲政策。外汇缓冲政策是指一国通过变动官方储备或对外负债来消除超额的外汇需求。外汇缓冲政策一般的做法是建立外汇平准基金,该基金保持一定数量的外汇储备和本国货币。

当国际收支不平衡时,通过中央银行在外汇市场上买卖外汇来调节外汇供求,影响汇率,改变进出口,改善国际收支。早在1932年,英格兰银行就设立了这种基金,之后其他国家相继效仿。

外汇缓冲政策是一种简便易行、收效很快的调节方法。它既可以缓解本国货币汇率受暂时性不平衡所造成的波动,又有利于本国对外贸易和投资的顺利进行。局限性是:由于一国的外汇储备数量是有限的,因此它不适合于调节长期、巨额的国际收支逆差。如果完全依靠外汇缓冲政策,将可能使该国外汇储备枯竭或外债的大量积累,反而加剧国际收支的逆差。当面临长期的巨额国际收支逆差时,经济调整政策的实施是不可避免的。但是在调整期间,适当地运用外汇缓冲政策作为辅助手段,可以缓解调整政策所带来的经济冲击。

2. 财政与货币政策。当一国出现国际收支赤字而需要进行调整时,当局可以实行紧缩性的财政和货币政策。在财政政策方面,可供采用的措施主要是减少财政支出和提高税率,在货币政策方面,当局可以调高再贴现率,提高法定存款准备金比率,或在公开市场卖出政府债券,等等。紧缩性财政货币政策可以通过三个渠道影响国际收支:第一,通过乘数效应减少国民收入,由此造成本国居民商品和劳务支出的总水平下降。只要它能够降低本国的进口支出,就可以达到改善国际收支的目的。这一收入效应的作用大小取决于一国边际进口倾向的大小。第二,通过诱发国内生产的出口品和进口替代品的价格下降,提高本国贸易品部门在国际和国内市场上的竞争能力,刺激国外居民将需求转向本国出口品,同时刺激国内居民需求从进口品转向进口替代品,从而产生增加出口、减少进口的效果。这一相对价格供应的大小取决于进出口供求弹性。第三,紧缩性货币政策还会通过本国利息率的上升,吸引国外资金流入的增加、本国资金流出的减少来改善资本账户收支。利率效应的大小取决于货币需求的利率弹性与国内外资产的替代性高低。利率弹性越高,替代性越强,则效果越好。

采用财政货币政策来改善国际收支,有时会与国内经济目标发生冲突。紧缩性政策在减少进口支出的同时也抑制了本国居民对国内产品的需求,由此会导致失业和生产能力过剩。如果造成投资支出的下降,还会影响长期的经济增长。因此,特别在本国经济已经出现衰退的情况下,国际收支赤字的出现,常常使当局的宏观经济政策陷入左右为难的境地。只有在国际收支赤字是因总需求大于充分就业条件下的总供给引起的情况下,采取紧缩性经济政策才不至于牺牲国内经济目标。因此,这类政策适宜于用来纠正国际收支的周期性赤字。

3. 汇率政策。汇率政策指通过变动本币汇率来消除国际收支赤字。一国通过本币贬值改善国际收支的最终效果,主要取决于:(1) 进出口需求弹性是否满足马歇尔--勒纳条件。(2) 本国是否存在剩余的生产能力,这是因为贬值后的需求转换需要依靠本国贸易品(出口品和进口替代品)部门供给的增加来满足。(3) 贬值所带来的本国贸易品与非贸易品(包括劳动)的相对价格变动能否维持较长的一段时期,在充分就业的条件下,贸易品供给的增加主要依靠生产资源从非贸易部门向贸易品部门转移。本币贬值所引起的通货膨胀，是否能为社会承受，也是实施本币贬值时所要考虑的因素。一般来说，在经济处于满负荷运行状态的情况下，本币贬值必须结合紧缩性政策来实施，否则将遭致严重的通货膨胀，且对于国际收支调节也不能取得很好的效果。

4. 直接管制政策。直接管制政策是指政府直接干预对外经济往来，以实现国际收支调节的政策措施，包括外汇管制、贸易管制和财政管制等形式。国际经济组织和经济学理论多半不赞成采用直接管制，但在国际收支发生较严重的困难时，发达国家和发展中国家都不同程度地采用过直接管制。

第一，外汇管制，指一国政府对汇率、外汇买卖、国际结算及资本流动进行限制性管理。各国常用的外汇管制手段包括：限制私人持有外汇和购买外汇、限制资本输出入、限制黄金输出、实行复汇率制等。

第二，贸易管制，指一国政府对进出口贸易直接实施干预政策。各国常用的贸易管制手段包括：进口配额制、进口许可证制、规定苛刻的进口技术标准、歧视性采购政策、歧视性税收政策，如政府对进口商品征收较高的销售税、消费税和牌照税等。

第三，财政管制，指一国政府通过财政部、海关和官方金融机构等有关机构对进出口商品的价格和成本实行管制。各国常用的财政管制手段包括：进口关税政策、出口补贴政策、出口信贷政策等。

直接管制的优点是措施有力、见效快、运用起来比较灵活，还起到选择性控制的目的，使政府对经济的调节深入到微观领域，可克服财政与货币政策等宏观调节手段的某些局限性。但是，直接管制的弊病很大，它扭曲市场价格信号，使市场机制作用不能充分发挥，容易造成本国产品生产的效率低下，削弱国内企业的创新动力，引起官僚作风和贿赂风气的兴起。直接管制也往往受到贸易伙伴国的报复，给国际贸易和国际金融带来消极影响。

5. 供给调节政策。在运用政策调节国际收支时，不应忽略社会总供给的作用。从供给角度讲，调节国际收支的政策有产业政策、科技政策和制度创新政策。其中，产业政策的核心在于优化产业结构，根据国际市场的变化和自身的比较优势制定正确的产业结构规划，克服资源在各产业部门间流动的障碍，使本国产业结构的变动能适应世界市场的情况，从而达到减少乃至消除结构型的国际收支失衡。科技政策通过推动技术进步、提高管理水平、加强人力资本投资等方面的政策来促进一国科技水平的提高，增强企业在国际上的竞争能力，达到改善国际收支的目的。制度创新政策是针对经济中存在的效率低下等制度性缺陷而提出的，以培育富有活力的、具有较强竞争力的微观经济主体，主要表现为企业制度改革，包括企业创立时的投资制度改革、企业产权制度改革，以及与此相适应的企业管理体制改革。

6. 国际经济合作与协调。一国发生国际收支不平衡，还可以寻求国际社会的帮助和支持，加强国际经济和金融的合作。另外，各国政府调节国际收支时往往以本国利益为出发点，采取的有关调节措施可能对其他国家产生不利影响，从而导致其他国家采取相应的报复措施。为了维护世界经济与金融的正常秩序与运转，各国政府之间需要加强对国际收支调节政策的国际协调。国际经济合作与协调主要内容包括成立国际金融机构、协调各国金融政策，以及开展贸易谈判、利用国际信贷等。

目前，国际货币基金组织、世界银行、世界贸易组织以及一些区域性经济一体化组织都在对各国国际收支失衡的调节中发挥着重要的作用，如国际货币基金组织调节各国国际收支的短期不平衡，协调各国金融政策，维持国际金融持续等；世界银行帮助各国调节国际收支的长期不平衡，提供国际信贷支持等；世界贸易组织协调各国贸易收支不平衡，组织国际贸易谈判等；欧盟以及亚洲开发银行、非洲开发银行等区域性经济金融组织通过相关政策协调或资金融通等方式来促进成员国经济增长，缓解国际收支不平衡现象。

总之，一国的国际收支调节政策往往会对本国和他国经济造成一定的影响，因此，政府在选择国际收支调节政策时应遵循以下原则：首先，根据国际收支不平衡的原因和性质选择国际收支调节方式；其次，注重国内平衡和对外平衡的协调，尽量避免国际收支调节措施对国内经济带来的消极影响；最后，注意减少国际收支调节对其他国家的刺激。

> **拓展思考：**
>
> 若一国国际收支不平衡分别由下列因素导致，应分别采取什么调节措施？
> （1）因季节性变化等暂时性原因引起；
> （2）因总需求和总供给关系失衡而引起；
> （3）因经济结构性原因引起。

第四节　国际收支调节理论

国际收支调节理论是国际金融的重要基础理论之一，它主要分析一国国际收支的决定因素和保持国际收支平衡的适当政策。

一、弹性分析理论

20世纪30年代，国际金本位制崩溃，各国纷纷采用货币贬值的手段调节国际收支。在此背景下，英国剑桥大学经济学家琼·罗宾逊（J. Robinson）提出了弹性理论（Elasticity Approach），围绕着进出口商品的供求价格弹性来考察汇率变动对贸易收支的影响。

（一）弹性分析理论的主要内容

弹性分析理论认为，汇率变动首先引起进出口商品价格的变动，进而引起进出口数量的变动，最终导致贸易收支的变动。如一国货币贬值会使出口商品价格下跌，促使出口量增加；进口商品价格上升，使进口量减少。但货币贬值最终是否能改善贸易收支，还取决于该国贸易商品的供求弹性。

所谓进出口商品的供求价格弹性，是指进出口商品的供求数量对进出口商品价格变化反应的程度。弹性大，说明进出口商品价格能在较大程度上影响进出口商品的供求数量；弹性小，说明进出口商品价格变化对进出口商品的供求数量影响较小。由于弹性论假定供给具有完全弹性，因此贬值对贸易收支的影响主要由进出口商品的需求弹性决定。假设进口商品的需求弹性为 Em，出口商品的需求弹性为 Ex，则：

当 Ex + Em > 1 时，即进口商品和出口商品的需求弹性之和大于1时，货币贬值能改善贸易收支，这就是著名的马歇尔—勒纳条件（Marshall-Lerner Condition）。

当 Ex + Em = 1 时，货币贬值对贸易收支没有影响。

当 Ex + Em < 1 时，货币贬值将恶化贸易收支。

（二）对弹性分析理论的评价

弹性分析理论的贡献在于，它的分析纠正了货币贬值一定有改善贸易收支作用与效果的片面看法，正确指出了只有在一定的进出口供求弹性条件下，货币贬值才能改善贸易收支。

但是，弹性分析理论也存在若干缺陷。

首先，它假定其他一切条件（利率、国民收入等）不变，只考虑汇率变化对进出口商品的影响，这种局部均衡的分析方法不符合实际情况。其次，弹性理论假定贸易商品供给弹性无穷大，即认为有大量闲置资源未被充分利用，这只适用于经济危机和萧条阶段。此外，弹性论将国际收支局限于贸易收支，未考虑劳务进出口与国际间的资本流动，与现实不符。最后，弹性论忽视了汇率变动效应的"时滞"问题。在现实经济生活中，汇率变化时，进出口的实际变动情况还取决于供给对价格的反应程度。即使在马歇尔—勒纳条件成立的前提下，贬值也不能马上改善贸易收支。相反，货币贬值后的头一段时间，贸易收支反而可能会恶化，必须经过一段时期，贸易收支才能得到改善。

为何贬值对贸易收支的有利影响要经过一段时滞后才能反映出来呢？主要原因是存在以下时滞：(1) 认识时滞。本币贬值后，出口产品价格下降的信息不能立即为进出口商所了解。(2) 决策时滞。进出口商在认识到货币贬值带来的产品价格变动后，需要一定的时间来判断价格变化的重要性，进而作出改变进出口商品数量的决定。(3) 生产时滞。面对出口商品需求的增加，国内生产商要获得足够的资金、人力资源，增加出口商品和劳务的供给需要一定的时间。(4) 取代时滞。进出口商在货币贬值前签订的合同不能被取消，对进出口商品的数量需要一段调整时间。

由于上述时滞的影响，贬值初期进出口商品的数量不会发生变动，而贬值后进口商品本币价格将上升，出口商品外币价格将下降，因此贸易收支会进一步恶化。一段时间以后，待出口供给和进口需求进行了相应调整后，贸易收支才慢慢开始改善。一般认为，出口供给的调整时间大约需要半年到一年的时间。该过程用曲线描述出来，成字母 J 形。故在马歇尔—勒纳条件成立的情况下，贬值对贸易收支的时滞效应，被称为 J 曲线效应（图 1-6）。

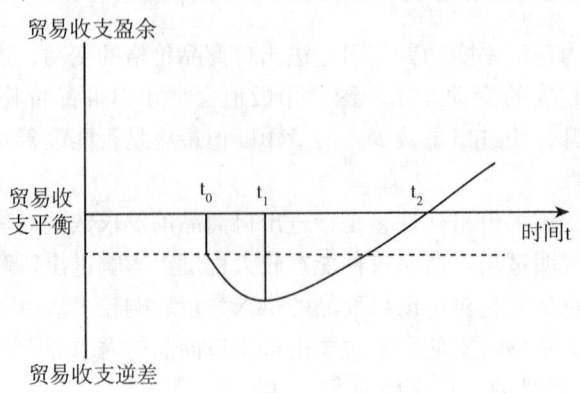

图 1-6　J 曲线效应

二、吸收分析理论

吸收分析理论（Absorption Approach）是由西德尼·亚历山大（Sidney Alexander）等经济学家1952年在宏观经济学的基础上提出的，它从凯恩斯宏观经济学中的国民收入方程式入手，着重考察总收入与总支出对国际收支的影响，并据此提出相应的国际收支调节政策主张。

（一）吸收分析理论的主要内容

开放经济条件下的国民收入恒等式为：

$$Y = C + I + G + X - M \tag{1-6}$$

式中，Y、C、I、G、X、M 分别为国民收入、消费、投资、政府支出、出口和进口。

将国内总支出（C+I+G）部分称为吸收，用 A 来表示。贸易差额（X-M）用 B 表示。由于不考虑国际收支，所以 B 就是国际收支差额。于是：

$$B = Y - A \tag{1-7}$$

上式表明，国际收支差额可以看成是国民收入与国内吸收之差。国民收入大于国内吸收时，国际收支为顺差；国民收入小于国内吸收时，国际收支为逆差；国民收入等于国内吸收时，国际收支平衡。一国要改善国际收支主要有两个方法，即增加收入和减少吸收。

吸收分析理论根据一国经济生产是否达到充分就业的具体情况，分别采取两种不同的政策来调节国际收支。

如果一国经济尚未处于充分就业状态，国内仍有闲置资源可利用，则用增加总收入的方法改善国际收支。为此，可以通过本币贬值，刺激出口，抑制进口。

如果一国经济已达到充分就业状态，没有足够的闲置资源用于扩大再生产和增加总产出，只能用减少国内总支出的办法来调节国际收支。为此，可以实行紧缩性的财政和货币政策，降低国内产品需求和进口需求。

（二）对吸收分析理论的评价

吸收论与弹性论都是运用本币贬值的方法来调节国际收支，但弹性论只考虑了贬值对贸易收支的影响，没有考虑贬值对整体经济的影响。吸收论则把国际收支当作宏观经济变量，从宏观经济的整体角度来考察贬值对国际收支的影响。

吸收分析理论的缺陷是：该理论假定生产要素的转移可以轻而易举地实现，与现实不符；该理论将国际收支等同于贸易收支，未考虑资本流动；它以单一国家为分析模式，未涉及其他国家，实际上一国进出口数量和价格是由本国和贸易伙伴国的出口供给与进口需求共同决定的。

三、货币分析理论

货币分析理论是20世纪60年代末70年代初随着货币主义学说的兴起而出现的一种国

际收支调节理论,它从货币的角度而不是从商品的角度来考察国际收支失衡的原因,并提出相应的政策主张。货币分析理论的主要代表人物是蒙代尔(R. A. Mundell)、约翰逊(H. G. Johnson)和弗兰克尔(J. A. Frenkel)等。

(一)货币分析理论的假定前提

1. 各国经济处于长期充分就业的均衡状态。
2. 一国的实际货币需求是收入的稳定函数,而对其他变量如资产报酬和利率变动等不敏感。
3. 货币供给的变动不会影响到实物产量,即货币中性假定。
4. 购买力平价理论成立,即国际间的套利活动使同一商品在各国之间有同一价格(以共同货币计价)。

(二)货币分析理论的基本内容

在上述各项假设条件下,货币分析法的基本理论可用下列公式表达:

$$M_d = f(Y, r) \tag{1-8}$$

$$M_s = D + R \tag{1-9}$$

式中,M_d 为货币需求,M_s 为货币供给,Y 为国民收入,r 为利率。一国的货币供给分为两部分,D 为由国内银行体系创造的货币供给,R 为国际收支顺差(国际储备)创造的货币供给。

假定长期内货币需求等于货币供给,即 $M_d = M_s$,则 $M_d = D + R$,则可得:$R = M_d - D$,即国际储备=货币需求-国内信用创造,该公式是货币分析法的最基本方程式。它表明,国际收支差额是货币需求和国内货币供应量之间的差额。若 $M_d < D$,则 $R < 0$,这是因为当国内信用扩张造成货币供给大于货币需求,人们手持现金余额高于所期望的水平,就会将多余货币用于对外投资或增加进口,造成国际收支出现逆差。若 $M_d > D$,则 $R > 0$,国际收支出现顺差,说明当国内信贷紧缩时,人们为了使手持现金余额恢复到所希望的水平,就会收回国外投资,减少国外进口,国际收支出现顺差。如果 $M_d = D$,则 $R = 0$,国际收支平衡。

(三)货币分析理论的政策主张

1. 从本质上说,所有国际收支不平衡都是货币性的,因此,国际收支的不平衡,都可以由国内货币政策来解决。
2. 国内货币政策主要是指货币供应政策。因为政府可能操纵的是货币供应量的规模,而货币需求是收入、利率的稳定函数,受政府的影响小。因此,膨胀性的货币政策可以减少国际收支顺差,紧缩性的货币政策可以减少国际收支逆差。
3. 为平衡国际收支而采取的贬值、进口限额、关税、外汇管制等贸易和金融干预措施,只有当它们的作用是提高货币需求,尤其是提高国内价格水平时,才能改善国际收支,且这种影响是暂时的。若在施加干预措施的同时伴有国内信贷膨胀,则国际收支不一定能改善,甚至还可能恶化。

总之,货币论政策主张的核心是:在国际收支发生逆差时,应注重国内信贷的紧缩。

(四) 对货币分析理论的评价

货币分析理论的主要贡献是强调在国际收支分析中对货币因素的重视，而且它不仅仅以经常项目为研究对象，而是考虑了包括资本流动在内的全部国际收支因素。

货币分析理论的缺陷在于：它的一些假定如货币需求函数是相当稳定的，假定货币供给变动不影响实物产量等不符合现实；同时，过分强调货币因素，而忽视了其他因素的作用。

专栏 1-2

中美贸易投资两大焦点仍将争执不下

中美在贸易问题上争执不下，根本原因是美国选择了汇率影响贸易余额的弹性分析框架，而中国政府选择储蓄投资差额造就贸易余额的恒等式分析框架。中国无论如何不能容忍人民币对美元的大幅升值，最终可能是人民币汇率形成机制回归到2005年7月至2008年6月的轨道上去。随着欧洲主权债务危机的恶化，中国多元化外汇储备投资难度进一步加大。

自上一轮中美战略与经济对话以来，世界经济经历了经济触底反弹、希腊危机加剧致使欧洲主权债务危机愈演愈烈两个阶段。这两个阶段的形势演变，国际金融市场重新动荡不安，为2010年5月24~25日在北京举行的第二轮中美战略与经济对话的经济议题奠定了基调。

事实上，自中美战略与经济对话机制于2006年12月启动以来，协调刺激经济复苏与扭转国际收支失衡，就始终是主要议题之一。在金融市场稳定与改革层面，美国近期有关金融监管的政策力度很大。然而鉴于中美金融市场的发育程度差异以及中国金融市场依然相对封闭的现状，中美之间在这个问题上的互动程度还相对较低。国际货币体系改革是更长远的博弈，而且是多边舞台而非双边舞台上的博弈。在这个层面，中美存在着复杂的竞争合作关系，也只能达成一些模糊的共识。因此，从议题设置上来看，贸易与投资问题是双边利益重叠与分歧都很重大的领域，近年来中美经济方面的一些争端也大多围绕该领域展开。

在贸易领域，美国政府的主要诉求在于要求人民币对美元汇率大幅升值。而中国政府的主要诉求，在于敦促美国政府停止对中国出口商品采取贸易保护主义措施，要求美国政府开放高科技产品的出口。

过去10年间的国际收支失衡，具体体现为美国存在持续的经常项目赤字，而东亚国家和资源出口国存在持续的经常项目盈余。解释国际收支失衡，有两种分析框架。第一种分析框架认为，这是由特定贸易方通过压低本币汇率刺激出口造成的，即汇率影响贸易余额的弹性分析框架。第二种分析框架认为，是各国国内储蓄与国内投资之间的差额造成了国际收支失衡，即储蓄投资差额造就贸易余额的恒等式分析框架。中美政府之所以在贸易问题上争执不下，根本原因是美国政府选择了第一种框架，而中国政府选择了第二种框架。

美国政府认定，美国对中国的持续并不断扩大的贸易赤字，归根结底来自严重低估的人民币汇率水平。中国政府操纵人民币汇率水平的证据，在于中国外汇储备规模不断累积。因此，要平衡国际收支，人民币对美元汇率必须显著升值。美国财政部推迟本应在2010年4月发布的中国是否操纵汇率的报告，不过是以退为进的做法，给中国政府留出一个短暂的时间窗口。预计在本次对话中，以及在6月多伦多G20峰会上，美国会相继从双边和多边角度向中国政府施压。至于结果，美国政府也心知肚明，即中国政府无论如何不能容忍人民币对美元的大幅升值，最终结果可能是人民币汇率形成机制回归到2005年7月至2008年6月的轨道上去。

中国政府认为，美国人的过度消费是造成美国存在持续经常项目逆差的根本原因，而人民币升值只会降低美国对中国的贸易逆差，而不会降低美国的整体贸易逆差。因此，美国对中国出口商品采取贸易保护主义措施是不公平的。此外，美国存在显著赤字的另一原因，在于美国政府在高科技产品出口方面对中国存在限制，如果美国能进一步开放高科技产品出口，则美国对华贸易赤字将显著减轻。至于结果，中国政府也不会太过于乐观。自然，美国未来是否继续对中国出口产品采取贸易保护主义措施，取决于中国政府是否以及怎样改变人民币汇率形成机制。而出于遏制中国的政治考虑，美国政府不会显著放松对中国的高科技产品出口限制。

在投资领域，中国提出的是老问题，即美国政府应该对来自中国的对外直接投资更加友好；为保障中国对美国证券投资的安全，白宫应采取更加负责任的财政货币政策。而美国提出的是新问题，即自危机后中国政府采取鼓励自主创新的产业政策以来，在采购方面对本国企业更加照顾，损害了美国在华外资企业的利益。

在对待来自中国的直接投资的审查方面，美国政府天然具有双重优势，即政府和国会的两重屏障。即使白宫承诺更加欢迎来自中国的直接投资，国会的各种委员会依然可以对中国投资提出各种审查的要求。而中国政府缺乏这种政策的战略纵深，一旦政府承诺修改自主创新政策，就没有其他机构能对美资企业采取实质性的限制措施。笔者由此预计，双方这次都会在这个问题上作出一些象征性表态，但在企业层面，政策环境不会有实质性改善。

至于中国为保证对美证券投资安全出发要求美国政府采取更负责的宏观经济政策，中国其实没有重要的谈判筹码。随着欧洲主权债务危机的恶化，中国多元化外汇储备投资的难度进一步加大。自美国次贷危机暴发后，我们认为过度持有美元资产风险很大，而积极多元化的主要方面是增持欧元资产。而目前欧元汇率急转直下，使得美元资产重新获得青睐。就在2010年3月，中国数月以来首次净增持美国国债。如果中国的外汇储备投资不能降低对美元资产的依赖性，不能通过长期减持美元资产（尤其是美国长期国债）来向美国政府施压，那么中国对美国政府实施更负责任的财政货币政策的敦促便失去了任何实质性的约束力。

资料来源：张明. 中美贸易投资两大焦点仍将争执不下[N]. 上海证券报，2010-05-24.

【本章要点】

1. 国际收支是一国居民在一定时期内与他国居民之间全部经济交易的系统记录。

2. 国际收支平衡表记录的内容可以分为三大类，即经常项目、资本与金融项目、错误与遗漏项目。

3. 国际收支平衡表中各种交易可分为性质不同的两大类：自主性交易或补偿性交易。

4. 国际收支的调节政策主要有外汇缓冲政策、支出增减型政策、支出转换型政策和供给调节政策以及国际经济合作与协调。

【思考题】

1. 国际收支经常账户差额的经济含义是什么？
2. 哪些因素引起国际收支不平衡？
3. 弹性论的主要观点与意义？
4. 货币论的政策含义是什么？
5. 你认为国际收支失衡对一国经济可能造成什么影响？
6. 简述国际金本位制下的国际收支自动调节机制。
7. 描述纸币本位制、固定汇率制度下的国际收支自动调节机制。
8. 国际收支调节政策主要有哪些？各发挥什么作用？
9. 调节国际收支的一般原则是什么？

【技能案例】

美国的经常项目从1994年以来一直保持逆差，资本与金融项目保持顺差，且经常项目逆差占国际收支总量的比重超过金融项目顺差所占比重，从而导致其持续的国际收支综合项目逆差。2016年美国经常项目逆差4 812亿美元，创历史新高。美国经常项目逆差主要来源于货物项目的逆差，而投资收益项目则常年保持顺差。美国国际收支经常项目逆差保持增长趋势，货物贸易逆差持续增长。

美国国际收支的金融项目流入和流出规模都比较大且基本保持顺差。2010年美国国债总额高达6 805.31亿美元，增持的国债60%以上均来自于外国政府。美国的在外资产大部分年度以直接投资为主要投资形式。在资本与金融项目顺差的同时，美国的投资收益项目多年来持续顺差。美国的金融项目虽然为顺差，但资本流入的形式多样，以证券投资为主，其中包含大量的美国国债流入。

资料来源：黄珊. 中美国际收支差异比较及原因分析 [J]. 经贸实践，2017 (17).

技能考核

1. 如何正确看待美国的国际收支逆差问题？
2. 为什么美国国际收支连年逆差却不影响其强国地位？

【实训操作】

假设A国某年度与世界对外交易项目资料如下：

(1) A国企业出口200万美元，用以清偿国外贷款。
(2) A国进口价值150万美元的设备，以其在外国银行的存款支付货款。
(3) A国政府动用外汇储备对外援助40万美元。
(4) A国投资者获得他投资于外国政府债券的利息1 000美元，他将此收入用于购买国外公司股票。

（5）A国政府获得国际货币基金组织贷款100万美元。

（6）A国在国外发行价值100万美元的10年期债券，该笔款项存入外国银行。

（7）A国居民李某确信自己将成为美国居民，提前将其资产兑换成1 000万美元汇到美国。

实训任务　根据以上经济业务编制A国国际收支平衡表，并计算A国的贸易收支差额、经常项目差额，分析资本和金融账户是盈余还是赤字，说明储备资产的变化。

第二章 外汇与汇率

> **教学目标：**
> 1. 掌握外汇、汇率的概念和汇率的主要分类；
> 2. 能够在外汇交易中正确使用买入汇率和卖出汇率；
> 3. 掌握根据升贴水、平价计算远期汇率的方法；
> 4. 掌握汇率变动的规律和汇率变动对经济影响的规律；
> 5. 了解汇率的决定基础以及汇率的决定理论。

▶ 引导案例

美元指数大涨　人民币汇价下行

在隔夜美元指数大涨的背景下，周五（2月27日）人民币兑美元汇率中间价大跌96基点至6.1475。市场人士指出，当前人民币兑美元即期汇率持续徘徊于波动上限附近，短期贬值压力无法释放，已严重影响到外汇市场交易，纾解外汇市场的交易困境可能需要人民币中间价主动下调或者央行入市干预或者进一步放宽人民币即期汇率波动幅度。

美元对一篮子货币的汇率在26日创下一个月新高，稍早前公布的美国通胀与耐用品订单数据改善市场对美国经济的信心，美联储两位官员的点评也进一步支撑美联储今年年中加息的预期。但市场人士指出，美元前期持续上涨已充分反映市场对于美联储在年内加息的预期，且欧洲形势出现一定的缓和、欧央行QE靴子已经落地，短期看，美元进一步上涨需要更为强劲的基本面或超预期的政策收缩信号的支持，但近期美国经济增长形势有所反复，美联储加息信号则含糊不清，因此预计未来一段时间美元更有可能维持盘整格局，不乏短期回调可能。

在人民币兑美元汇率方面，由于中国开年经济形势不利，通缩风险加大，货币政策宽松预期浓厚，外汇市场人民币供求关系逐渐逆转，人民币对美元呈现一定的贬值倾向。突出表现为，人民币兑美元境内即期汇率持续徘徊于"跌停价"附近。交易员表示，当前人民币现汇价格有下行倾向，而中间价仍相对稳定，导致即期汇价与中间价的偏离幅度持续扩大至2%的波动上限附近，即期汇价下行压力无法释放，进而影响境内即期外汇市场流动性，最近人民币即期外汇市场成交量明显下降。27日早盘，银行间外汇市场即期询价交易系统中，人民币兑美元汇率低开在6.2595元，截至9:50分，汇价最低下探6.2694元，距离当天"跌停价"6.2705元只差11基点。

资料来源：中证网．美元指数大涨 人民币汇价下行［EB/OL］．http：//forex.cngold.org/usdx/c3116471.html．

思考：（1）影响美元与人民币汇率变动的原因是什么？（2）人民币汇率变动对中国企业的出口利润带来什么影响？

第一节 外汇与汇率的基本概念

一、外汇

（一）外汇的含义

外汇有动态与静态两种含义。

动态的外汇也称"国际汇兑"（Foreign Exchange），是指把一国货币兑换成另一国货币，用以清偿国际间债权债务关系的一种专门性的经营活动。其中，"汇"是指资金转移，"兑"是指货币交换。从这个意义上说，外汇就是国际结算活动。

静态的外汇概念从动态的外汇行为中衍生出来并广为运用，我们在日常生活中所用到的外汇概念主要是静态的，即外汇是国际汇兑的手段或工具。静态外汇，又可以分为狭义外汇和广义外汇。

广义外汇是指一国货币当局所拥有的一切可以用于对国际间债权债务进行结算与清算的手段与资产。国际货币基金组织把外汇界定为"外汇是货币行政当局（中央银行、货币管理机构、外汇平准基金组织及财政部）以银行存款、国库券、长短期政府债券等形式所保有的在国际收支逆差时可以使用的债权"。这个定义就属于广义的外汇范畴。

各国对外汇的包括内容有不同的理解与规定。我国1996年通过并于2008年重新修订的《中华人民共和国外汇管理条例》规定，外汇是指下列以外币表示的可以用作国际清偿的支付手段和资产：（1）外币现钞，包括纸币和铸币；（2）外币支付凭证或者支付工具，包括票据、银行存款凭证、银行卡等；（3）外币有价证券，包括债券、股票等；（4）特别提款权；（5）其他外汇资产。

狭义外汇是人们最经常使用的关于外汇的概念，是指以外币表示的可以用于国际结算的支付手段。从这个意义上讲，只有放在国外银行的外币存款，以及索取这些存款的外币票据和外币凭证（如汇票、本票、支票、外币信用卡）才是外汇。

（二）外汇的特征

外汇一般至少要具备三个基本特征：

（1）外汇必须是以外币表示的资产。任何以本国货币表示的信用工具、支付手段和有价证券即使能用作国际结算的支付手段或国际汇兑，对于本国居民来说都不能称其为外汇。

（2）外汇必须是可以自由兑换的货币。如果某种资产在国家间的自由兑换受到限制，则不能称其为外汇。

（3）外汇具有普遍接受性。外汇必须能在国外得到普遍认可和接受，能够作为支付手段偿付对外债务。

（三）外汇的种类

1. 按外汇的兑换性，分为自由外汇和记账外汇。自由外汇是指不需经过货币发行国批准，可以自由兑换成其他货币，或者可以向第三国办理支付的外币及其支付手段。目前，主要的自由外汇有美元、欧元、英镑、日元、瑞士法郎、加拿大元、澳大利亚元和港元等。

记账外汇是指未经货币发行国批准不能自由兑换成其他国家货币或不能向第三国进行支付的外汇，是经两国政府协商在双方银行各自开立专门账户记载使用的外汇。记账外汇既可以是本国货币也可以是对方国货币，还可以是第三国货币或复合货币。例如，我国曾经在与某些发展中国家和东欧诸国进行贸易时，为了节省双方的自由外汇，签订双边支付协定，采用记账外汇进行清算。即与这些国家的进出口货款，只在双方国家指定银行开立专门账户记载。这种在双方银行账户上记载的外汇债权，既不能转给第三者使用，也不能兑换成自由外汇，即称为记账外汇。

2. 按外汇的来源，分为贸易外汇和非贸易外汇。贸易外汇是由进出口贸易所引起收付的外汇，包括货款及其从属费用。非贸易外汇是指除贸易外汇以外通过其他途径所收付的外汇。其范围广泛，包括科学技术、文化交流、侨汇、航空、铁路、海运、邮电、港口、海关、银行、保险、旅游、承包工程等方面收入和支出的外汇。

3. 按外汇管理对象，分为居民外汇和非居民外汇。居民外汇指居住在本国境内的机关、团体、企事业单位、部队和个人，以各种形式所持有的外汇。各国一般对居民外汇管理较严。非居民外汇指暂时在某国或某地区居住者如外国侨民、旅游者、留学生、国际机构和组织的工作人员、外交使节等所持有的外汇。在我国，对非居民外汇的管理比较松，允许其自由进出国境。

二、汇率

（一）汇率的概念

汇率是两种货币之间的兑换比率或比价，是用一种货币表示的另一种货币的价格，即如果把外汇看作一种特殊商品，汇率就是这种特殊商品的价格。在国际汇兑中，不同的货币之间可以相互表示对方的价格，因此汇率具有双向表示的特点。

（二）汇率标价方法

由于两种货币可以相互表示其价格，即汇率具有双向表示的特点，因此汇率有两种基本的标价方法：一是直接标价法；二是间接标价法。20世纪五六十年代，随着欧洲货币市场的兴起，西方各国跨国银行普遍采用美元标价法。

1. 直接标价法（Direct Quotation）。直接标价法是指以一定单位的外国货币为标准（1 10 100 10 000等），来计算折合多少本国货币。例如，2017年7月27日，我国国家外汇管理局公布的人民币对美元的汇率中间价为100美元等于673.07元人民币，这就是直接标价法。其特点是：外币为单位货币，数额固定不变，折合本币的数额根据外国货币和本国货币币值对比的变化而变化。如果一定单位的外币折合本币数额增加，即外币升值或本币贬值；反之，如果单位外币折合本币数额减少，即外币贬值或本币升值。目前世界上除英国、美国和欧元区的国家之外，绝大多数国家都采用直接标价法。

2. 间接标价法（Indirect Quotations）。间接标价法是指以一定单位的本国货币为标准（110 010 000 等），来计算折合多少外国货币。例如，伦敦外汇市场公布 1 英镑 = 1.6051 美元，这就是间接标价法。其特点是以本币为基准，折合外币的数额随着本币与外币币值的变动增加或减少。如果一定单位本国货币折合外国货币的数额增加，即本币升值或外币贬值，称为外汇汇率下降；反之，一定单位本币折合外币的数额减少，则本币贬值或外币升值，称为外汇汇率上升。目前，在国际外汇市场上采用间接标价法的货币主要有欧元、英镑、澳大利亚元、新西兰元。

3. 美元标价法（US Dollar Quotation）。美元标价法是以一定单位美元为标准，来计算折合成多少其他货币。其特点是，美元单位始终不变，美元与其他货币的比值是通过其他货币量的变化体现出来的。在国际外汇市场上，除了英镑、欧元、澳元、纽元、南非兰特等少数货币采用非美元标价法外，其余大多数货币均采用美元标价法，非美元货币之间的汇率则通过各自兑美元的汇率套算。美元标价法和间接标价法的不同之处在于，它不单单是美国本身报出的外汇价格，也是美国以外的外汇经营机构的报价方式。

在上述标价法下，数量固定不变的货币为基准货币或基础货币，数量发生变化的货币叫标价货币。在直接标价法下，基准货币或基础货币是外国货币，标价货币是本国货币；在间接标价法下则与之相反；在美元标价法下，美元是基准货币或基础货币，其他各国货币是标价货币。无论采取何种标价法都是以标价货币来表示基准货币或基础货币的价格。

（三）汇率的种类

我们可从多种角度对汇率进行分类，形成极其繁多的汇率种类。在此我们选择与外汇买卖经营、外汇理论和外汇管理政策有关的种类加以介绍。

1. 从银行买卖外汇角度，分为买入汇率和卖出汇率、现钞汇率和中间汇率。买入汇率（Buying Rate），也称外汇买入价（Bid Price），即银行向同业或客户买入外汇时所使用的汇率。采用直接标价法时，外币折合本币数额较少的那个汇率就是买入价；采用间接标价法时则相反。

卖出汇率（Selling Rate），也称外汇卖出价（Offer Price or Ask Price），即银行向同业或客户卖出外汇时使用的汇率。采用直接标价法时，外币折合本币数额较多的那个汇率就是卖出价；采用间接标价法时则相反。

例如，在我国外汇交易中心，若 \$100 = ¥673.58/676.28，则 673.58 元为外汇买入价，而 676.28 元为外汇卖出价。再如伦敦外汇市场上，若 £1 = \$1.6092/1.6096，则 1.6092 为外汇卖出价，1.6096 为外汇买入价。

买入价或卖出价都是从银行买卖外汇的角度来看的，两者之间的差价称买卖差价，一般为 1‰~5‰，它是外汇银行经办外汇业务的收入。一般外汇市场越发达，交易额越大，差价越小。

在外汇银行挂牌的买价和卖价是采用电汇方式时买入外汇和卖出外汇的价格，当采用信汇、票汇方式买卖外汇以及买卖外汇现钞时买卖价需要作调整。银行用信汇和电汇方式买卖外汇,与电汇方式相比便宜。

现钞汇率(Foreign Currency or Bank Notes Rate)是银行买卖外汇现钞时所使用的汇率,分为现钞买入价和现钞卖出价。外国现钞不能在本国流通使用,银行收兑外币现钞后,需将外币现钞运送到发行国或该货币中心,存入海外银行才能充当流通或支付手段,而运送外币现钞既要花费一定的运输费、保险费等,又要承担一定风险,而且银行在收兑外币现钞时,要垫付本币和保管外币现钞费用。因此,银行在收兑外币现钞时要扣除一定费用,致使银行的现钞买入价要低于现汇买入价,而现钞卖出价与其现汇卖出价相同。

中间汇率(Middle Rate)是指用买入价与卖出价的平均数表示的汇率。媒体报道汇率消息时常采用中间汇率。在我国,各外汇银行的买入汇率和卖出汇率通常是以受中国人民银行委托的外汇交易中心公布的中间汇率为基础,并在允许的幅度范围内上下浮动形成(表2-1)。

 知识窗

汇率的表达方式可以有多种(以英镑兑美元为例):
(1) 1英镑 = 1.6051美元
(2) 英镑/美元 = 1.6051
(3) GBP/USD = 1.6051
(4) GBP/USD = 1.6051/1.6053
(5) GBP/USD = 1.6051 - 1.6053
(6) GBP/USD = 1.6051/53
(7) GBP/USD = 51/53

表2-1　　　　　　　　　　　　　中国银行外汇牌价

货币名称	现汇买入价	现钞买入价	现汇卖出价	现钞卖出价	中行折算价	发布时间
美元	673.58	668.04	676.28	676.28	673.73	10:58:18
日元	6.0563	5.8677	6.0988	6.0988	6.0625	10:58:18
欧元	786.56	762.07	792.09	792.09	787.34	10:58:18
英镑	880.46	853.04	886.64	887.97	880.66	10:58:18
澳大利亚元	536.63	519.92	540.4	540.4	537.08	10:58:18
港币	86.23	86.53	86.55	86.55	86.28	10:58:18
韩元	0.6012	0.5801	0.606	0.628	0.6039	10:58:18
加拿大元	536.06	519.1	539.83	540.1	536.96	10:58:18
瑞士法郎	693.34	671.95	698.22	699.95	698.65	10:58:18

2. 按照制定汇率方法的不同,分为基本汇率和套算汇率。基本汇率(Basic Rate)是指本国货币与某一关键货币所确定的汇率。所谓关键货币,是指该国在国际收支中使用最多、外汇储备中占比重最大,同时又可以自由兑换、在国际上被普遍接受的货币。由于美元是当今世界上使用最广泛,也是最重要的国际货币,故各国一般把美元作为关键货币。但非洲一

些国家因历史原因把英镑作为关键货币。我国曾把美元作为关键货币,但从 2005 年 7 月 21 日起确定人民币汇率时开始参考篮子货币,首次进入篮子货币的是美元、欧元、日元、韩元四种货币。

套算汇率(Cross Rate)也叫交叉汇率,是指两种货币通过基本汇率换算出来的汇率。在实务操作中主要有三种计算方法:

(1)按中间汇率求套算汇率(适用于按一般电信行市计算交叉汇率)。

[例 2 – 1]假若某外汇市场上:

$$USD1 = JPY92.22, USD1 = HKD7.7551$$

则港元兑日元的套算汇率为:

$$HKD1 = JPY92.22 \div 7.7551 = JPY11.8915$$

(2)交叉相除法(适用于基准货币和标价货币相同的套算汇率的计算)。

[例 2 – 2]假若某外汇市场上:

$$USD1 = JPY92.68/92.98, USD1 = HKD7.7962/7.8032$$

计算港元兑日元的套算汇率。

解:

$$USD1 = JPY92.68/92.98$$

$$USD1 = HKD7.7962/7.8032$$

港元兑日元的汇率为:

$$HKD1 = JPY(92.68 \div 7.8032)/(92.98 \div 7.7962) = JPY11.8772/11.9263$$

(3)垂直相乘法(适用于基准货币、标价货币都不同的套算汇率的计算)。

[例 2 – 3]假若某外汇市场:

$$USD1 = JPY92.68/92.98, GBP1 = USD1.6092/1.6096$$

计算英镑兑日元的套算汇率。

解:

$$USD1 = JPY92.68/92.98$$

$$GBP1 = USD1.6092/1.6096$$

英镑兑日元的汇率为:

$$GBP1 = JPY(92.68 \times 1.6092)/(92.98 \times 1.6096) = JPY149.1407/149.6606$$

3. 按照汇率适用的交割方式不同,分为即期汇率和远期汇率。即期汇率(Spot Rate)

也称现汇汇率,是指买卖双方成交后,在两个营业日内办理交割所使用的汇率,一般在外汇市场上挂牌的汇率,除特别标明远期汇率外,都是指即期汇率。

远期汇率(Forward Rate),也称期汇汇率,是指外汇买卖成交后签订外汇交易合同,按约定的时间进行交割所使用的汇率。远期交割期限可以是 7 天、1 个月、3 个月、6 个月、1 年等。

远期汇率的报价通常有两种形式:一是直接报出远期外汇的买价和卖价,这种直接报价法适用于银行与一般客户之间,适用于零售外汇市场;二是以远期差价表示的报价法,称为间接报价法,它适用于银行同业之间及外汇批发市场。它是指远期汇率在即期汇率的基础上加减一定差额形成的,这个差额被称为远期差价(Forward Margin)。可以表示为:

$$远期汇率 = 即期汇率 + (-) 远期差价$$

远期差价用升水(At Premium)、贴水(At Discount)和平价(At Par)来表示。升水表示远期外汇比即期外汇贵;贴水表示远期外汇比即期外汇便宜;平价表示远期汇率等于即期汇率。远期差价通常以点数来表示,外汇市场上每一"点"为万分之一,即 0.0001。

由于汇率的标价方法不同,依据远期差价计算远期汇率的方法也不同。在直接标价法下,由于单位外币折合本币的数量越大,表示外汇越贵;单位货币折合本币的数量越少,表示外汇越便宜,所以当远期差价为升水时,远期汇率等于即期汇率加升水;当远期差价为贴水时,远期汇率等于即期汇率减贴水,用公式表示为:

$$远期汇率 = 即期汇率 + 升水$$
$$远期汇率 = 即期汇率 - 贴水$$

在间接标价法下,由于单位本币兑换外币的数额越大表示外汇越便宜,单位本币兑换外币数额越小表示外汇越贵,所以当远期差价为升水时,远期汇率等于即期汇率减去升水;当远期差价为贴水时,远期汇率等于即期汇率加上贴水。用公式表示为:

$$远期汇率 = 即期汇率 - 升水$$
$$远期汇率 = 即期汇率 + 贴水$$

在实务中,已知即期汇率计算远期汇率时,可以不必考虑汇率的标价方式及升水还是贴水,仅根据升贴水的大小排列顺序即可进行计算。即远期差价以小/大排列,则远期汇率等于即期汇率加上远期差价;若远期差价以大/小排列,则远期汇率等于即期汇率减去远期差价。

[例 2-4] 在伦敦外汇市场,英镑兑美元的即期汇率为:1 英镑 = 1.6092/1.6096 美元,3 个月的远期差价为升贴水 103/98,求英镑兑美元远期汇率为多少?

解:买美元卖英镑的汇率为:1 英镑 = 1.6092 - 0.0103 = 1.5989(美元)
卖美元买英镑的汇率为:1 英镑 = 1.6096 - 0.0098 = 1.5998(美元)
英镑兑美元的远期汇率为:1 英镑 = 1.5989/1.5998(美元)

如果英镑兑美元 3 个月远期差价为升贴水 98/103,则远期汇率为 1 英镑 = 1.6190/1.6199 美元(即期汇率加外汇升贴水)。

[例 2-5] 在香港外汇市场,港元对美元的即期汇率为:1 美元 = 7.8000/7.8050 港元,3 个月的远期差价为升贴水 118/128,求港元兑美元远期汇率为多少?

解:1 美元 = 7.8000 + 0.0118/7.8050 + 0.0128
= 7.8118/7.8178 港元(即期汇率加外汇升贴水)

如果 3 个月的远期差价为升贴水 128/118，则远期汇率为 1 美元 = 7.7872/7.7932 港元（即期汇率减外汇升贴水）。

4. 按照银行外汇方式不同，分为电汇汇率、信汇汇率和票汇汇率。电汇汇率（Telegraphic Transfer Rate，T/T Rate）是银行卖出外汇以后，以电报、电传等方式通知国外的分支机构或代理机构付款时使用的汇率。在国际支付中，大额的资金调拨一般都采用电汇。由于电汇付款时间快，一般可以当天到达，银行无法占用客户的资金头寸，并且国际电报、电传费用也比较高，使得电汇汇率较信汇汇率、票汇汇率高。电汇汇率在外汇交易中占有较大的比重，成为计算厘定其他汇率的基础，因此电汇汇率又称基础汇率。

信汇汇率（Mail Transfer Rate，M/T Rate）是银行卖出外汇后，以信函方式通知国外分支机构或代理行付款时使用的汇率。信汇业务具有收付时间慢、安全性低、交易费用低的特点。因此，一般来说，信汇汇率比电汇汇率低。

票汇汇率（Demand Draft Rate，D/D Rate）是指银行卖出外汇后，签发一张由其在国外的分支行或代理行付款的支付命令给汇款人，并由其自带或寄往国外取款而使用的一种汇率。由于卖出汇票与支付外汇间隔一段时间，因此票汇汇率需要在电汇汇率的基础上对利息因素作一些调整，一般汇票付款期限越长，汇率越低。

5. 按照外汇资金的性质划分，分为贸易汇率与金融汇率。贸易汇率（Trade Rate）又称"商业汇率"，是指在进出口贸易货款和从属费用方面收付外汇所适用的汇率。官方制定与其他汇率不同的贸易汇率主要目的是"奖出限入"，改善本国国际收支状况。

金融汇率（Financial Rate）是指适用于国际资金流动等非贸易外汇收支的汇率。官方制定金融汇率的目的往往是为了增加非贸易外汇收入及限制资本流动。

6. 按外汇买卖的对象划分，分为同业汇率和商人汇率。同业汇率（Inter-bank-Rate）是指银行与银行之间买卖外汇所适用的汇率。同业汇率的买入价和卖出价的差别较小。

商人汇率（Merchant Rate）是指银行对客户买卖外汇所适用的汇率。商人汇率是根据同业汇率卖出价增加一定差额而买入价减去一定差额确定的，所以商人汇率的买入价与卖出价的价差较大。

7. 按照对汇率管制的宽严程度划分，分为官方汇率与市场汇率。官方汇率（Official Rate）是指由国家外汇管理当局制定并公布本国货币对外币的汇率。在外汇管制较松的国家，官方汇率往往只起中心汇率的作用，而实际外汇买卖多按市场汇率成交。在实行严格外汇管制的国家，官方汇率就是实际汇率，规定一切外汇交易都按这一汇率执行。我国在1994 年以前实行的就是官方汇率，人民币汇率由国家外汇管理当局统一制定公布，并按此汇率进行外汇买卖，没有外汇市场汇率。

市场汇率（Market Rate）是指由外汇市场的外汇供求状况决定的汇率，它随外汇供求关系的变化而自由波动。但各国货币金融当局经常运用各种手段干预外汇市场，使市场汇率保持基本稳定和向预定目标方向变动。

8. 按国际货币制度的演变划分，分为固定汇率和浮动汇率。固定汇率（Fixed Rate）是指货币的汇率基本稳定，波动幅度被限制在较小范围之内的汇率。在金本位制下，汇率决定的基础是两国铸币含金量的对比，汇率的波动幅度受黄金输送点的制约，故被称为固定汇率制度。在第二次世界大战后建立的布雷顿森林货币体系下，两国货币法定含金量的对比决定着两种货币的汇率，汇率的波动被人为限制在一定范围之内，也被称为固定汇率制度。

浮动汇率（Floating Rate）是指各国货币之间的汇率波动不受限制，而根据外汇市场供求状况自由波动的汇率。1973年以后，各国政府不再公布本国货币的含金量，各国政府不再承担维持汇率在规定范围内浮动的义务，在全球范围内由固定汇率制度转变为浮动汇率制度。浮动汇率按政府是否干预，分为自由浮动和管理浮动；按浮动的形式，分为单独浮动与联合浮动，等等。

9. 名义汇率、实际汇率和有效汇率。名义汇率（Nominal Exchange Rate）是由官方公布的或在市场上通行的没有剔除通货膨胀因素的汇率。

实际汇率（Real Exchange Rate）有两种含义，一是名义汇率经过价格调整、剔除通货膨胀因素后的汇率，即 $E \times (P^*/P)$（其中，E 为直接标价法的名义汇率，即用本币表示的外币价格，P^* 为以外币表示的外国商品价格水平，P 为以本币表示的本国商品价格水平，P^* 和 P 可以分别被 CPI^* 和 CPI 代替）。实际汇率反映了两国物价变动率即通货膨胀率对名义汇率的影响，从而反映了本国商品的国际竞争力。二是名义汇率扣除政府财政补贴和税收减免后的汇率，用公式表示：

$$实际汇率 = 名义汇率 - 财政补贴 - 税收减免$$

实际汇率在研究汇率调整、倾销调查与研究反倾销措施、考察货币的实际购买力时，常常被用到。

有效汇率（Effective Exchange Rate）是一种以某个变量为权重计算的加权平均汇率指数，它指报告期一国货币对各个样本国货币的汇率以选定的变量为权数计算出的与基期汇率之比的加权平均汇率之和。通常可以一国与样本国双边贸易额占该国对所有样本国全部对外贸易额比重为权数。其汇率的公式为：

$$有效汇率 = \sum_{i=1}^{n} i 国贸易比重 \times i 国货币汇率变化$$

[**例 2 - 6**] 假定英镑对各种货币的汇率在一年中的变化情况，以及各国对英国的贸易在英国对外贸易中所占的比重（表 2 - 2）。

表 2 - 2　　　　　　　　　　汇率的变化及贸易比重

货币名称	年初	年末	贸易比重（%）
美元	1.8	1.4	20
欧元	1.6	1.7	65
加元	2.1	2.5	6
日元	190	210	9

首先分别计算出英镑对各货币的汇率的变动幅度：
对美元：$(1.4 - 1.8)/1.8 \times 100\% = -22.22\%$
对欧元：$(1.7 - 1.6)/1.6 \times 100\% = 6.25\%$
对加元：$(2.5 - 2.1)/2.1 \times 100\% = 19.05\%$
对日元：$(210 - 190)/190 \times 100\% = 10.53\%$

再将汇率变动幅度以贸易比重进行加权平均，就可以得到英镑的实际汇率变动率：

$(-22.22\% \times 20\%) + 6.25\% \times 65\% + 19.05\% \times 6\% + 10.53\% \times 9\% = 1.71\%$

总体而言，英镑升值 1.71%。

第二节 汇率决定及其理论

一、国际收支理论

（一）传统国际收支理论

传统国际收支理论也称国际借贷理论，是 1961 年英国经济学家葛逊（G. L. Goschen）在其所著《外汇理论》一书中提出的，这一理论在第一次世界大战前颇为流行。

国际借贷分为固定借贷和流动借贷。固定借贷是指借贷关系虽然形成，但并没有进入实际支付的借贷，流动借贷是指进入实际支付阶段的借贷。

国际借贷理论认为，一国货币汇率的变动由外汇供求决定，而外汇供求又取决于该国对外流动借贷的状况。具体而言，一国对外流动借贷出现顺差，则外汇供给大于需求，外汇汇率下跌；一国对外流动借贷出现逆差，则外汇需求大于供给，外汇汇率上升；一国对外流动借贷平衡时，外汇供求平衡，汇率处于均衡状态。

（二）现代国际收支理论

第二次世界大战后，许多学者应用凯恩斯模型来说明影响国际收支的主要因素，进而分析这些因素如何通过国际收支作用到汇率，从而形成现代国际收支理论。

该理论认为，外汇汇率由外汇供求决定，而外汇供求又取决于国际收支。国际收支的均衡条件是经常项目差额等于资本项目差额。凡是影响国际收支均衡的因素，都可以引起均衡汇率的变动。其基本公式表示为：

$$E = f(Y, Y_f, P, P_f, i, i_f, E_e) \qquad (2-1)$$

式中，Y 与 Y_f 分别代表国内和国外的国民收入水平；P 和 P_f 分别代表国内和国外的物价水平；i 和 i_f 分别代表国内和国外的利率水平；E_e 代表人们对汇率变化的预期。

当本国国民收入增加时，进口需求增加，国际收支赤字，导致外汇需求大于外汇供给，本币贬值。当外国国民收入增加时，本国出口增加，国际收支盈余，本币升值。当本国物价上升时，本国出口减少，进口增加，国际收支出现赤字，外汇需求大于外汇供给，本币贬值。反之，外国物价上涨，本币升值。当本国利率上升时，国外资本流入，导致本币需求大于本币供给，本币升值，反之亦然。当预期汇率大于即期汇率即对未来外汇汇率看涨时，人们将本币兑换成外汇，外汇需求大于供给，外汇汇率上升。

（三）评价

国际收支理论是从宏观经济角度（国民收入、国内吸收、储蓄投资等），而不是从货币数量角度（价格、利率等）研究汇率，具有浓厚的凯恩斯主意色彩，是现代汇率理论的一个重要分支。该理论在运用供求分析的基础上，将影响国际收支的各种因素纳入汇率的均衡分析，这对于短期外汇市场分析具有重要的意义。

但国际收支理论是一种局部静态分析，是关于汇率决定的流量理论，以此作为分析依据更适合短期情形，无法分析长期汇率。该理论只是简单运用价格与供求之间的关系对外汇市场进行分析，使得对一些经济现象难以作出解释。例如，美国在20世纪80年代，存在巨额贸易逆差，然而美元汇率却一直居高不下，说明经常项目收支并不能完全决定该国货币汇率的变动；再如，第二次世界大战后的德国和日本等国国民收入增长很快，其货币却长期处于坚挺，说明一国国民收入变动对汇率变化的影响未必是反向的。此外，利率上升在很多情况下并不能持续吸引资本流入而引起汇率相应变动。

二、购买力平价理论

购买力平价理论（Theory of Purchasing Power Parity）是第一次世界大战以来诸多汇率理论中最有影响力和争议的理论。其创始人是瑞典经济学家古斯塔夫·卡塞尔（G. Cassel），在1922年出版的《1914年后的货币和外汇》一书中作了系统阐述。

（一）一价定律

一价定律（Law of One Price）是购买力平价理论的理论基础。一价定律是指在不考虑交易成本的前提下，同一种商品在不同地方的价格应该相等。用公式表示为：

$$P = eP^* \tag{2-2}$$

式中，P为用本币表示的价格，P^*为用外币表示的价格，e为直接标价法表示的汇率。

（二）绝对购买力平价

购买力平价理论的基本思想是本国人之所以需要外国货币或外国人之所以需要本国货币，是因为这两种货币在各国均具有购买力，货币的价格取决于它对商品的购买力，因此，汇率即两国货币的兑换比率由两国货币购买力之比决定。购买力比率就是购买力平价。一国汇率变动的原因在于购买力的变动，而购买力变动的原因在于物价变动。

将式（2-2）变形，得到绝对购买力平价（Absolute purchasing power parity）的一般形式：

$$e = P/P^* \tag{2-3}$$

例如，某一组商品在英美两国售价分别为100英镑和200美元，那么英镑对美元汇率为100£/200$=0.50£/1$。如果英国物价从100英镑上升到150英镑，美国物价从200美元上升到240美元，那么英镑贬值为0.625£/1$（150£/240$）。

绝对购买力平价是购买力平价的最典型的形式，说明的是某一时点上的汇率决定，是对汇率的静态分析。

（三）相对购买力平价

将式（2-3）取对数微分：

$$d\ln e = d\ln P - d\ln P^* \tag{2-4}$$

对式（2-4）全微分得：

$$\frac{de}{e} = \frac{dP}{P} - \frac{dP^*}{P^*} \tag{2-5}$$

由于 $\frac{dP}{P}$ 表示本国的物价变动和物价之比，这实际上就是本国的通货膨胀，我们用 π 表示。同样 $\frac{dP^*}{P^*}$ 表示我国的通货膨胀率 π^*，因此式（2-5）就可以表示为：

$$\frac{de}{e} = \pi - \pi^* \tag{2-6}$$

相对购买力平价表示汇率的变动率是本国通货膨胀率和外国通货膨胀率之差。比如，在一定时期内，如果英镑的通货膨胀率为5%，而美元的通货膨胀率为8%，则这一时期英镑对美元升值3%。

（四）购买力平价理论的评价

购买力平价理论在汇率决定理论中占有极其重要的地位。它从货币的基本功能（购买力）出发，利用简单的数学表达式，对汇率水平与物价水平，以及汇率变动与两国通货膨胀率的差异关系进行描述，是唯一通过计算来说明汇率决定的理论。该理论关于一国货币对内价值决定对外价值的观点比较符合客观实际，因此，它在实践中被广泛应用于对汇率水平的分析和政策研究，为各国预测长期汇率趋势奠定了方法论基础。

但购买力平价理论也有自己的缺陷：首先，购买力平价理论仅仅考虑物价因素对汇率决定的影响，忽略了国民收入、国际资本流动、生产成本、贸易条件、政治经济局势等其他因素的影响，也忽略了汇率与物价水平的相互影响机制。其次，购买力平价假定所有商品都是贸易品，忽视了非贸易品因素，也忽视了贸易成本和贸易壁垒对国际商品套购的制约；最后，计算购买力平价的诸多技术性困难使其具体应用受到了限制。

专栏 2-1

麦当劳汉堡包与购买力平价理论

从1986年开始，伦敦《经济学家》（Economist）杂志每年都要发布"巨无霸汉堡"货币指数（Big Mac Index）。顾名思义，在这个指数中，该刊选取了麦当劳连锁店中的巨无霸汉堡作为购买力平价参照物，并假设它在全球所有地区的售价一样，由此来决定各国货币比价。比如，根据2003年4月发布的指数表，在美国一个汉堡要2.71美元，而在加拿大则要3.2加元，两者的购买力平价汇率为1.18加元/美元。而4月22日外汇市场上的真实汇价是1.45加元/美元，因此加元被低估了18%。汉堡价格的调查显示，最便宜的汉堡在阿根廷，只要78美分一个，这多半是由于该国经历了货币大幅贬值的经济危机。最贵的汉堡在瑞士，要3.78美元一个。如此说来，阿根廷比索是全世界汇价最受低估的货币,而瑞士法郎则是最受高估的。大汉堡的国际平均价格为 2.49 美元,比前些年稍微降了一点。

最近几年的《经济学人》"汉堡经济学报告"指出,巨无霸汉堡售价最便宜的国家为中国、俄罗斯和马来西亚,在这些国家汉堡标价一般低于 1.35 美元,表明这些国家的币值被严重低估 50% 以上。售价最高的国家包括丹麦、瑞士和瑞典,这些国家的币值被高估了 30% ~ 70%。大多数新兴工业化国家的货币相对于美元被低估了 30% ~ 50%。

资料来源:摘自 2003 年 4 月《经济学家》(伦敦)。

思考:(1) 经济学家为何选用巨无霸汉堡作平价参照物?(2) 为什么说大汉堡指数并非精确完美的经济指标?

三、利率平价理论

(一) 利率平价理论的概述及主要观点

利率平价理论(Interest Rate Parity Theory),最早是由英国经济学家凯恩斯(J. M. Keynes)1923 年在《论货币改革》一书中对之进行了比较系统的论述,后经过一些西方经济学家的发展而成为一种远期汇率决定理论。它通过利率高低、即期汇率与远期汇率的关系来说明远期汇率的决定与变动的原因。利率平价理论的主要内容为:远期差价是由两国利率差决定的,并且高利率货币在远期外汇市场必定贴水,低利率货币在远期外汇市场上必然升水,在没有交易成本的情况下,远期差价等于两国利率差。

假设有 Y 量资金,投资期限为一年,i_h 为本国利率,i_f 为外国利率,S 为直接标价法下的外汇即期汇率,F 为直接标价法下的外汇远期汇率。则:

$$Y(1 + i_h) = Y/S \times (1 + i_f) \times F \text{(根据"一价定律")}$$
$$F/S = (1 + i_h)/(1 + i_f) \quad (2-7)$$

等式两边同时 -1,得:

$$F/S - 1 = [(1 + i_h)/(1 + i_f)] - 1$$
$$(F - S)/S = (i_h - i_f)/(1 + i_f)$$

因为 (F - S)/S 与 i_f 的乘积极小,将其忽略不计后,得:

$$(F - S)/S = i_h - i_f \quad (2-8)$$

如果 $i_h > i_f$,F - S > 0,外汇远期汇率升水;如果 $i_h < i_f$,F - S < 0,外汇远期汇率贴水。

[例 2 - 7] 假设英镑对美元的即期汇率为 £1 = \$1.2200,英镑 3 个月存款的年利率为 4%,美元 3 个月存款的年利率为 6%,那么,英镑对美元的 3 个月远期汇率为:

$$F = \left[\frac{1 + 6\% \times (3/12)}{1 + 4\% \times (3/12)}\right] \times 1.2200 = 1.2261$$

即英镑对美元 3 个月的远期汇率为：£ 1 = $ 1.2261。

计算结果表明，英镑 3 个月的远期汇率高于即期汇率，因此英镑升水 61 点（1.2261 - 1.2200），符合利率平价关于利率低的货币远期升水的结论。同时，我们还可以验证其升水的幅度相当于两种货币的利率差。

$$升贴水年率 = \frac{远期汇率 - 即期汇率}{即期汇率} \times \frac{12}{远期期限(月)}$$

$$= \frac{1.2261 - 1.2200}{1.2200} \times \frac{12}{3} = 2\%$$

（二）利率平价理论的评价

利率平价理论在推理上是严密的，合理解释了利率差异和资本流动对即期汇率和远期汇率的影响和作用（表 2-3）。但该理论的缺陷也是明显的：(1) 没有考虑交易成本，实际上交易成本往往会影响到投资者的投资兴趣进而影响到资本流动，当然就会影响利率和汇率变动；(2) 该理论假定国际资本流动不存在任何障碍，即外汇市场高度发达和完善，但这一条件是很难具备的；(3) 该理论分析的方法是静态分析，认为远期汇率的变动会在外汇供求的实际变动之前就发生，缺乏科学性，有人称该理论为远期汇率决定的"心理说"；(4) 凯恩斯完全忽视了投机者对市场的影响力以及政府对外汇市场的干预作用，因此按照这一理论预测远期汇率与即期汇率的差价往往与实际有差异。

表 2-3　　　　　　　　利率平价论与购买力平价论研究比较

类别	市场	对象	时期	理论基础	核心观点
IRP	金融市场	利率与汇率	短期	利率平价论	货币供求导致利率（资产价格）变动，决定汇率变动
PPP	商品市场	价格与汇率	中长期	货币数量说	货币数量导致购买力（商品价格）变动，决定汇率变动

资料来源：沈国兵. 国际金融 [M]. 北京：北京大学出版社，2013：48.

四、资产市场理论

汇率决定的资产市场理论（the Theory of Portfolio Market）是 20 世纪 70 年代中后期发展起来的一种重要的汇率理论，它是在国际资本流动高度发展的背景下产生的，因此特别重视金融资产市场均衡对汇率变动的影响。其突出特点是将商品市场、货币市场和证券市场结合起来进行汇率决定的分析。资产市场理论按国内外资产是否具有完全替代性可以分为货币论和资产组合平衡论。

（一）货币论

汇率的货币决定理论强调货币市场对汇率变动的影响。当一国货币市场失衡后，国内商品市场和证券市场会受到冲击,在国内外市场紧密联系的情况下,国际商品套购机制和套利机制就会发生作用,从而影响汇率变化。

弹性价格货币分析法。弹性价格货币分析法可简称为汇率的货币模型,是20世纪70年代初期贾考伯·弗兰克尔(Jacob A. Frankel)和哈里·约翰逊(Harry G. Johnson)等经济学家提出的。该理论认为,其他经济变量的变动会影响货币供给和需求进而影响物价,而物价最终会影响汇率。其主要的假定包括:价格具有充分弹性、购买力平价成立、具有稳定的货币需求方程。其基本模型为:

$$e = (m^s_d - m^s_f) - \alpha(y_d - y_f) + \beta(i_d - i_f) \qquad (2-9)$$

其中,m^s 为货币供给;y 为总产出;i 为利率;d 代表本国;f 代表外国。

这表明,汇率和两国的货币供给、国民收入以及利率有关。因此,得出的主要结论是:

(1) 当一国货币供给量增加时,国内物价上涨,外汇汇率上升、本币贬值;同理,如外国货币供给量增加时,则本币汇率上涨。

(2) 当一国实际国民收入增加时,货币需求上升,在名义货币供应量不变的情况下,会引起国内物价下降,通过购买力平价作用,使本币升值;同理,当外国国民收入升高时,则本币汇率下降。

(3) 当一国名义利率上涨时,对货币的实际需求下降,从而抑制物价上涨,本国货币趋向升值;相反,当外国名义利率上涨时,本国货币趋向贬值。

弹性价格货币分析法采用货币学派的货币供求理论来重新表达购买力平价理论,使购买力平价理论在现实中得到更广泛的运用。但该理论以购买力平价为基础,因此与购买力平价理论有同样的缺陷。

(二) 黏性价格货币分析法

黏性价格货币分析法也称汇率超调模型,是美国麻省理工学院教授鲁迪格·多恩布什(Rudiger Dornbusch)于1976年提出的。该理论认为,商品市场和货币市场的调整速度是不同的,当货币市场失衡后,商品市场价格由于黏性,反应迟缓。而资产市场反应灵敏,利率立即发生变动,且其变动大于货币失衡的变动幅度。在资本自由流动的前提下,利率的变动引起套利活动和汇率的变动,使汇率在短期内的调整幅度也大于货币市场失衡的变动幅度。这一现象被称为汇率的超调现象。

在汇率超调模型中,货币供给的增加对经济的调整过程如图2-1所示。

汇率超调理论将凯恩斯主义的短期分析与货币主义的长期分析结合起来,采用了商品价格黏性这一更切合实际的分析方法。该模型首次涉及汇率的动态调整问题,开创了汇率理论的一个重要分支——汇率动态学。此外,它具有鲜明的政策含义,提示政府在采取货币政策调节宏观经济时,需要警惕汇率超调现象,以避免经济的不必要波动。但该理论将汇率的变动完全归因于货币市场的失衡,有失偏颇,假定国内外市场具有完全替代性,也不符合实际情况。

(三) 资产组合平衡理论

资产组合平衡理论产生于20世纪70年代中期。由勃莱逊(W. Branson)、霍尔特纳

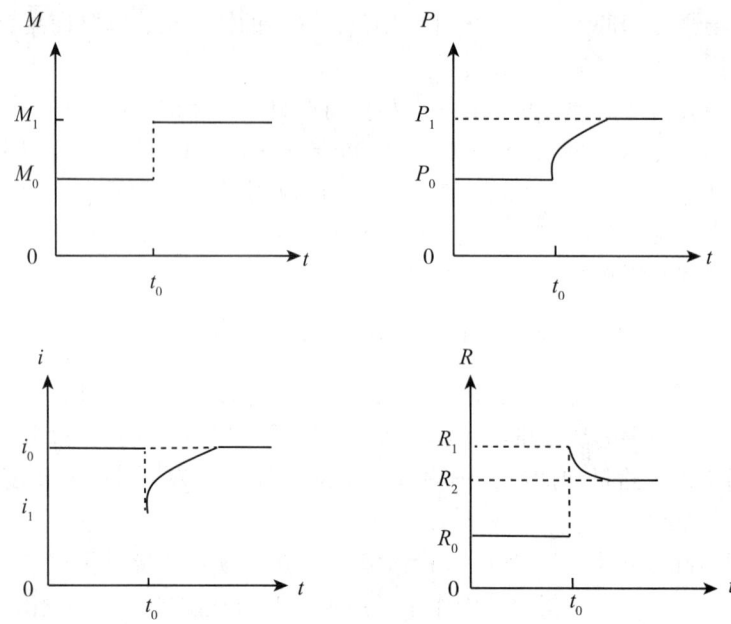

图 2-1 汇率超调模式

(H. Halttune)和梅森(P. Masson)等人提出并加以完善的。该理论接受了多恩布什的价格在短期内具有黏性的看法,因而认为在短期内汇率取决于资产市场的均衡。该理论认为,国内外资产之间不完全替代,投资者根据收益率和风险性的考察,将财富分配于各种可供选择的资产,确定自己的资产组合。一旦资产组合达到平衡状态,汇率也就相应被决定。

在各国资产具有完全流动性的情况下,一国居民持有的金融资产不仅包括本国货币和本国债券,还包括外国货币和外国资产债券。一国私人部门的财富可以用以下方程式表示:

$$W = M + N_p + e \cdot F_p \tag{2-10}$$

式中,W、M、N_p、e、F_p 分别表示私人部门持有的本国财富净额、本国货币、本国证券、外汇汇率和国外净资产。根据这一等式可知,一国资产总量受各种资产供给量(如 M、N_p、F_p)和外汇汇率(e)变动的影响。

当各类资产的存量和预期收益率变化时,私人部门资产组合比例与其意愿的资产组合比例不一致,原有的资产组合平衡被打破,资产市场供求存量出现失衡。这样,私人部门就会对现有的资产组合进行调整,以恢复资产市场均衡。在国内外资产之间的调整过程中,本国资产和外国资产之间的替换会引起外汇供求流量的变化,从而带来外汇汇率的变化。

具体而言,影响资产组合平衡的因素主要体现在以下几方面:

1. 利率的影响。当外汇资产市场失衡致使外国利率上升时,人们就会抛售本币资产而抢购外币资产,这种资产调整行为会引起外币升值、本币贬值。

2. 经常账户的影响。当一国经常账户出现盈余时,私人部门持有的国外净资产(F_p)增加,使其在全部资产构成中所占比例(eF_p/W)增大,人们会将超额的外汇净资产兑换成本国货币和本国证券,结果使外汇供给增加,本币升值。

3. 货币供给的影响。当一国货币当局增发货币引起货币供应量增加,私人部门持有的本币现金（M）增加，人们会将超额货币购买本国证券或外国资产，其结果都将导致外币升值，本币贬值。因为购买外国资产直接使国外资产需求增加，促使外币升值，而购买本国证券导致本国利率降低，也促使人们增加对国外资产的需求。

4. 财政赤字的影响。当一国出现财政赤字而发行政府债券时，本国证券（N_p）的供给量增加，原有的资产组合失去平衡，人们就会相应增加对本币现金和外国资产的持有量，对国外资产需求的增加引起外币升值、本币贬值。另外，债券供给量的增加又会降低债券价格而引起本国利率的上升，国内债券收益率的上升促使一部分国外资产转向国内资产，其结果导致外币贬值、本币升值。最终净影响效应取决于两者作用大小的比较。

资产组合平衡理论体现了一般均衡分析的特点，将商品市场、货币市场和资本市场结合起来进行分析，在考虑资本存量对短期汇率影响的同时又将经常账户的流量因素纳入长期均衡分析之中，强调了影响汇率的诸多因素，这在很大程度上摆脱了传统汇率理论和货币主义汇率理论中的片面性。同时它提出的资本具有高度替代性但又不是完全替代的假定更加贴近现实。但该理论模型相对来说更加复杂，给实证检验带来一定的难度，且建立在国内外金融市场高度发达和资本完全自由流动的情况下，应用具有很大局限性。

第三节 汇率的变动与影响

一、影响汇率变动的主要因素

汇率的变动受到很多因素影响，包括经济因素、政治因素、社会因素、心理因素等，其中经济因素是影响汇率变动的主要因素。在不同时期这些因素发挥的作用不尽相同，各因素之间相互联系的同时也相互制约，因此，汇率变动的原因错综复杂。

（一）经济因素

1. 国际收支状况。一国的国际收支状况直接决定着该国外汇供求状况。在浮动汇率制度下，当国际收支出现顺差时，本国外汇供给大于需求，引起外汇汇率下跌，本币对外升值；当国际收支出现逆差时，本国外汇的供给小于需求，引起外汇汇率上涨，本币对外贬值。

在固定汇率制度下，由于汇率是由官方人为控制的，因此国际收支不会直接导致汇率变动，但它会带来汇率变动的压力。例如，长期、大量的国际收支逆差往往使政府迫于市场作用的压力而改变汇率。

2. 通货膨胀程度。纸币流通下，货币之间的折算基础是各自内含的价值量，汇率实质上是两国货币所含的价值量对比。若一国发生通货膨胀，该国货币的对内价值和实际购买力下降，其对外价值即汇率必然随之下降。因为汇率涉及两种货币的价值比较，所以不能只考察一国通货膨胀程度对汇率的影响，还应综合其他国家通货膨胀率的情况进行比较。

通货膨胀通过两个渠道对汇率产生影响。一是通过影响进出口贸易。通货膨胀使国内物价上涨、出口商品成本增加，出口商品价格上升，国际竞争力下降，使进口商品的盈利空间增大或处于有利的价格态势，刺激进口增加，因此贸易收支恶化、外汇需求增加，导致本币汇率下降、外币汇率上升。二是通过影响国际资本流动。通货膨胀使得实际利率下降，该国货币所表示的各种金融资产的实际收益下降，导致资本外流，资本和金融账户出现逆差，从而引起本币贬值。

3. 利率水平。利率水平决定着投资者投资收益的高低，利率一般通过国际资本流动来影响汇率。当一国利率水平相对高于其他国家时，会吸引外国资本流入该国，从而增加对该国货币的需求，导致该国货币汇率上升，外汇汇率下降。反之，当一国利率水平相对较低时，往往会引起国内资本流出，增加对外国货币的需求从而使本币贬值。

同时，利率作为一国调节经济的杠杆，提高利率，银根紧缩，货币供应量减少，单位货币价值量增加，该国货币汇率上升；反之，利率下降，放松银根，货币供应量增加，单位货币价值量减少，该国货币汇率下降。

利率对汇率的另一重要作用是导致远期汇率变化，见本章第二节利率平价理论。

在考虑利率与汇率的关系时，必须将名义利率与实际利率区分开来，对国际投资者而言，他们所关注的是两国实际利率的相对变化。如果一国出现严重或恶性通货膨胀，利率再高也失去吸引外资的魅力，利率与汇率反而呈负相关关系。

4. 经济增长率。经济增长率与汇率变动有着更复杂的关系。一方面，一国经济增长率上升，意味劳动生产率提高，本国产品竞争能力强，有利于出口。同时，经济实力强的国家可以加强外汇市场上对其货币的信任，在国际交易中愿意采用该种货币为计价结算货币，国外投资者也愿意将资本投入到高速增长、前景看好的经济中去。因此，该国货币汇率有升值趋势。例如，外汇市场上的交易员在预测美元汇率行情时，对美国定期公布的经济增长率非常重视。另一方面，高的经济增长意味着国民收入有较大的增长，从而进口需求增加，外汇汇率会上升，而本币汇率会下降。两方面的净影响要看其作用的力量对比。

（二）非经济因素

1. 中央银行的外汇干预。在浮动汇率制度下，各国央行仍会积极干预外汇市场，以避免汇率剧烈波动给国民经济造成巨大损失。通常，中央银行的外汇干预有四种方式：一是直接在外汇市场上买卖外汇；二是调整国内财政和货币政策；三是在国际范围内公开发表具有导向性的言论以影响市场心理；四是与国际金融组织或多国中央银行配合进行直接和间接干预。

例如，20世纪80年代《广场协议》的签订，就是主要国家的中央银行联合干预外汇市场的典型案例。1985年9月几个主要经济大国同时抛售美元，联合干预高估的美元汇率，致使美元汇率急剧下降。再如，每当日元汇率大幅度下降、日本政府认为有必要进行干预时，日本独自或与美国联合对日元汇率进行干预，使美元对日元的汇率大幅度下降，日元汇率大幅度上升。

专栏 2-2

1985年9月22日，美国新任财政部长詹姆斯·贝克邀请当时日本、联邦德国、法国以及英国的财政部长和中央银行行长（简称G5）在纽约广场饭店举行会议，达成五国政府联合干预外汇市场，诱导美元对主要货币的汇率有秩序地贬值，以解决美国巨额贸易赤字问题的协议。因协议在广场饭店签署，故该协议又被称为"广场协议"。

> "广场协议"签订后,上述五国开始联合干预外汇市场,在国际外汇市场大量抛售美元,继而形成市场投资者的抛售狂潮,导致美元持续大幅度贬值。1985年9月,美元兑日元在1美元兑250日元上下波动,协议签订后不到3个月的时间里,美元迅速下跌到1美元兑200日元左右,跌幅20%。在这之后,以美国财政部长贝克为代表的美国当局以及以弗日德·伯格斯藤(当时的美国国际经济研究所所长)为代表的金融专家们不断地对美元进行口头干预,表示当时的美元汇率水平仍然偏高,还有下跌空间。在美国政府强硬态度的暗示下,美元对日元继续大幅度下跌,最低曾跌到1美元兑120日元。在不到3年的时间里,美元对日元贬值了50%,也就是说,日元对美元升值了1倍。

实施外汇干预的物质基础是有足够的国际储备,一国中央银行所持有的外汇储备反映着该国外汇干预的能力,中央银行实施外汇干预的意向是汇率将要变动的信号。

2. 一国的宏观经济政策。宏观经济政策主要包括财政政策、货币政策和汇率政策。一国为增加就业、稳定物价、促进经济增长和改善国际收支,往往采取宏观经济政策对国内经济加以调控。这些政策对经济增长率、物价上涨率、利息率和国际收支状况等都会产生一定影响,这样必然会影响到汇率的变动。例如,实行松紧不同的货币政策会直接导致利率、物价上涨率发生变化,进而对贸易收支和资本项目产生影响,从而影响到汇率变化;而实行松紧不同的财政政策,也会影响到物价的变化,进而影响贸易收支和汇率。自实行浮动汇率制后,政府经常采取宏观经济政策调控国内经济,从而对汇率的变动也产生明显的影响。

3. 市场投机与心理预期。自1973年实行浮动汇率制度以来,外汇市场的投机活动愈演愈烈,投机者以投机基金、跨国公司为主,资金实力雄厚,并常常采用杠杆交易方式,有时对汇率的走势产生巨大冲击。

按照阿夫达里昂的汇兑心理学,人们对一国货币价值的认定是人们对其边际效用所作的主观评价,即心理预期对货币汇率的影响起关键作用。宏观经济变量和各种各样的信息影响外汇市场参与者对汇率走势的判断,从而影响他们的决策。当绝大多数投资者对汇率走势预期一致时,会在一定程度和时间内左右汇率变动,这时有可能发生汇率的升降与基本面脱离或央行干预无效的情况。

4. 政局动荡和突发事件。政局的动荡和突发事件对汇率变动也有重要影响。政治形势的变化会引起外汇市场的波动,一国政局不稳,外汇交易者为免遭损失,会大量抛售该国货币,导致其货币汇率下降。一些突发事件的出现,也会影响汇率波动,如1991年苏联解体事件、1991年海湾战争、2003年的伊拉克战争、2011年9月11日恐怖分子对纽约世贸组织的突然袭击等事件,均引起外汇市场上相应货币汇率的急剧波动。

二、汇率变动对经济的影响

汇率是连接国内外商品市场和金融市场的纽带。在开放度较高的国家,汇率变动会对诸多经济因素产生重要影响,引起一国经济态势发生变化。

(一)汇率变动发挥作用的基本条件

汇率变动可能会对一国经济产生较为深刻的影响,但实际上汇率变动对不同国家的影响是不同的。汇率变动对一国经济产生影响的大小和波及的范围，一般受四个基本条件约束：

1. 一国对外开放程度。一国经济开放度较高，对外依赖程度较深，进出口贸易在国民生产总值中所占比重较大，由于汇率变动会对进出口贸易产生重要影响，因此汇率变动对该国经济进程影响较大；反之，对于一个封闭的国家，汇率变动影响就很小，甚至无影响。

2. 一国出口商品结构。汇率变动对产品单一国家的经济影响较大，对商品生产多样化国家影响较小。因为进出口商品价格需求弹性不同，由于汇率变动必然影响到进出口商品价格变动，从而会刺激或抑制进出口贸易的增长。如果一国商品生产多样化，不同进出口商品的价格弹性相互抵消，自然也就降低了汇率变动对该国经济的影响；而生产商品单一的国家，进出口商品的品种、数量很少，价格需求弹性难以抵消，汇率变动对经济影响就较大。

3. 与国际金融市场的联系程度。对与国际金融市场联系密切的国家影响较大，对较少参与国际金融市场活动的国家影响较小。由于经常参与国际金融市场活动，必然形成大量的外币债权与债务，汇率变动对外币债权债务额的影响是显著的。

4. 通货的兑换性。一国货币完全自由兑换，在国际支付中使用较多，汇率变动影响较大，否则影响较小。

（二）汇率变动对一国国际收支的影响

1. 对贸易收支的影响。汇率变动会影响进出口商品在国际贸易中的相对价格，从而提高或削弱它们在国内外市场上的竞争能力（图2-2）。以本币贬值为例。本币贬值后，该国出口商品以外币表示的价格下降，该国商品市场竞争力增强，出口增加；同时，以本币表示的进口商品的价格上升，进口商品市场竞争力减弱，进口减少。

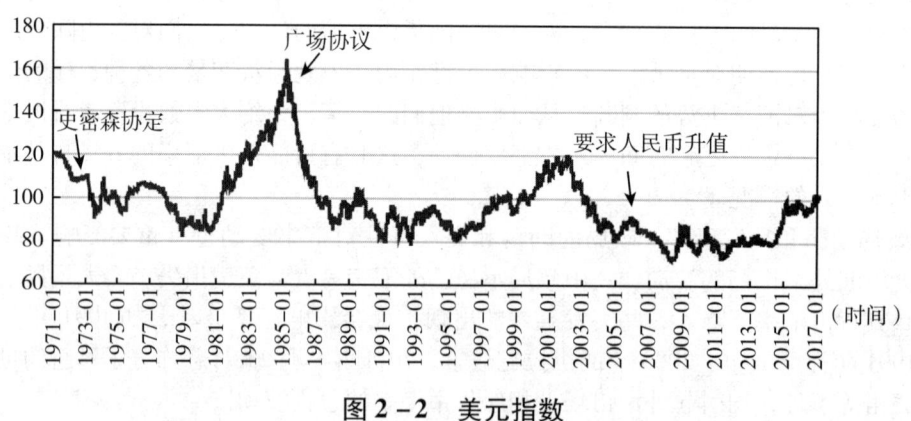

图 2-2 美元指数

资料来源：管涛，鲁政委，郭嘉沂. 汇率与国际货币体系：并非替罪羊［J］. 新金融评论，2017（3）.

但现实中，许多实行固定汇率制的国家在货币贬值后，贸易收支反而恶化。因为本币贬值能否有效促进出口、限制进口、改善贸易收支，还要取决于两个方面的因素：一是进出口商品的供给与需求弹性，一般说来，只有满足了马歇尔—勒纳条件，货币贬值才能改善贸易逆差；二是是否拥有市场出口产品和进口替代产品的闲置资源。

2. 对非贸易收支的影响。汇率变动对非贸易收支的影响基本上与对贸易收支的影响相同。本币贬值后，外币购买力增强，本国劳务商品价格相对降低，这对外国游客或客户无疑增加了吸引力，扩大了非贸易收入的来源。与此同时，本币贬值后，国外的劳务商品价格相对昂贵，从而抑制了本国劳务费用的支出。本币贬值对该国旅游和其他劳务收支的改善取决一个前提，即本国国内物价不变或者上涨相对缓慢。

3. 对资本流动的影响。汇率变动对资本流动的影响取决于该账户的开放程度和人们对该国货币今后变动趋势的预期。如果一国实行严格的资本账户管制，汇率变动对其不会造成影响。如果一国货币贬值，投资者预期贬值程度不够，货币还将进一步下跌，那么本国资本会转移到其他国家，以避免进一步损失。而如果投资者认为货币贬值已经到位，即将开始反弹，则会将资本从其他国家调回本国，以牟取利益。

4. 对外汇储备的影响。汇率变动对外汇储备影响表现在几个方面：

一是汇率变动改变外汇储备实际价值。如果某种货币升值，持有该储备货币的国家收益增加，相应持有该货币债务的国家债务负担增加。二是汇率变动影响外汇储备规模。一般而言，首先，一个国家币值稳定有利于外资流入，从而使外汇储备增加；反之，则引起资本外流，外汇储备减少。其次，一国货币汇率变动影响进出口贸易，进而引起外汇储备增减，如一国货币贬值，使得出口大于进口，导致贸易顺差，会增加该国外汇储备。三是汇率变动会改变储备资产结构。汇率不断上升的外汇在外汇储备中的比重不断提高，而汇率逐步下降的外汇在外汇储备中的比重也有所下降。

（三）汇率变动对一国国内经济的影响

汇率变动对一国国内经济影响，主要表现为对国内物价、利率、就业和国民收入的影响。

1. 对国内物价的影响。一国货币汇率下跌，一般会导致本国物价上涨，原因在于：一方面，本币贬值，会引起进口商品的本币价格相应上升，从而带动国内同类商品价格上升，若进口商品属于生产资料，其价格上升还会通过生产成本上升推动最终产品的价格上涨；另一方面，本币贬值，有利于出口，从而使国内商品供应相对减少，货币供给增加，促使物价上涨。

2. 对国内利率水平的影响。汇率变动对国内利率的影响比较复杂。本币，由于通常导致物价上涨，在货币供应量不变的情况下实际货币供给将减少，居民所持现金的实际价值下降，需要增加现金持有额才能维持原先的实际需要水平，导致社会储蓄水平下降或某些金融资产转换成现金，金融资产价格下降，利率上升。但一国货币汇率下跌，会促进出口，抑制进口，外汇收入增加，本币供应量增加，导致国内利率总水平下降。

> **拓展思考：**
> 结合利率平价理论整理汇率与利率的相互影响关系。

3. 对国内就业和国民收入的影响。首先，从贸易渠道来看，一国货币贬值促进出口，抑制进口，因为提供给出口行业和进口替代行业更多的就业机会，带动该国就业水平的增长。贸易收支的改善将会通过乘数效应扩大总需求，带动国民收入和就业进一步增长。

其次，从投资渠道来看，一国货币贬值降低以外币计算的该国资产的价格、生产原料的价格以及名义工资，从而降低外国投资者在该国的经营成本，有利于该国吸引更多的外来直接投资，使该国就业率上升，国民收入增加。

【本章要点】

1. 外汇有动态和静态两种解释。广义的静态外汇是指在清偿国际债权债务中使用的各种支付手段和各种对外的债权；狭义的静态外汇是指在清偿国际债权债务中使用的各种支付手段。

2. 汇率是两种货币兑换的比率、是外汇买卖的价格，也可以说是一种货币表示另一种货币的价格。

3. 汇率的标价方法有直接标价法、间接标价法和美元标价法三种。

4. 汇率上升是指外汇价格变贵本币价格变便宜了，汇率下降是指外汇价格变便宜本币价格变贵了。

5. 汇率可以按照多种角度进行分类，分为买入汇率、卖出汇率、中间汇率与现钞价；基本汇率与套算汇率；即期汇率与远期汇率；电汇汇率、信汇汇率与票汇汇率；同业汇率和商人汇率；固定汇率与浮动汇率；官方汇率与市场汇率；名义汇率、实际汇率和有效汇率等。

6. 影响汇率变动的因素主要有国际收支差额、通货膨胀率的差异、实际利息率的差异、经济增长率的差异、中央银行的外汇干预、一国的宏观经济政策、市场预期心理、政局动荡和突发事件。反过来，汇率变动对一国国际收支、国内经济也产生重要影响。

7. 在西方比较有影响的汇率决定理论有：国际借贷理论、购买力平价理论、利率平价理论、汇兑心理说、资产市场理论。

【思考题】

1. 为什么外汇汇率中现钞的买入价低于现汇的买入价？
2. 国民收入、物价和利率如何通过国际收支状况作用到汇率？
3. 购买力平价理论的内容是什么？
4. 利率平价理论的主要结论是什么？
5. 什么是汇率的超调现象？
6. 用资产组合理论解释一国中央银行放松对基础货币的控制后，该国货币汇率的变化情况。
7. 影响汇率变化的基本因素有哪些？
8. 汇率变动对一国国际收支的影响。
9. 汇率变动对国内经济的影响。

【技能案例】

美联储声明：维持基准利率不变 10 月启动缩表

北京时间 9 月 21 日凌晨消息，美国联邦公开市场委员会（FOMC）于美国东部时间周三下午 2 点（北京时间周四凌晨 2 点）公布了货币政策声明，宣布维持基准利率不变，将联邦基金利率目标区间维持在 1.00%～1.25%，同时还表示将从 10 月份开始缩减其 4.5 万亿美元的资产负债表,每月缩减规模为100亿美元,符合市场预期。

资料来源:金融界,http://usstock.jrj.com.cn/2017/09/21020023146008.shtml#from=360pc

技能考核

分别从利率平价理论、资产组合理论等汇率决定理论角度解释美国货币供应量减少对美元汇率的影响。

【实训操作1】(表2-4)

表2-4　　　　　　　　　中国银行外汇牌价　　　　　　　　　2017年9月19日

货币名称	交易单位	现汇买入价	现钞买入价	现汇卖出价
美元	100	657.12	651.72	659.75
港币	100	84.2	83.52	84.52
日元	100	5.8936	5.71	5.935
欧元	100	786.57	762.07	792.1
英镑	100	8 887.5	859.86	893.73

实训任务　根据该牌价进行如下交易,回答问题。

1. 李同学出国旅游到中国银行兑换50 000日元现钞,需要付出多少人民币?
2. 王同学到英国留学,用人民币向银行兑换1万英镑,银行应收其多少人民币?
3. 张老师收到国外汇来的稿费1 000美元,向银行兑换成人民币,银行应付他多少人民币?
4. 中国银行港币/人民币、欧元/人民币的买卖差价是多少点?

【实训操作2】

实训任务　跟踪美元、欧元、日元、人民币这四种货币最近几周变化趋势,并谈谈这种趋势对经济的影响有哪些?

第三章 汇率制度

教学目标:
1. 了解汇率制度的种类、汇率制度的选择;
2. 了解人民币汇率制度的含义和发展历程。

▶▶引导案例

泰国是东南亚金融危机的发源地。1996年泰国结束了连续9年的经济高速增长,开始出现经济滑坡。由于美元持续坚挺,一直与美元挂钩的泰国货币泰铢在贸易加权的条件下大幅升值,导致出口和引资均呈下降趋势。同时国内经济形势恶化,房地产泡沫成分过大,银行资产呆、坏账沉重,宏观经济的不良表现引发了市场的信心危机,汇市出现动荡,招来了唯利是图的国际货币炒家们的攻击。泰国政府多次入市干预,捍卫泰铢币值稳定未见成效,终于在1997年7月2日宣布放弃钉住美元的"固定汇率制",允许泰铢汇价随市场供求关系的变动而变化。当天泰铢应声下跌20%。泰铢贬值后,极大地动摇了周边国家投资者的信心。7月11日,在投机商的压力下,菲律宾中央银行不得不宣布停止对比索比价的大规模干预,成为继泰国之后第二个放弃固定汇率制的东南亚国家。菲律宾比索在几个小时内即跌创4年来的最大跌幅。受其影响,马来西亚林吉特和印尼盾相继贬值。8月14日,印度尼西亚当局也宣布放弃维持固定汇率制,实行有管理的浮动。随着东南亚各国金融形势的持续恶化,向来被认为是国内经济状况较好,金融体系较为完善的新加坡也受到震动,7月8日新元汇价跌至31个月来的最低位。至此东南亚金融危机全面爆发。

资料来源:李天德. 亚洲金融危机与中国汇率政策的选择[EB/OL]. http://www.hongdao.org/ltd/ltd19.htm

思考:有人认为固定汇率制是金融投机的固定对象,你对固定汇率制与金融危机之间的关系如何理解?

第一节 汇率制度的种类

一、汇率制度的概念

汇率制度又叫汇率安排,是指一国货币当局对本国货币汇率变动的基本方式所做的一系列安排或规定。根据汇率变动幅度的大小,汇率制度可以分为固定汇率和浮动汇率,以及两者之间的中间汇率制度,包括可调整的钉住汇率、爬行钉住制和管理浮动汇率等。

二、汇率制度的分类

(一) 固定汇率制

固定汇率制(Fixed Exchange Rate)是指两国货币的比价基本固定,现实汇率只能围绕平价在很小的范围内上下波动的汇率制度。在外汇市场上汇率的波动超过规定的幅度时,一国货币当局有义务维持汇率稳定。

1. 金本位制度下的固定汇率制。金本位制度是以黄金作为本位货币的制度。金本位制度下的固定汇率制度是以各国货币的含金量为基础、汇率的波动受黄金输送点限制的汇率制度,它是典型的固定汇率制度。在金本位制度下,铸币平价是决定汇率的基础,汇率的波动受到黄金输出入的自动调节,以黄金的输送点为界限。因此,汇率的变化幅度很小,汇率基本是固定的。

例如,在金本位制下,1 英镑的含金量为 113.0016 格令,1 美元的含金量为 23.22 格令,这样,两种货币含金量的比即铸币平价(Mint par)为 4.8666。因此,英镑对美元的汇率平价为 £1 = \$4.8666,市场汇率围绕这一平价波动,但是,波动范围以黄金输送点(Gold point)为界限。黄金输送点由黄金输出点和黄金输入点构成:黄金输出点(汇率上限)= 铸币平价 + 黄金运送费用;黄金输出点(汇率上限)= 铸币平价 − 黄金运送费用。国际收支失衡主要体现为黄金国际流动(图 3 − 1)。

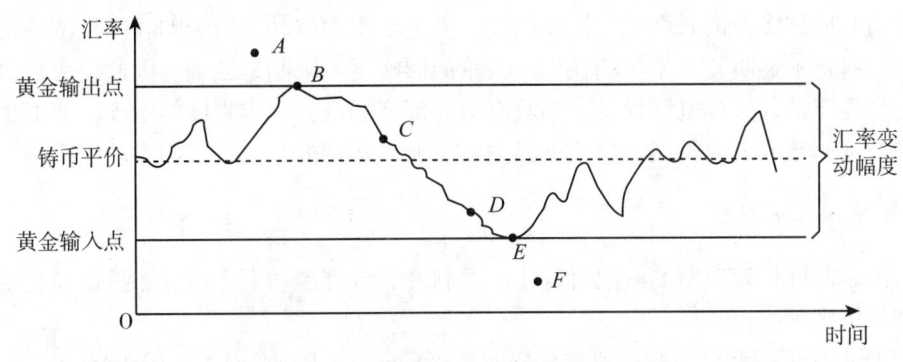

图 3 − 1 金币本位制下汇率波动的规则

2. 布雷顿森林体系下的固定汇率制。1944 年 7 月建立的布雷顿森林体系是以美元为核心的固定汇率制度。在该体系下,IMF 要求其会员国规定本国货币的金平价,并使各国货币钉住美元,与之建立固定比价关系,即通过各国货币与美元的金平价之比来确定各国货币与美元的汇率。同时,IMF 又规定,两国货币汇率的波动界限为其金平价比值的 ±1%。因此,在布雷顿森林体系下,汇率的界限已大大超过了金本位制度下黄金输送点,汇率只是相对固定。况且,当一国的国际收支出现根本性的不平衡使汇率变动成为必要时,则将允许汇率进行变动。可见,布雷顿森林体系下的固定汇率制度实质上是"可调整的钉住"汇率制度。

3. 两种固定汇率制度的比较。金本位与布雷顿森林体系下的固定汇率制度既有联系又有区别。共同点在于汇率决定的中心汇率都是按两国货币的金平价确定，市场汇率围绕平价上下浮动（前者的浮动范围则是黄金输入点与黄金输出点之间；后者的浮动幅度最早是±1%，后改为±2.25%）。两者区别在于：（1）金本位制度下的固定汇率制，平价和波动范围都是自发形成的。布雷顿森林体系下，固定汇率制所要求的平价和波动范围都是通过协商而人为建立起来。（2）汇率调节机制方面，金本位制度通过黄金的自由输出和输入自动调节；布雷顿森林体系下，汇率的稳定主要是通过各国货币管理部门对外汇市场的干预来实现。（3）汇率稳定程度。金本位制度下汇率的波动受制于黄金输送点，波动幅度一般在5‰~7‰，是典型的固定汇率制。而在布雷顿森林体系下，汇率波动幅度在±1%范围内（1971年12月调整为±2.25%），同时国际货币基金组织还允许会员国变更货币的含金量，实行货币的法定贬值或升值。

（二）浮动汇率制

浮动汇率制度（Floating Exchange Rates）指一国不规定本币对外币的平价和上下波动的幅度，汇率由外汇市场的供求状况决定并上下浮动的汇率制度。仅仅依靠外汇市场上的外汇供求关系的变化来自发地决定本币对外币汇率的一种汇率制度。当外汇供过于求时，外汇价格下跌，即外币贬值、本币升值、汇率下降；当外汇供不应求时，外汇价格上升，即外币升值、本币贬值、汇率上升。浮动汇率包括单独浮动和联合浮动。

单独浮动（Independent Floating）指汇率根据外汇市场上的外汇供求状况自行浮动，该国货币不与任何外国货币发生固定联系。目前采用这种汇率制度的货币主要有美元、日元、欧元、英镑、加拿大元和澳大利亚元等。也有一些国家实行的联合浮动（Joint Floating），即在货币集团成员国货币之间保持相对固定的比价关系，而对非成员国的货币采取共同浮动。如欧洲货币共同体实行的联合浮动汇率制度。由于汇率的波动直接影响一国经济的稳定与发展，各国政府都不愿听任汇率长期在供求关系的影响下无限制地波动。因此，大多数国家所实行的是管理浮动，又称肮脏浮动，即政府对外汇市场进行一定程度的干预，使汇率变动朝符合本国经济利益的方向发展，目前世界主要工业国实行的是有管理的浮动汇率制。

（三）中间汇率制度

中间汇率制度比较典型的有爬行钉住汇率制度、管理浮动汇率制度、货币局制度、美元化和汇率目标区等。

1. 爬行钉住汇率制度。爬行钉住汇率制度（Crawling Peg Exchange Rate System）指在短期内将汇率钉住某种平价，但根据选定的指标频繁地、小幅度地调整所钉住的平价的汇率制度。货币当局往往依据通胀差异来定期调整其货币平价，当前以钉住美元居多。爬行钉住在20世纪70年代盛行于拉美，被用作控制加速通胀的政策工具。爬行钉住制避免一次性大幅度调整汇率给经济带来的负面影响，但是同时容易产生通胀惯性，使得货币政策失去"名义锚"作用，刺激投机行为，引发资本外逃。

2. 管理浮动汇率制度。管理浮动汇率制度（Managed Floating Exchange Rate System）指货币当局通过在外汇市场积极干预来影响汇率的变动，但不事先宣布汇率的路径，使短期汇率趋于平稳。在这种汇率制度下货币当局通过在外汇市场积极干预规避汇率剧烈波动，同时货币当局能行使独立的货币政策。这要求货币当局比外汇市场参与者更了解汇率的长期趋势，实际上存在较多困难。如果货币当局对外汇市场加以逆向操作来稳定短期汇率的波动，也要求保有相当数量的国际储备。因此，在央行行动缺乏明确的方向和确定规则时，就可能存在市场的曲解，从而给外汇市场和金融市场带来冲击。

3. 货币局制度。货币局制度（Currency Board Arrangement）又称联系汇率制度，指一国或地区的法定货币不是由中央银行发行，而是由独立的货币发行局根据选定的发行储备货币的数量和法定的比价，来发行本国货币的一种制度。货币局制度由三个基本要素组成：一是本国货币与"锚"定货币之间的固定汇率；二是货币的自由兑换；三是中央银行法对该体系的长期承诺。货币局制度起源于原英联邦成员的货币发行制度，目前多米尼加、中国香港、保加利亚和爱沙尼亚实行这种汇率制度。

货币局的优势主要有：（1）增强货币当局固定汇率制度的可信性，降低投机攻击程度；（2）保证法定汇率稳定，抑制通货膨胀，实现经济金融稳定发展。但是，货币局的缺陷主要有：（1）丧失货币政策独立性，货币当局失去货币调控职能，无法运用货币政策来烫平短期利率波动；（2）货币当局丧失最后贷款人角色；（3）货币当局丧失国内信用扩张政策；（4）无法抵御恶性货币投机攻击。

4. 美元化。美元化是指一国或地区采用"锚货币"主要是美元逐步取代本币并最终自动放弃本国货币和金融主权的过程。美元化实际上是一种彻底而不可逆转的固定汇率制。截至2008年，完全实行美元化的国家有厄瓜多尔、萨尔瓦多、巴拿马、东帝汶等。美元化的主要优势有：（1）降低外汇交易成本和汇率风险；（2）降低通胀即通胀预期，增强宏观经济政策的有效性；（3）降低国内利率水平及其波动，增强金融体系的稳定和深化；（4）增进本国经济和世界经济的融合。美元化也存在严重的缺陷，主要有：（1）本国货币当局将丧失独立的货币政策，并且无法担当最后贷款人角色；（2）铸币税收入损失；（3）退出成本高昂。货币局制度和美元化的区别在于，货币局保留了铸币税收入，而美元化铸币税收入却流入"锚货币"国家；货币局保留有退出选择权，而美元化丧失了退出选择权。

5. 货币联盟。货币联盟指成员国共有统一法偿货币。目前在规模上最重要的是欧元区，其他还包括东加勒比美元区和非洲金融共同体法郎区。货币联盟是一种彻底而不可逆的严格固定汇率制度。萨克斯（Sachs, 1998）认为，美元化和货币联盟的主要区别在于，美元化货币当局丧失担当最后贷款人角色，而货币联盟共同央行能够在整个联盟内担当最后贷款人角色。基于这一点，萨克斯不赞成美元化而倾向于支持货币联盟。

6. 汇率目标区。汇率目标区（Exchange Target Zone）是指货币当局设定本国货币对其他货币的中心汇率并规定汇率上下浮动幅度的一种汇率制度。其核心内容有两点：一是确定参加国货币之间的中心汇率；二是明确规定市场汇率的波动区间（即汇率目标区）。一旦汇率的波动超过规定的波动区间，有关国家应该调整其经济政策，积极干预外汇市场或调整中心汇率。

汇率目标区制度与其他汇率制度的不同之处在于：（1）明确规定汇率波动的区间范围，在目标区内汇率可以自由浮动，但一旦超出目标区范围，政府有义务进行干预，因而保证汇率目标区的可信任；（2）汇率目标区下允许汇率波动的浮动更大，保证了汇率波动的可变性和灵活性；（3）汇率目标区是公开的，有利于引导市场对汇率的预期；（4）目标区有助于反映实际均衡汇率的变化，从而减少大规模的外汇投机活动的干扰。

> **知识窗**
>
> IMF（2007）的事实汇率制度分类结果共划分为三个大类和8个小类，分别为：
> 1. 无独立法定货币的汇率管理（Exchange arrangement with no separate legal tender）（41个成员），主要有美元化汇率和货币联盟汇率；
> 2. 货币局管理（Currency board arrangement）（7个成员）；
> 3. 其他传统的固定钉住管理（Con-ventional fixed arrangement）（42个成员）；
> 4. 区间钉住汇率（Pegged exchange rates within horizontal band）（5个成员）；
> 5. 爬行钉住（Crawling pegs）（5个成员）；
> 6. 爬行区间中的汇率（Crawling bands）（1个成员）；
> 7. 无预定路径的管理浮动汇率（Managed floating with no predetermination pathfor the exchange rate）（52个成员）；
> 8. 独立浮动（Independent floating）（34个成员）。

第二节 固定汇率制度和浮动汇率制度之争

关于固定汇率制与浮动汇率制孰优孰劣的问题，长久以来，国际金融界一直争论不休。在世界各国长期的实践中，无论是固定汇率制还是浮动汇率制都各自表现出其优点，也暴露出各自固有的弊端。

一、主张浮动汇率制度的理由

1. 自动调节国际收支不平衡。一是汇率能自发地调节国际收支失衡状态，而不必牺牲国内经济。如当一国贸易收支出现赤字时，本国货币汇率会自动贬值，从而提升本国商品价格竞争力，有利于本国商品出口，改善本国的国际收支状况。二是国际收支盈余引起货币升值，国际收支赤字引起货币贬值，促使投机者把升值的货币资金转换成贬值的货币资金，这样，投机资本的流动会对国际收支逆差国起到助推作用，改善该国资本账户。当然，这种流入只能是短期的，一旦贬值国的物价上涨到一定程度，投机资本就会反向运动。正是由于这种调节机制的作用，使得国家收支逆差国不必以牺牲国内经济为代价来调节汇率。

2. 防止外汇储备的大量流失和国际游资的冲击。在浮动汇率制度下，汇率随外汇市场的供求状况而自发涨落，政府没有义务将本国货币汇率维持在某个既定水平，因此，当本国货币在外汇市场被大量抛售时，该货币当局不必为了维持稳定汇率而动用外汇储备，大量抛售外币、买入本币；相反，当本国货币在外汇市场被大量抢购时，该货币当局不必抛售外币，卖出本币。本币汇率的进一步上升，会抑制市场对本币的需求，这样就可减少国际游资对本币的投机。

3. 提高货币政策自主性。浮动汇率制下，货币当局不再为固定汇率而被迫干预货币市场，各国政府就能运用货币政策来调节一国经济内外均衡。在固定汇率制度下，如果一国企图通过采取扩张性货币政策来实现其经济目标，降低利率带动本国私人投资增长，但与此同时使本国货币面临贬值的压力。为维持本国货币稳定，该国货币当局不得不在外汇市场抛售本币，买入外币，结果使扩张的货币政策无法达到应有的目的。然而在浮动汇率制下，汇率随市场供求上下波动，有利于央行自主实施货币政策，进一步提高货币政策的灵活性和针对性。

二、主张固定汇率制度的理由

1. 在固定汇率制度下，由于两国货币的比价相对稳定，故实行固定汇率制度方便企业在国际贸易、国际信贷与国际投资等涉外经济活动中进行成本和利润核算，也使得国际经济交易主体摆脱汇率波动的风险，从而有利于国际经济交易的顺利进行与发展。

2. 与自由浮动汇率制下的投机相比，固定汇率制下的投机更稳定。浮动汇率制下，助长投机，加剧金融风险。在浮动汇率制度下，由于汇率波动幅度较大，波动次数频繁，可能造成国际金融市场动荡不定，为外汇投机活动提供可乘之机。

3. 固定汇率下的物价纪律可以避免政府采取膨胀性货币政策。对本国的货币政策加以限制，使得本币的利率及通胀与国际主要货币的利率与通胀不会无缘无故地相差太多。对于像香港这样的开放型、以国际贸易及资本市场为主的经济体，固定汇率有利于营造一个相对稳定及容易预测的宏观经济环境。

三、汇率制度的选择

没有一种汇率制度可以在所有的时候适用于所有的国家。每一个国家都应该根据自己的实际情况选择适合本国的汇率制度。

1. 一国经济的结构性特征。小国比较适宜于固定汇率制度，因为它一般与少数几个国家的贸易依存度较高，汇率的浮动会给它的对外贸易带来不利影响，且其经济内部价格调整的成本较低。相反，如果是大国一般实行浮动性较强的汇率制度为宜，因为大国的对外贸易多元化，难以选择一种货币作为参照货币实行固定汇率，同时，大国的经济内部价格调整成本较高，且倾向于追求独立的货币政策。

2. 特定的政策目的。当政府面临较高的国内通货膨胀问题时，固定汇率制就比较受青睐。如果采用浮动汇率制，则本国的高通胀使本币贬值，本国货币贬值又通过成本、工资收入等进一步加剧通胀。而在固定汇率制下，政府政策的可信性增强，在此基础上的宏观政策调整比较容易收到效果。

3. 地区性经济合作。一国与其他国家的经济合作情况对汇率制度的选择有着重要的影响。例如，当两国存在非常密切的经济往来时，两国间货币保持固定汇率比较有利于相互间经济关系的发展。尤其是在区域内的各个国家，典型的代表是欧洲货币体系的汇率机制。

4. 国际和国内经济的制约。在国际资本流动日益频繁且规模日益庞大的背景下，一国国内金融市场与国际金融市场联系越紧密，一国货币当局干预外汇市场的能力有限，该国实行固定汇率制度的难度越大。经济开放程度高、经济规模大、金融市场发达、进出口分散且多样化国家，一般倾向于采用浮动汇率制。

> 专栏 3-1
>
> ### 三元悖论
>
> 三元悖论（Trilemma）又叫不可能三角（Impossible Trinity），它揭示了开放条件下的宏观经济政策所面临的难题，即政府在下述三个目标中只能达到两个，而不能同时实现三个：（1）货币政策独立；（2）汇率稳定；（3）资本自由流动。如专图 3-1，三角形的三个顶点是经济开放条件下政策制定者希望达到的三个目标：遗憾的是，最多只有其中两个目标可以共存。换句话讲，政府只能选择三角形三条边中的一条。对照专图 3-1，蒙代尔三角可以分解为以下推论。
>
> 首先，如果一国实行资本控制（或者说资本项目尚未放开），国内金融资产与国外金融资产不可替代，那么它既能保持自主的货币政策，又能维持汇率的稳定。其次，如果一国已经实现资本项目自由化，资本可自由流动，那么，它要保持货币政策自主性，就必须实行浮动汇率制；若要维持汇率稳定，就必须放弃自主的货币政策。最后，如果一国认为保持自主货币政策十分必要，那么，随着资本账户自由化的推进，它会采取更加灵活的汇率制度，而（部分）放弃对汇率稳定的追求。
>
>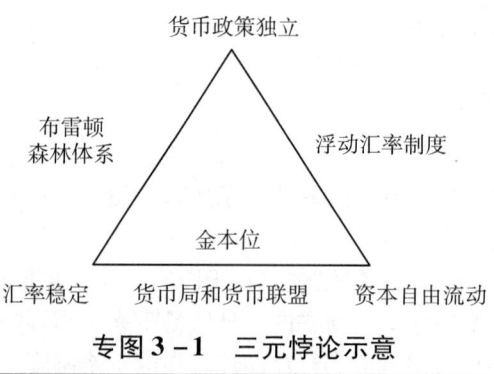
>
> 专图 3-1 三元悖论示意

第三节 人民币汇率制度

一、人民币汇率制度的历史演变

1978 年改革开放以来，中国的人民币汇率制度经历多次的演变。1980 年以前，人民币汇率由官方制定且基本上是固定的。为使人民币汇率适应国内和国际经济形势发展需要，结合中国的对外经济贸易发展需要，对人民币汇率作出必要的阶段性调整。

1. 双重汇率时期（1978～1993 年）。1978 年，中国开始实行对外贸易经营权下放的外贸体制改革。为了鼓励出口和抑制进口，国务院决定从 1981 年 1 月 1 日起实施双重汇率制，即公布的牌价用于非贸易项目结算，而进出口贸易的结算采用贸易外汇内部结算价。双重汇率制的实施，在一定程度上产生了鼓励出口和抑制某些进口的效应。1985 年 1 月 1 日起正式取消贸易外汇内部结算价,变公开的双重汇率为单一汇率。1987 年,国家允许在沿海各大城市开办外汇调剂中心。1987~1993 年底这段时间形成了官方汇率和调剂市场汇率并存的汇率制度。

2. 单一的、有管理的浮动汇率制度(1994~2005 年)。为了适应中国改革开放不断深化的要求,以及符合 IMF 和关贸总协定对成员国汇率安排的规定,1994 年 1 月 1 日,我国政府对外汇体制进行了重大改革,主要内容包括:(1) 实行以市场供求为基础的、单一的、有管理的浮动汇率制。企业和个人按规定向银行买卖外汇,银行进入银行间外汇市场进行交易形成市场汇率。(2) 实行银行结售汇制,人民币在经常账户下实现有条件的可兑换。(3) 建立银行间外汇市场。1994 年建立以上海为中心的银行间外汇交易市场,保证结售汇制度的正常运行,使银行间的外汇头寸能够及时调整。(4) 人民币汇率采用供求定价法。这种方法是指在考虑以往汇率水平、各种其他汇率决定方式的基础上,主要由外汇市场的供求关系决定汇率水平。

虽然,该外汇制度较以往有较大的进步,汇率形成机制更加合理,但此种体制仍然存在一定的局限性,主要表现在:汇率形成机制仍然不健全,人民币兑换外汇在很多方面仍受到限制,结售汇制度削弱了供求力量在汇率形成过程中的作用。2002 年后,人民币逐渐向资本项目下的有条件自由兑换过渡,但人民币汇率仍然钉住美元。

3. 参考一篮子货币进行调节、有管理的浮动汇率制度(2005 年至今)。2005 年 7 月 21 日,经国务院批准,我国开始实行以市场供求为基础、参考一篮子货币进行调节、有管理的浮动汇率制度。篮子货币由主要贸易伙伴国货币组成,赋予相应的权重。由于中国国际收支在此期间处于"双盈余"状态,参考一篮子货币汇率制度下,人民币与美元形成"小步快跑"的单边升值趋势。美国量化宽松货币政策的退出以及中国经济结构调整,中美经济的背离,使得现在汇率制度的汇率形成机制需要进一步调整。2015 年 8 月 11 日,中国央行宣布调整人民币对美元汇率中间价报价机制,做市商参考上日银行间外汇市场收盘汇率,向中国外汇交易中心提供中间价报价。这一调整使得人民币兑美元汇率中间价机制进一步市场化,更加真实地反映了当期外汇市场的供求关系。该汇率制度在一定程度上完善了我国人民币汇率的形成机制,使汇率能够更好地反映经济的变化。

二、现行人民币汇率制度的特点及改革方向

1. 现行人民币汇率制度的特点。

(1) 以市场供求为基础的汇率。2005 年 7 月 21 日,中国人民银行正式宣布开始实行以市场供求为基础,参考一篮子货币进行调节、有管理的浮动汇率制度。只要进出口贸易、资本流动或热钱进出发生变化,外汇市场的供求失衡就会推动人民币汇率上下波动。从交易量上看,贸易收支的规模远小于资本流动的规模,而且贸易收支的资金流动速度较慢,因此,进出口贸易收支状况对中长期外汇市场供求关系的影响较大,决定着人民币汇率的长期趋势。而从短期看,资本项目收支,尤其是热钱的流动对外汇供求关系的影响较大。

(2) 有管理的浮动汇率。央行对人民币汇率进行一定程度的管控,通过买卖外汇来调节或扭转市场供求关系。以往央行以稳定日常汇率为目标,通过买入外汇入市干预,随着市场在人民币汇率形成上发挥更多作用,当汇率走势超过监管层规定的区间范围,监管层预计

资本账户将严重失衡或金融危机爆发时,央行才会入市干预。从 2014 年 3 月开始,美元对人民币汇率浮动区间由 ±1% 进一步扩大到 ±2%,并逐步减少行政干预,而人民币对其他主要货币的汇率浮动区间已经扩大到 ±3%。

(3) 参考一篮子货币进行调节。一篮子货币是按照我国对外经济发展的实际情况,选择若干种主要货币,赋予相应权重,组成货币篮子。2015 年 8 月 11 日汇改后,汇率形成机制由外汇做市商参考一篮子货币和前一日收盘价向外汇交易中心提供中间价报价,人民币不再钉住单一美元。货币当局希望保持一篮子货币汇率的基本稳定,同时要求做市商提供中间价报价是考虑稳定篮子货币的需求,并在进行汇率管理时相应给予维护篮子稳定的政策支持。

2. 人民币汇率制度的改革方向。现阶段我国汇率制度改革的任务应该是积极为市场化汇率形成机制创造条件,具体而言包括以下三个方面:

(1) 逐步扩大汇率浮动区间。参考一篮子货币汇率,设定不公开的波动范围,且渐进扩大汇率波动区间,央行通过逆风向干预来实现名义有效汇率稳定。能够使汇率在一定程度上由市场供求决定,使汇率能够反映经济基本面以及短期资本流动的变化。

(2) 完善外汇市场功能。完善的外汇市场本身具备释放汇率短期贬值预期的能力,并自我纠正汇率波动带来的风险。成熟外汇市场需要具备价格发现功能,市场主体有能力管理汇率波动风险,市场能提供多元化的保值和避险的外汇金融工具。

(3) 有序推进资本账户双向开放。随着财富的不断增长,居民对配置多国货币资产有着内在需求。提高外国投资者投资中国金融市场的自由程度和便利程度,有序推进本外币跨境资本双向开放,人民币汇率即便存在贬值预期,相比本币直接兑换成外汇,一国汇率所受冲击将更小。

专栏 3-2

汇率转型中的货币政策框架转型

在固定汇率制下,汇率是货币政策的名义锚。转向更加灵活的汇率,意味着需要用另一个可信的名义锚替代汇率锚,并建立与之相符的新的货币政策框架。在汇率转型期,建议从以下方面来改进我国货币政策框架及操作:

一是要基于对内平衡优先原则处理好货币政策多目标冲突。《中国人民银行法》明确我国的货币政策目标是"保持货币币值的稳定,并以此促进经济增长"。而"货币的币值稳定"既包括了对内的物价稳定,又包括了对外的汇率稳定。其中,"汇率稳定"目标隐含在"国际收支平衡"目标中。当经济对内与对外平衡目标冲突时,货币政策就面临着"稳增长"还是"稳汇率"的优先次序选择。正如周小川(2016)行长在 2016 年 2 月底所言,作为一个经济大国,中国的货币政策更重要的是考虑国内经济情况,而不会过度基于外部经济和资本流动来制定我们的经济政策。而且,未来随着人民币汇率最终走向自由浮动,也就无需强求汇率稳定,届时国际收支平衡将是经常项目与资本项目互为镜像的自主平衡,国际收支平衡也将从总量平衡转向结构平衡,即经常项目收支平衡。为体现"稳增长"优先于"稳汇率",建议逐渐淡化保持人民币汇率在合理均衡水平上基本稳定的提法，货币政策的"保持币值稳定"目标应逐渐侧重于"保持物价稳定"。此外，随着国内金融市场开放不断扩大，一个清晰的、可信的货币政策目标，也有利于货币政策沟通和预期引导。例如，美联储的货币政策正常化采取了前瞻性指引的做法，市场理解美联储加息和缩表是基于国内经济前景向好的判断，结果加息一度加出降息的效果，股票市场不跌反涨。

二是要加快货币政策从数量型调控向价格型调控的转变。我国货币政策的最终目标是币值稳定，中介目标是货币供应量。货币供应量作为中介目标的前提是货币需求的稳定性，或者至少是可预测性。由于金融市场和金融创新的发展，我国货币需求的稳定性有所下降。在金融创新、技术进步和全球化的影响下，货币需求变化还有可能增大。在具有发达金融市场的国家，利率通常是货币政策的重要操作目标。央行设定政策目标利率，市场力量决定收益率曲线，再影响银行对零售客户的信贷利率，实体部门继而依据价格信号作出决策。尽管存贷款利率均已放开，但我国仍缺少明确的政策利率和基准利率体系，无法形成由政策目标利率向货币和债券市场利率、借贷市场利率以及实体经济利率传导的渠道。2017年初央行公开市场操作引起的"加息"之争，凸显了市场不知道什么是基准利率的问题，政策调控效果必然受到影响。

三是要以强化货币纪律为目标完善货币投放机制。1990年代中期之前，我国基础货币投放的主要渠道是再贷款形式的信用投放。之后，随着资本大量流入、国际收支顺差、外汇储备持续大幅增加，外汇占款逐渐成为货币投放的主要渠道。这虽然影响了央行货币政策的独立性，但变之前的纯信用投放为外汇作基础的货币投放，也是一种进步。2013年起，为进一步发挥货币政策支持经济结构调整的功能，央行在公开市场操作中引入了新的货币政策工具，如短期流动性调节工具、常备借贷便利、中期借贷便利等，并扩大了抵押品范围。"8.11"汇改之后，因为担心降低存款准备金率有可能释放了货币强刺激信号，由此加剧汇率贬值预期，为对冲资本流出引起的外汇占款下降，上述货币政策创新工具得到了更加积极的运用。未来随着人民币汇率形成机制越来越市场化，央行逐步退出外汇市场常态干预，外汇占款渠道的货币投放将不复存在。而多数央行的经验表明，更加清晰地与公众沟通货币政策目标和执行过程，能够增加货币政策的可信度和有效性。为此，应从制度上进一步健全我国央行基础货币投放的抵押品机制，充实、扩大抵押品范围，增加央行流动性调控的灵活性，这是提高货币政策可信度的关键。

资料来源：管涛，谢月兰. 汇率制度成功转型的配套政策：国际经验与中国对策 [J]. 新金融，2018 (2).

【本章要点】

1. 汇率制度是指一国货币当局对本国汇率变动的基本方式所作出的一系列安排或规定。固定汇率指两国货币的比价基本固定，浮动汇率是由外汇市场供求状况决定其价格的汇率制度。

2. 固定汇率和浮动汇率各自对经济发展有优缺点。

3. 长远来看，人民币汇率应适用浮动汇率安排，这是我国人民币改革的方向所在，也是中心所在。

【思考题】

1. 比较布雷顿森林体系与金本位制度下固定汇率制度的差异。
2. 主张固定汇率制度的理由有哪些?
3. 主张浮动汇率的理由有哪些?
4. 影响汇率制度选择的主要因素有哪些?
5. 如何理解人民币汇率制度市场化改革?

【技能案例】

梁振英:香港无意改变港元与美元挂钩的联系汇率制度

据外媒25日消息,香港特首梁振英今天在瑞信的大会上称,香港无任何调整联系汇率制度的计划。梁振英表示,该汇率制度很好地服务了香港。香港联系汇率制度是香港由1983年10月17日开始实施的汇率制度。在联系汇率制度的架构内维持汇率稳定是香港金融管理局(金管局)的首要货币政策目标之一。香港联系汇率制度属于固定汇率制度的一种。在联系汇率制度下,港元以7.80港元兑1美元的汇率与美元挂钩。

资料来源:中国证券网,2015-03-25.

技能考核 分析:(1)近期港元为何加速贬值?(2)香港为何坚持联系汇率制度?(3)香港是否有能力守住联系汇率制?

【实训操作】

实训任务 查找资料,了解当前全球去美元化进展情况,分析一国货币美元化的利弊。

第四章　国际货币体系

> **教学目标：**
> 1. 了解国际货币制度的演变历程；
> 2. 了解国际金本位制的特点和作用，理解其崩溃的原因；
> 3. 掌握布雷顿森林体系的主要内容；
> 4. 掌握当前国际货币体系的基本特征；
> 5. 了解欧洲货币一体化的进程，理解欧元的产生对世界经济的影响。

▶▶ 引导案例

国际货币制度混乱与缺失的影响

"国际货币体系就像城里的红绿灯一样"，世界著名经济伦理学家罗伯特·所罗门曾经这样评价过国际货币体系。他认为，一个功能完善的国际货币体系能为国际贸易和投资提供方便，从而自然地适应各种变化；一个功能不当的货币体系不但能够妨碍国与国之间的贸易和投资，而且在对各种变化作出调整时，甚至会起阻挠作用，进而导致各国经济发展的动荡。

国际上第一个最为统一的国际货币制度是国际金本位，形成于19世纪80年代，盛行了约30年后，在1929年爆发的经济危机和1931年的国际金融危机中完全瓦解。国际金本位制彻底崩溃后，一直到1944年布雷顿森林会议后才确定了新的国际货币制度。在这期间，国际货币制度一片混乱，正常的国际货币秩序遭到破坏。主要的三种货币，即英镑、美元和法郎，各自组成相互对立的货币集团——英镑集团、美元集团和法郎集团，结果国际贸易严重受阻，国际资本流动几乎陷于停顿。

2008年爆发了席卷全球的金融与经济危机，众多经济学家认为，其根本原因，就在于布雷顿森林体系崩溃后世界货币体系的混乱和缺失。周小川指出："危机再次警示我们，必须创造性地改革和完善现行国际货币体系，推动国际储备货币向着币值稳定、供应有序、总量可调的方向完善，才能从根本上维护全球经济金融稳定。"

资料来源：刘虹蕴. 布雷顿森林国际货币体系的起源和演变［EB/OL］. http://www.doc88.com/p-492505026495.html

思考： 通过以上案例，你是否认识到国际货币制度（体系）的重要性？那么，现行国际货币体系究竟是在哪个方面出了问题，使得金融危机爆发，全球经济失衡？

第一节　国际货币体系概述

进入资本主义社会后，由于国际间政治、经济、文化交往的扩大，特别是国际间贸易和金融往来的增加，产生了对国际间货币合作的需求。如在国际间贸易和金融往来的增加，产生了对国际间货币合作的需求。在国际贸易活动中，进出口商品是以本币还是以外币进行支付？外币与本币的兑换比率如何？由此要求各国之间就国际本位货币、货币汇率等问题进行协商合作。随着国际贸易和金融往来的增加，各国出现了国际收支失衡问题，到底是由逆差国进行调整还是由顺差国承担调节责任？由此要求各国之间就国际收支的调节问题进行合作。于是，各国在这些问题上进行合作的结果就形成了国际货币体系。

一、国际货币体系的内容与发展历程

国际货币体系（International Monetary System），又称"国际货币制度"，是指各国通过国际惯例、协议和国际经济组织，对各国货币发挥世界货币职能所作出的制度性安排。其主要内容包括：国际货币本位或国际储备资产、汇率制度的安排；国际收支的调节机制、国际金融市场与资本流动管理，以及国际货币合作的形式与国际金融机构等。国际货币体系的核心问题有两个：一是寻找充当国际清偿力的本位货币并保持其适度增长；二是形成围绕本位货币的国际收支协调机制。

国际货币体系的主要内容包括：（1）国际货币本位或国际货币储备资产的确定，即确定以哪种货币作为国际间支付货币，一国政府因持有何种国际货币或储备资产，用于满足国际支付和调节国际收支的需要。（2）国际汇率制度的安排，即一国货币与他国货币之间的汇率应如何决定和维持，能否自由兑换成支付货币，是采取固定还是浮动汇率制度。（3）国际收支的调节方式，即当国际收支不平衡时，各国政府应采取什么方法弥补这一缺口，各国之间的政策措施又如何相互协调。（4）国际金融市场与国际资本流动管理，即国与国之间进行贸易和投资时，如何通过金融市场进行国际融资和国际结算，并对跨境资本流动实施有效管理，以保证国际贸易和国际资本流动顺利进行。（5）国际货币合作的形式与国际金融机构等。

国际货币体系的百年变迁大致可以分为五个阶段：第一是1870~1914年的古典金本位时期；第二是1915~1945年的前布雷顿森林体系时期；第三是1945~1975年的布雷顿森林体系时期；第四是1975年以后以全球浮动汇率制为特征的牙买加体系时期；第五是20世纪80年代中后期以金融全球化为背景的货币区域化和美元化时期。

二、国际货币体系的类型

国际货币制度可从多个角度进行划分，既可以从储备资产的形式进行划分，也可以从汇率制度的类型进行划分。

1. 从国际储备资产的形式分类，根据国际储备资产的形式不同，国际货币制度可以分

为：国际金本位制度、国际金汇兑本位制度和国际信用货币本位制度。国际金汇兑本位制是同时以黄金和某种自由兑换货币作为储备资产，而且这种货币与黄金建立固定比例关系的货币制度。国际金本位制是以黄金作为国际本位货币和国际储备资产的货币制度。国际信用货币本位制是只以自由兑换外汇作为国际储备资产而与黄金没有任何联系的货币制度。

2. 从汇率制度类型不同划分，国际货币体系可分为固定汇率货币制度和浮动汇率货币制两种类型。汇率制度是货币制度的核心，固定汇率制可以进一步划分为金本位下的固定汇率制、金汇兑本位下的固定汇率制和纸币本位制；浮动汇率制度可以分为自由浮动汇率制和有管理浮动汇率制。

三、国际货币体系的作用

国际货币体系的表现会对全球经济的发展施加重要影响。运转良好的国际货币体系不仅可以起到便利跨国贸易和投资的作用，还可以帮助成员国抵御突如其来的冲击。以新兴市场国家和能源出口国为代表的顺差国，以及以美国为代表的国际收支逆差国之间，避免货币本位国货币贬值给全球经济带来的巨大冲击，需要国际货币体系合理的国际收支失衡调节机制。为国际收支不平衡的调节提供有利手段和解决途径，促进各国的经济政策协调，使世界经济调整到良好的运行轨道。

第二节 国际金本位制

一、国际金本位制概述

国际金本位制（International Gold Standard System）是19世纪初到20世纪上半期，在西方各国普遍实行的一种自发性质的国际货币制度。1816年英国通过《金本位制度法案》，以法律的形式承认黄金作为货币本位来发行纸币，代表英国开始实行金本位制。正是由于当时英国在世界政治经济中的霸权地位，英国实行金本位之后，法国、意大利、德国、美国、日本等国家纷纷效仿，到19世纪后期，各主要资本主义国家普遍采用了金本位制。这样在各国之间就自然形成了一个统一而松散的国际货币体系——国际金本位制。

金本位制的基本内容表现为：黄金是国际货币；汇率是两国货币的含金量对比即由铸币平价来决定；金币可以自由铸造、自由溶化，即金币可以自由进入或退出流通界；金币具有无限法偿的权利，银行券可以自由兑换金币；金币可以自由输出或输入国境。

上述的金本位制的基本内容是以典型的金本位制或金铸币本位制类型为基础来描述的。此外，金本位制尚有金块本位制和金汇兑本位制两种类型。所谓金块本位制是以黄金为准备金，以有法定含金量的价值符号作为流通手段的一种货币制度，是削弱了的金本位制，盛行于第一次世界大战后。在金块本位制下，金币虽然作为本位货币，但是不参与国内流通，在国内流通的是具有法定含金量的银行券；金币不得自由铸造；银行券在一定条件下可按官价兑换金块。所谓金汇兑本位制是以存放在金块或金币本位制国家的外汇资产作为准备金，以法定含金量之比作为流通手段的一种货币制度，是更加削弱了的金本位制。在金汇兑本位制下,货币单位仍规定含金量,但国内不流通金币,以国家发行的银行券当作本位货币流通;银行券只能在国内购买外汇,不能兑换黄金,但这些外汇可在外国兑换黄金;本国货币同另一金币或金块本位制国家的货币保持固定比价,并在该国存放大量外汇或黄金作为平准基金,以便随时出售外汇来调节外汇市场,稳定汇率。

二、国际金本位制度的特点

国际金本位制是在世界性的商品交换发展或者说国际贸易已较为深化的情况下产生的,是人类社会与经济发展史上第一次自发出现的以国际贸易与支付服务的国际货币制度,其形成与发展有很多特点。

1. 黄金充当国际货币。已有内在价值的黄金作为国际结算手段,既是商品交换与世界贸易长期发展过程的客观产物,也符合人们在当时条件下接受商品交换等价物的主观选择。金本位制在稳定一国国内经济的同时也稳定了国际经济,这对于促进世界经济稳定、健康发展无疑是非常重要的。

2. 汇率稳定。在国际金本位制下各国之间的汇率或者说国际金融市场汇率稳定是这一体系最为鲜明的特征。在金本位时期,英、美、法等国家间的汇率基本没有变动,从未发生过贬值或升值。

3. 国际收支失衡自动调节。在金本位制下,由于黄金能自由输出输入国境,若一国出现国际收支失衡,则可以通过体系中存在的自动调节机制自发发挥作用,而无需认为采取调整措施。

4. 国际货币关系或各国经济利益的协调具有一致性。在金本位制下,国际间的货币支付原则与做法基本一样,各国实行的货币制度措施与规定大致相同。在平衡国际收支、稳定汇率、分配国际储备、维护各国利益等方面的效果确实很理想。

由于国际金本位制的上述特点或优越性,使得它在促进国际信用关系的发展和世界经济进步方面起到了巨大的推动作用。

三、国际金本位制度的崩溃

在金本位制产生后近一个世纪的时期内,由于世界经济发展较为稳定,同时也由于当时重要金矿的发现和开采使黄金生产增长较快、供应充分,金本位制没有受到过严重考验,一直保持顺利运行。但第一次世界大战后,金本位制赖以存在的基础遭到严重破坏,从而使其陷于崩溃。究其原因,可以简单归纳为以下两个方面:

1. 战争和危机动摇了金本位制赖以存在的必要条件。西方各国为了准备战争,加紧对黄金的掠夺,使许多国家金币自由铸造与自由兑换受到了严重的削弱,黄金输出入受到了严格限制。战争爆发后,参战各国由于军费开支猛增而大量发行纸币或银行券;同时又由于遭受经济危机,商品输出减少,资本外逃严重,黄金短缺,各国纷纷停止金币铸造和兑换,禁止黄金输出。从金币本位制过渡到金块本位制及金汇兑本位制的整个过程,都与战争和经济危机的爆发直接相关。第一次世界大战是导致金本位制难以维持的导火线,而在1929~1933年的世界性经济危机大爆发后,金本位制则基本陷于崩溃。

2. 黄金产量不足难以满足流通中对货币的需要，黄金在世界各国的分布不均，是金本位制崩溃的根本原因。从自由竞争过渡到垄断，资本主义世界经济得到空前发展，各国商品流通及国际贸易规模的增速远远超过生产的增长，而黄金的生产却远远不能满足流通中对货币的需求。同时，由于世界各国经济政治的发展不平衡使得黄金分布不均衡，金本位制也难以维持以至于最终导致其崩溃。

第三节 布雷顿森林体系

一、布雷顿森林体系的建立过程

在第二次世界大战后期，美英两国就开始着手拟订战后经济重建计划，筹建新的统一国际货币体系，以图加快战后的经济恢复和发展。为能在战后新经济秩序中占据有利地位，1943年英美两国分别在伦敦和华盛顿提出了各自的《凯恩斯计划》和《怀特计划》。凯恩斯计划主张建立国际清算同盟，并创设一种以黄金为基础的国际货币单位。怀特计划则主张设立一个以黄金为基础的国际货币稳定基金，并创立一种与美元联系的国际货币单位。1944年7月，在美国新罕布什尔州的布雷顿森林召开了有44个国家参加的国际金融会议。会议通过了以怀特计划为基础的《国际货币基金协定》和《国际复兴开发银行协定》，总称为布雷顿森林协定，从而确立了布雷顿森林体系（Bretton Woods System）。

二、布雷顿森林体系的特点

布雷顿森林体系实质上是一种以"美元—黄金"为基础的国际金汇兑本位制，其汇率制度则是钉住美元的固定汇率制度，其主要内容包括以下五个方面。

1. 建立一个永久性的国际金融机构，即国际货币基金组织。国际货币基金组织是布雷顿森林体系赖以生存和得以正常运行的中心组织。该体系赋予基金组织监督、磋商和融通资金三项主要职能，即监督成员国货币的汇率，审批货币平价变更；协调各国重大金融问题，以促进国际金融合作；管理基金为国际收支逆差成员国提供融资。

2. 实行"美元—黄金"本位制下可调整的固定汇率制度。布雷顿森林体系规定以黄金作为基础，并把美元当作关键国际储备货币。具体做法是：美元与黄金挂钩，确定1盎司黄金折合35美元的黄金官价。各国政府或是中央银行有权随时用美元向美国按官价兑换黄金。其他各国货币与美元挂钩，即各国确定本国货币对美元的金平价，有义务维持对美元的固定汇率。该平价一经确认便不得随意变更，其波动幅度要维持在货币平价±1%的范围之内。

3. 确立国际收支失衡的调节机制。国际货币基金组织要向国际收支逆差成员国提供短期资金融通，以协助其解决国际收支的困难，同时规定了顺差国也有调节其国际收支的义务。

4. 取消外汇管制。《国际货币基金协定》规定，成员国不得限制国际收支经常项目的支付或清算，不得采取歧视性的货币措施，对其他成员国在经常项目下结存的本国货币应保证兑换，并在自由兑换的基础上实行多边支付。

5. 设立稀缺货币条款。规定当某一成员国的国际收支出现持续的大量顺差时，该顺差国的货币可以被宣布为"稀缺货币"（Scarce Currency），并按逆差国的需要进行限额分配，逆差国也有权对稀缺货币采取临时性的限制兑换措施。

三、布雷顿森林体系的缺陷

以美元为中心的国际货币体系能在一个较长的时期内顺利运行，是与美国雄厚的经济实力和充足的黄金储备分不开的。然而，布雷顿森林体系天生存在以下缺陷，从而使其难以避免崩溃的命运。

1. 金汇兑本位制本身的缺陷。由于美元与黄金挂钩，一方面，美国可以通过发行纸币而不动用黄金进行对外支付和资本输出，取得铸币税；另一方面，美国也背上了维持金汇兑平价的包袱。当人们对美元充分信任，美元相对短缺时，这种金汇兑平价可以维持。当人们对美元产生信任危机，美元拥有太多，要求兑换黄金时，美元与黄金的固定平价就难以维持。

2. 国际储备制度不稳定的缺陷。这种制度无法提供一种既数量充足，又币值坚挺，可以为各国接受的储备货币，以使国际储备的增长能够适应国际贸易与世界经济发展的需要。第二次世界大战后黄金生产增长缓慢，与国际贸易增长相适应的国际储备的增长只有靠美元的增加。1960年，美国耶鲁大学经济学教授特里芬（Robert Triffin）在《黄金与美元危机》一书中指出，布雷顿森林体系以一国货币作为主要国际储备货币，在黄金生产停滞的情况下，国际储备的供应完全取决于美国的国际收支状况：美国的国际收支保持顺差，国际储备资产不足以满足国际贸易发展的需要；美国的国际收支保持逆差，国际储备资产过剩，美元发生危机，并危及国际货币体系。这种难以解决的内在矛盾，国际经济学界称之为"特里芬难题"（Triffin Dilemma），它决定了布雷顿森林体系的不稳定性与崩溃的必然性。

3. 国际收支调节机制的缺陷。该体系规定汇率浮动幅度需保持在±1%以内，汇率缺乏弹性，限制了汇率对国际收支的调节作用。该制度显然指望国际收支失衡通过基金组织融资、合理的国内政策与偶然的汇率调整即可恢复平衡。也就是说，成员国国际收支暂时的不平衡由国际货币基金组织融通资金，根本性的不平衡则靠调整利率来纠正。实践证明，这种调节机制并不成功，因为它实际上仅着重于国内政策的单方面调节。

4. 内外部均衡难以统一。在固定汇率制下，各国不能利用汇率杠杆来调节国际收支，而只能采取有损于国内经济目标实现的经济政策或管制措施，以牺牲内部平衡来换取外部平衡。当美国国际收支出现逆差、美元汇率下跌时，根据固定汇率原则，其他国家应干预外汇市场，但这往往会导致和加剧这些国家的通货膨胀；如果这些国家不加干预，美元会加剧贬值，这些国家会遭受美元储备资产贬值的损失。

四、布雷顿森林体系的崩溃

以美元为核心的布雷顿森林体系本身面临维持美元信心同提供美元流动性之间的"特里芬难题"。要保持美元币值稳定和坚挺，美国必须是长期贸易顺差国；而为了向全世界提供美元清偿能力，美国又必须保持国际收支赤字，这两者相互矛盾，是一个悖论。随着西欧主要发达国家经济逐渐恢复以及海外美元资产的大量积累，美国对外进行军事侵略，国际收支由盈余向赤字转变，造成美元贬值并且动摇了人们对美元与黄金固定兑换比价的信心（图4-1）。1960~1973年爆发的四次"美元危机"最终使布雷顿森林体系崩溃。布雷顿森林体系解体过程就是历次美元危机及其拯救过程，是美元对黄金官价的不断贬值过程。尼克松政府被迫在1971年8月15日宣布停止美元与黄金的兑换关系。接着美元的黄金平价经历了两次下调，各主要国家的货币在1973年后相继采取浮动汇率制度，布雷顿森林体系宣告结束。同时也表明单极国际货币开始向动态的多级货币体系转变。

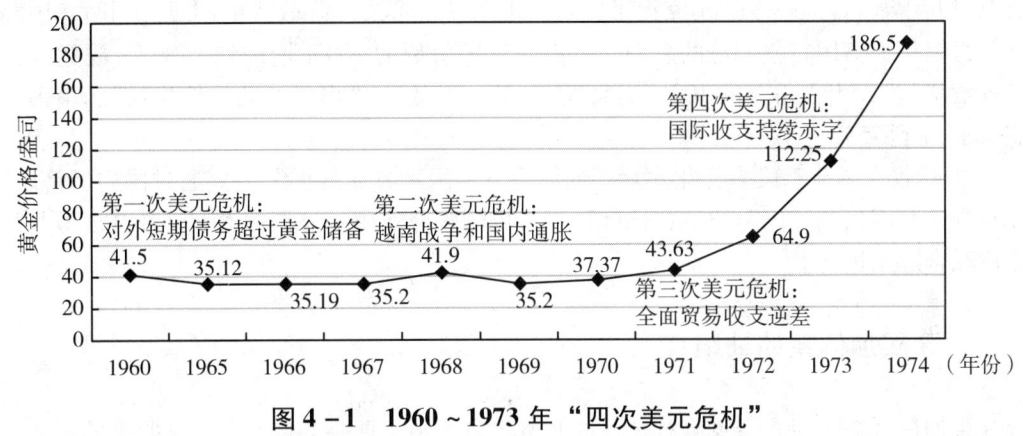

图4-1　1960~1973年"四次美元危机"

第四节　牙买加体系

一、牙买加体系建立的历史背景

布雷顿森林体系解体后，国际货币金融关系动荡，美元地位不断下降，许多国家实行浮动汇率制度，汇率波动频繁。世界各国都希望建立一种新的国际货币制度，以结束这种混乱局面。1976年1月，国际货币基金组织"国际货币制度临时委员会"在牙买加首都金斯敦召开会议，达成关于国际货币制度改革的《牙买加协定》，该协定内容在同年4月以85%的多数票通过的第二次《国际货币基金协议条款》修正案中得到肯定，并于1978年4月1日起生效，自此国际货币制度进入牙买加体系。

二、牙买加体系的内容

牙买加体系是一个以美元为中心、国际储备多元化的浮动汇率体系。其主要内容如下。

1. 承认浮动汇率制的合法性。会员国可以自由选择、决定汇率制度，基金组织承认固定汇率制度和浮动汇率制度同时并存；会员国的汇率制度应受基金组织的监督，并需与基金协商；实行浮动汇率制的会员国应根据条件逐步恢复固定汇率制，并防止采取损人利己的货币贬值政策；在认为国际经济条件已经具备时，经总投票权的85%的多数通过，基金组织可以决定采用"稳定的但可调整的货币平价制度",即恢复固定汇率制度。

2. 以特别提款权作为主要的储备资产。牙买加货币体系一个重要的内容就是以特别提款权为储备资产,实行"黄金非货币化",即废除黄金官价,黄金与货币完全脱离联系,取消会员国之间以及会员国与国际货币基金组织之间需用黄金支付的义务。允许各国中央银行自由参加黄金市场交易。凡有特别提款权账户的国家,可以通过账户用特别提款权来进行接待以及用来偿还基金组织的债务。

3. 扩大对发展中国家的资金融通。国际货币基金组织以出售黄金所得收益扩充"信托基金",以优惠条件向不发达国家提供贷款,帮助它们解决国际收支的困难。同时,国际货币基金组织扩大信用贷款部分的总额,由占会员国份额的100%增加到145%,放宽"出口波动补偿贷款",由占份额的100%提高到145%,并放宽"出口波动补偿贷款",由占份额的50%提高到75%。

4. 国际收支调节手段多样化。牙买加体系下,国际收支的调节主要通过国内经济政策、汇率机制、利率机制、国际协调、国际金融市场的媒介作用、外汇储备变动及其证券与投资等手段联合起来进行。

三、牙买加体系的缺陷

牙买加体系知识对布雷顿森林体系的修改,对于汇率调整的监督、国际收支的调节、国际储备的创造等方面没有硬性的统一标准。西方许多经济学家认为,牙买加体系只是一种过渡性的措施,并没有形成一种体系,因而称为"无体系的体系"。随着国际经济关系的变化与发展,牙买加体系的弊端也日益暴露出来。

1. 国际货币汇率波动加大。浮动汇率制为主的汇率体制,使各国汇率政策有了更大的灵活性,但却导致浮动频繁剧烈的波动。汇率的波动刺激了外汇投机活动,加剧了国际金融市场的动荡。国际货币基金组织对各国汇率的大幅度波动缺乏有效的监督,使得国际贸易与国际经济受到了消极影响。

2. 缺乏有效的国际收支调节机制。牙买加体系确立以来,国际货币基金组织并未对国际收支调节机制作出明确的规定,也无相应的制裁措施,其后果是国际收支顺差国与逆差国都不愿意承担调节的责任。发达国家为了实现本国的经济目标,使本币汇率偏离均衡汇率而剧烈波动,严重影响国际货币体系的稳定;发展中国家不得不采用各种贸易保护手段强制收支平衡。全球性的国际收支失衡局面日益严重。

四、国际货币体系的改革方向

当前以美元为核心国际货币体系难以避免特里芬难题,储备货币多元化是未来国际货币体系的现实选择。多元国际货币体系可以为市场主体提供更多选择,有利于分散风险;不同储备货币间可以形成竞争和制衡,对储备货币发行国形成市场纪律约束;可增加国际储备资产供给。以多元储备货币取代单一储备货币是历史发展的必然,有助于解决单一主权货币与全球储备货币之间的矛盾以及经济全球化与主权货币发行国决策单一化之间的矛盾。当然,美国在国际政治、经济中的主导作用决定美元仍将是最重要的国际储备货币,欧元和人民币可以发挥重要作用，国际主要储备货币多元化将是一个长期的过程。

第五节 欧洲货币体系

欧洲货币体系（European Monetary System，EMS），是欧洲经济共同体国家为了加强经济政治合作而采取的一种货币联合。目的是在经济一体化发展的要求下，调节共同体的货币流通，保证成员国的货币稳定和国际金融合作。

一、欧洲货币体系的发展历程

欧洲货币体系是区域货币一体化的最典型例证，它的发展中最早可以追索到 1950 年成立的欧洲支付同盟。1969 年，欧共体国家海牙首脑会议上提出了建立欧洲货币联盟（EMU）的建议。1971 年 2 月，旨在分三个阶段实现货币联盟目标的《维尔纳报告》通过。1973 年 4 月，欧洲经济共同体（European Economic Community，EEC）成立了欧洲货币合作基金（EMCF）。1978 年，在哥本哈根和布莱梅先后举行的两次欧共体国家首脑会议上通过了建立欧洲货币体系的决定。1979 年 3 月 13 日，EEC 一致同意建立的 EMS 生效，成员国开始实施汇率与干预机制。参加国有法国、联邦德国、意大利、荷兰、比利时等 11 国。EMS 产生和发展主要有三个原因：一是欧洲经济一体化的需要；二是美元频繁发生危机；三是欧洲政治联合的需要。EMS 的建立与发展，虽然存在汇率调整负担、调整方向的不对称性、汇率机制修正功能的欠缺、EMCF 还没有完善等问题，但对稳定欧共体国家之间的汇率稳定作出了巨大贡献，进而促进贸易的发展和经济的增长，也标志着欧洲货币一体化进入稳定发展的新阶段。

货币联盟

目前世界上有四个货币联盟——中非经济与货币共同体，东加勒比货币联盟，欧洲货币联盟以及西非经济货币联盟。所有这些货币联盟都将货币政策责任赋予联盟一级的机构，并在不同程度上将汇率和金融部门政策责任赋予联盟一级的机构。货币联盟长期以来一直是全球金融体系的一部分，目前在全球经济中所占比例超过 15%。

二、欧洲货币体系的主要内容

1. 建欧洲货币单位（ECU）。欧洲货币单位是欧洲货币体系的核心，是按"一篮子"原则由共同市场国家货币混合构成的货币单位，是欧共体央行间债券与债务的定值单位和结算工具。
2. 实行欧洲汇率机制（ERM）。成员国之间汇率固定，对外实行联合浮动。中心汇率是本国货币与欧洲货币单位的固定比价,当市场汇率偏离中心汇率 2.25% 时,各国中央银行应及时采取行动,干预外汇市场。

3. 建立欧洲货币基金(EMF)。1979 年 4 月,欧洲货币体系的参加国各自提取本国黄金和外汇储备总额的 20%,设立了欧洲货币基金。其目的是保证欧洲货币体系的正常运转,稳定各成员国的货币汇率,并对国际收支困难的成员国提供信贷支持。

三、欧元的诞生

1991 年 12 月,欧盟成员在荷兰签订《马斯特里赫特条约》(也称《马约》)。《马约》正式提出建立欧洲货币联盟和引入单一货币欧元的设想。它为欧元的诞生确立了时间表,规定分三个阶段实施货币一体化计划。第一个阶段(1990~1993 年底):实现所有成员国加入欧洲货币体系的汇率机制;实现资本的自由流动;协调各成员国的经济政策;建立相应的监督机制。第二个阶段(1994 年 1 月 1 日~1997 年):进一步实现各国宏观经济政策协调;建立独立的欧洲货币管理体系——欧洲中央银行体系;各国货币汇率波动要在原有的基础上进一步缩小并趋于固定。第三个阶段(1997 年底~1999 年 1 月 1 日):最终建立统一的欧洲货币和独立的欧洲中央银行。《马约》的主要内容包括三个方面:一是稳定汇率机制;二是建立欧洲中央银行;三是建立统一货币。

1999 年 1 月 4 日,欧元正式发行。欧盟 11 国用欧元替代本国货币,这 11 个国家是奥地利、比利时、芬兰、法国、德国、爱尔兰、意大利、卢森堡、荷兰、葡萄牙和西班牙。英国、瑞士、丹麦选择继续保留本币。欧元是欧盟所有政治和经济力量联盟长期有序计划的结果。欧元通过三种方式影响市场:一是欧元区国家享有更低的交易成本;二是因汇率不稳定带来的货币风险和成本降低了;三是欧元区内外的所有消费者和企业享有价格透明度和更多的基于价格的竞争。

四、最优货币区理论与欧元面临的问题

最优货币区(Optimal Currency Areas,OCA)是指一种"最优"的地理区域,在这个区域内,一般性的支付手段或是一种单一的共同货币,或者是几种货币,这几种货币之间具有无限的可兑换性,其汇率在进行经常性交易和资本交易时互相钉住,保持不变,但区域内国家与区域外的国家之间的汇率保持统一浮动。如固定汇率制度,或者是使用同一货币的货币联盟。"最优"是指一国经济同时实现内部均衡和外部均衡,具体包括物价和就业之间是内部平衡与经常账户与资本账户的国际收支平衡。

蒙代尔最早于 1961 年提出最优货币区理论,根据蒙代尔的定义,当要素在区域内能够自由流动,而在区域外要素流动存在障碍时,要素自由流动的区域内可以构成"最优货币区"。蒙代尔主张生产要素高度流动性准则。他认为,"货币区"内各国汇率采用相互固定,稳定区内物价和就业水平;并且认为生产要素流动性与汇率调整之间具有相互替代的作用。需求在货币区内国家之间的转移造成的国际收支失衡,既可以通过汇率调整来实现,也可以通过生产要素在两国间的移动来解决。该理论认为,生产要素流动性越高的国家之间,越适宜组成同一货币区,由此带来的收益在于减小汇率波动对贸易的冲击,有利于区域内经济稳

定；而要素市场流动障碍越大的国家和地区，越适宜组成单独的货币区，即实行浮动汇率。

欧元区面临的根本问题在于各国财政要求与统一的货币政策不相容。在实行欧元单一货币的条件下，欧洲中央银行制定和执行统一的货币政策。各成员国不能采取独立的货币政策，但是却各自实行独立的财政政策。许多成员国为了维持财政支出和扩大公共债务，以本国财政为担保，加大财政赤字的力度。虽然《稳定与增长公约》明确规定各成员国财政赤字与公共债务占GDP的比重不能超过3%和60%的上限，但是分散的财政政策和统一的货币政策的执行主体不一致，从而在调控宏观经济时很难形成统一的政策目标，导致缺乏有效监管机制和惩罚机制。这成为欧元区运行机制中最大的缺陷。

五、欧洲货币联盟的未来

2009年12月，希腊政府宣布当年政府财政赤字和公共债务占国内生产总值的比重预计分别达到12.7%和113%，而后全球三大信用评级相继调低希腊主权信用评级从而揭开希腊债务危机的序幕。随后，葡萄牙、意大利、爱尔兰以及西班牙等国的主权信用评级也相继被下调，欧洲债务问题逐渐显现并呈现出扩散的趋势，希腊主权债务危机演变为欧洲主权信用危机。

希腊主权债务危机引发的欧元危机，暴露出欧元区潜在的两大主要问题：一是成员国之间经济发展不平衡。在单一货币和资本完全自由流动的情况下，如果一国存在大量的财政赤字，势必导致国内利率上升，对其他成员国利率造成上升的压力。这相当于赤字国政府向其他成员国输出了弥补政府开支的成本，最终将影响到所有成员国控制财政的积极性，势必危及整个货币联盟的货币稳定和金融秩序。二是合作机制上存在缺陷。这一状况也会使欧洲中央银行面临两难困境：如果出面干预，难免带来通胀压力，使其他成员国受损；如果坚持以稳定价格目标而不采用扩张货币供应量的方法来帮助赤字国政府，那么就等于坐视可能发生的财政和金融危机。2008年全球金融危机爆发后，欧元区成员国受到外部冲击的程度不同，但各成员国无法使用灵活的调节机制来平抑这种不对称冲击，最终导致宏观经济失衡。

如何协调并保持国家利益和区域整体利益之间的平衡是欧元区发展的最大挑战。为继续推进欧洲一体化进程需要从三个方面着手：一是秉承"同舟共济"理念，增强欧元区各成员国之间政策调整与制度重构等行动的协调性。二是推进深层次的政治一体化和财政一体化，突破"统一货币政策，分散财政政策"导致的困境。三是优化欧洲经济货币联盟的合作机制，加强财政纪律和金融市场监管的有效性。

专栏4-1

人民币"脱钩"美元：新国际货币体系的开始

自2016年7月以来，衡量人民币对一篮子货币估值的人民币汇率指数（CFETS指数）停止下跌，进入平稳运行。不管是用CFETS自己的货币篮子，还是用国际清算银行（BIS）或国际基金组织特别提款权（SDR）的货币篮子，人民币汇率都已经进入稳态波动的状态，不受美元汇率的控制。2016年7月之前人民币汇率的下跌，是因为2015年"8·11"汇改以来，人民币对美元迅速贬值，从6.1左右贬值到6.65左右。这一贬值，是对2014年年中以来美元大幅升值、人民币钉住美元而被动升值的调整。

在此之前，人民币是钉住美元，或者"爬行钉住"美元的。这一"脱钩"的重要性，在市场上没有得到足够重视。全球第二大经济体货币与第一大经济体货币脱钩，意味着一个新的国际货币体系的开端。

从国际货币体系演化的角度说，这意味着第二次世界大战以来的美元体系开始解体，新的货币时代开始到来。第二次世界大战结束时确立的布雷顿森林体系，以黄金和美元为基石，是战后70多年来国际货币体系的基础。1971年"尼克松冲击"后，美元脱离黄金，但是美元的基础地位已经确立，并在此后的近半个世纪里一直充当国际货币体系的"锚货币"。

美元的地位不是没有受到过挑战。日元、欧元曾经想改写国际货币体系的格局，但由于多种原因，一直没有获得实质性的成功。不成功的原因很多，笔者以为人民币钉住美元功不可没。人民币钉住美元，实际上是增强了美元的实力。此时美元的币值基础，不是美国一国的经济总量，而是中美两国的经济总量。

试想，世界上最大的发达国家，和世界上最大的发展中经济体共同支撑的货币，哪个国家挑战得了？到了2009年，中国经济总量超过日本，成为仅次于美元的全球第二大经济体，此时美元是全球最大和全球第二大经济体共同支撑，哪个货币挑战得了？到了2014年，也就是2015年"8·11"汇改的前夜，中美两国经济总量达到27.9万亿美元，占全球GDP（78.1万亿美元）的36%，超过1/3。这样看来，美国发生了金融危机以后，美元依然坚挺，就不难理解了。

值得一提的是欧元，这是当今仅次于美元的货币。可是，和美元相比，欧元弱点太多了：其一，欧元区的GDP总量和中国差不多，只有美国的一半多一点。其二，欧元区的经济增速比美国显著低，大约低了一个百分点。其三，欧元区内部有太多问题，如欧元的财政边界和货币边界的不统一是个核心的问题。这个问题不解决，欧元的前途堪忧。其四，欧元没有人民币的支持，因为人民币钉住美元，不钉住欧元。

刚才的最后一条特别重要，打个比方也许更清楚一点。世界上三个主要货币——美元、欧元、人民币，对应世界上三大经济体，美国是老大，欧元区和中国分别是老二和老三，老二和老三的体量差不多，目前都是老大体量的一半多一点。前些年，老三一边倒地支持老大，而且是毫无保留、毫无条件，老大的地位当然稳固。可是现在老三不支持老大了，老二和老三的体量加起来已经超过老大了，结果会怎样？老大的地位，看起来就没那么稳固了。

换句话说，过去20年左右的时间里，美元稳固的、统治性的地位，既是历史形成的，也是人民币暗中支持给予的。没有全球最大发展中经济体的支持，美元的地位或者没有那么稳固。以前中国体量小，人民币钉住美元有一定道理。现在体量这么大了，增加汇率弹性是必然的选择。

回头看，对于人民币的国际化，人民币加入SDR，欧洲国家似乎是欢迎的。比如说，人民币在SDR中的权重，主要是欧元和英镑让渡的。2016年10月1日人民币加入

SDR 货币篮子之前，欧元和英镑的权重分别为 37.4% 和 11.3%。人民币加入后，二者的权重分别降为 30.9% 和 8.1%，分别下降 6.5 和 3.2 个百分点，二者共下降 9.7 个百分点，占人民币权重（10.9 个百分点）的 89%。而 SDR 原来的另外两大货币——美元和日元，其权重则分别只下调 0.2 和 1.1 个百分点。

看起来，美元的统治性地位已经开始动摇，人民币的相对地位已经开始上升。从这个角度看，人民币汇率制度改革，尽管有很多不尽如人意之处，到目前为止，却是在正确的方向上的。

资料来源：徐远. 人民币"脱钩"美元：新国际货币体系的开始［N］. 第一财经日报，2017 - 03 - 28.

【本章要点】

1. 国际货币体系是规范国家间货币行为的准则，在世界范围内需要各国共同遵守的货币制度。
2. 在世界范围内，先后经历国际金本位体系、以美元为中心的布雷顿森林体系和牙买加体系。
3. 布雷顿森林体系曾发挥极大的作用，但它的局限性最终导致该体系的崩溃。
4. 当前国际货币制度主要是牙买加体系，仍有诸多需改进之处。
5. 欧元作为区域货币合作的典范，对欧盟各成员国乃至整个国际社会都产生深远的影响。

【思考题】

1. 国际金本位制的主要内容和基本特征是什么？它起过哪些作用？
2. 布雷顿森林体系的主要内容是什么？
3. 试述现行的国际货币体系的主要缺陷及其未来的改革方向？
4. 在经历 2008 年金融危机后，为保护欧元汇率的稳定，如果你是欧洲中央银行的行长，你将有哪些事情要做？

【技能案例】

瑞士或推行金法郎货币部分恢复金本位

新浪财经讯，北京时间 7 月 8 日晚间消息，据外电报道，瑞士议会将于今年晚些时候讨论创立与现行货币瑞士法郎平行的金法郎的可能性，此举或将引发对贵金属地位的广泛讨论。

据 Market Watch 报道，创立金法郎货币的倡议是"健全货币"（Healthy Currency）活动的一部分，由该国最大政党右翼瑞士人民党（SVP）发起，旨在利用民众对全球金融动荡和通货膨胀的担忧来达到扭转政府目前黄金（1 264.30，-10.10，-0.79%）政策的目的。

瑞士圣加仑大学（St. Gallen University）经济学教授基希格斯纳（Gebhard Kirchgaessner）认为："推行平行货币可能会存在一些阻力，但它对经济不会产生任何实质影响。很难想象会有人愿意囤积大量金币。"

　　瑞士在 2000 年最后一个废除金本位制。在对政府干预经济争论不休的背景下，考虑改变黄金角色的并非只有瑞士。今年 3 月，美国犹他州率先赋予金银币合法货币地位，与此同时蒙大拿州、密苏里州、爱达荷州和印第安纳州也通过了类似法律。

　　金法郎概念的幕后推手雅各布（Thomas Jacob）表示："我希望瑞士人民能享有选择不同货币的自由。当今货币体系完全由债务支撑——等于是没有支撑，我希望人们能认识到这一点。"

　　美国允许金币流通主要是象征性的，即对中央政府为刺激经济不负责任的开支的抗议。不过雅各布表示，瑞士金法郎有着更实际的目标：让小投资者也有保护自己投资免受全球经济不确定性影响的机会。

　　雅各布认为，一般投资者投资黄金面临几大障碍，金币、金条和黄金券的收藏通常需要专门知识，即便是面值最小的金币其成本也在 100 法郎上下。新的金法郎含金量为 0.1 克，按照目前的黄金价格区区 5 法郎就可购买。然而由于瑞士的部分黄金与纳粹德国有着肮脏的联系，有的瑞士人觉得使用金法郎令人不快。

　　瑞士法郎因其避险属性两年来相对欧元和美元升值了 16%，目前引起了广泛关注。

　　资料来源：新浪财经，2011-07-08.

技能考核

结合所学知识，对案例进行解读，分析瑞士和美国是否有可能回归金本位制。

【实训操作】

不再接受美元

　　20 世纪 70 年代初，在日本、西欧崛起的同时，美国经济实力相对削弱，无力承担稳定美元的责任，贸易保护主义抬头，相继两次宣布美元贬值。各国纷纷放弃本国货币与美元的固定汇率，采取浮动汇率制。以美元为中心的国际货币体系瓦解，美元地位下降。欧洲各国的许多人一度拒收美元。……在巴黎，出租车上挂着"不再接受美元"的牌子，甚至乞丐也在自己的帽子上写着"不要美元"。美元失去霸主地位，但迄今为止仍然是最主要的国际货币。

　　实训任务　思考分析：(1) 材料所述史实反映的实质性问题是什么？(2) 查阅资料，分析美国经济地位发生变化的原因。(3) 探讨现行货币体系改革前景，分析现行货币体系改革方案。

市场实务篇

第五章　外汇市场业务

> **教学目标：**
> 1. 了解外汇市场的组成、发展及其作用；
> 2. 掌握各种不同类型的外汇交易的操作原理和特点。

▶▶ 引导案例

美元急剧升值　赴美留学影响大

据 2016 年 12 月 5 日中国外汇交易中心公布的数据，1 美元兑换人民币 6.8870 元，在国内兑换 5 万美元大致需要 34.4 万元人民币，而在 2016 年 1 月 1 日，1 美元兑换人民币 6.4935 元，兑换 5 万美元大致需要 32.4 万元人民币，比年初多花大致 2 万元人民币。

市民王女士的儿子在美国科罗拉多大学留学，州立大学一年的学费约 3 万美元，房租费用是 7 000 美元左右，加上书本费、保险费，每年留学的硬性费用起码 4 万美元。"之前每年年初我都会兑换 5 万美元存起来，今年初花了 32 万多元人民币，下个月又该兑换美元了，按照现在的汇率，得多花 2 万元左右。"面对人民币贬值带来的成本增加，王女士一脸愁容。

德州一家留学中介机构表示，每年年末到次年年初是留学咨询的高峰期，最近前来咨询留学的家长较多，一些打算让孩子赴美留学的家长考虑到汇率因素，也会转而咨询加拿大、欧洲、澳洲等地的大学费用，但倾向于赴美留学的家长依然不在少数，他们认为汇率的变化只是暂时的。

人民币的贬值不仅仅影响的是留学生，还有即将出国旅游的群体。眼看着圣诞、元旦、春节接踵而来，出境游也到了旺季，因为人民币贬值、旅游旺季到来等因素，出境游费用上涨幅度大概在 15% ~ 20%。

而近期人民币兑美元汇率走低，一些市民开始考虑，是否应将手中的人民币兑换成美元或美元理财产品。

资料来源：http://www.dezhoudaily.com/news/dezhou/folder135/2016/12/2016 - 12 - 061241191.html。

思考： 通过以上案例，分析：外汇交易有何作用？有无相应的外汇交易应对汇率变动达到保值目的？投资人选择国外或国内的理财产品时，如何比较投资收益？

第一节 外汇市场概述

外汇市场是国际金融市场的重要组成部分。国际贸易和国际投资的飞速发展离不开外汇市场及外汇业务的不断完善。

一、外汇市场的含义

外汇市场（Foreign Exchange Market）是指进行外汇买卖的场所或网络，现在的国际金融市场上，外汇交易都是通过电脑和通信网络来完成的。外汇市场已经成为遍及全世界的国际交易网络。

在外汇市场上进行买卖的货币主要是美元、日元、欧元、英镑、瑞士法郎、加拿大元、港元等发达国家或地区的货币。其中，美元是最为活跃的币种。

二、外汇市场的层次和类型

（一）外汇市场的层次

外汇市场可以分为银行与客户之间的外汇交易市场、银行同业之间的外汇交易市场、中央银行与银行之间的外汇交易市场三个层次。

1. 银行与客户之间的外汇交易市场——外汇零售市场。客户可以是个人，也可以是厂商，包括进出口商、跨国公司以及出国旅游者等外汇的供给者和需求者。客户出于各种动机向银行买卖外汇，形成外汇零售市场。在外汇零售市场上，外汇交易通过银行柜台进行，外汇银行成为外汇买卖的中介。这是外汇市场的第一层次。

2. 银行同业之间的外汇交易市场——外汇批发市场。外汇银行在为客户提供外汇买卖的服务中，在营业日内难免会出现"敞口头寸"（Open Position）。为了轧平外汇头寸，外汇银行往往需要进行同业间的外汇交易。此外，银行出于投机、套汇、套利等目的，也会从事同业外汇交易。银行同业之间的外汇交易金额巨大，每笔至少 100 万美元，因此也被称为外汇批发市场。一般来说，银行同业之间的外汇买卖差价要低于银行与客户之间的外汇买卖差价。这是外汇市场的第二层次。

3. 中央银行与银行之间的外汇交易市场。各国中央银行为了稳定本国货币的汇率和调节国际收支，通常会在外汇市场上大量买进或抛售货币，中央银行的这种干预性外汇交易，是在它与外汇银行之间进行的。这是外汇市场的第三层次。

（二）外汇市场的类型

1. 根据有无固定场所，外汇市场可分为有形市场和无形市场。

（1）有形市场（Visible Market）。有形市场指有具体交易场所的市场，参加外汇交易的双方按照规定的营业时间和交易程序在交易所内进行交易。德国的法兰克福、法国的巴黎、荷兰的阿姆斯特丹等地就有这种具体的外汇市场。

> 外汇市场的出现与证券市场相关。外汇市场产生之初，多在证券交易所交易大厅的一角设立外汇交易所。外汇买卖各方在每个营业日的约定时间集中在此从事外汇交易。早期的外汇市场以有形市场为主，因该类市场最早出现在欧洲大陆，故又称"大陆式市场"。

（2）无形市场（Invisible Market）。无形市场也称柜台市场（Over the Counter），指没有固定交易场所，所有外汇买卖均通过连结于市场参与者之间的电话、电传、电报及其他通信工具进行的抽象交易网络。因其最早产生于英国、美国，故又称"英美式市场"。目前，无形市场是外汇市场的主要组织形式，英国、美国、加拿大、瑞士等国的外汇交易均属于这一类，世界上最大的外汇市场都是无形市场，如伦敦、纽约、东京、苏黎世等。即使是欧洲大陆各国，其大部分当地的外汇交易和全部国际性外汇交易也都是采取无形市场交易方式进行的。

2. 根据外汇交易主体的不同，外汇市场可分为银行间市场和客户市场。

（1）银行间市场（Inter-bank Market），亦称"同业市场"。由外汇银行之间相互买卖外汇而形成的市场。银行同业市场是现今外汇市场的主体，其交易量占整个外汇市场交易量的90%以上，又称作"外汇批发市场"。

（2）客户市场（Customer Market），也称商业市场（Commercial Market）。指外汇银行与一般顾客（进出口商、个人等）进行交易的市场。客户市场的交易量占外汇市场交易总量的比重不足10%，又称作"外汇零售市场"。

3. 根据政府的外汇管制程度，划分为官方外汇市场、自由外汇市场和外汇黑市。

（1）官方外汇市场。官方外汇市场是指在所在国政府的控制下，按照中央银行或外汇管理机构规定的官方汇率进行外汇买卖的外汇市场。一般官方外汇市场在发展中国家的存在比较普遍。

（2）自由外汇市场。自由外汇市场是指不受所在国政府的控制，按照市场供求规律形成的汇率进行交易的外汇市场。在这个市场上，不仅外汇交易活动不受任何限制，而且外汇资金的跨国境流动也不受任何限制。国际上主要的外汇市场，如伦敦外汇市场、纽约外汇市场、东京外汇市场、新加坡外汇市场和香港外汇市场等，都属于自由外汇市场。

（3）外汇黑市。外汇黑市是指政府限制或法律禁止的非法外汇市场。它往往在外汇管制比较严格，不允许自由外汇市场合法存在的国家出现，虽然不合法，但政府很难取缔它。

4. 根据市场范围，外汇市场分为国内市场和国际市场。

（1）国内市场。国内外汇市场是指外汇交易仅局限于一国领土范围内的外汇市场，它必须接受市场所在国的管理。其交易规模较小，参加者主要是本国的外汇供给和需求者，交易币种也仅限于少数几种货币。

（2）国际市场。国际市场是相对国内市场而言的，在一国领土范围外进行外汇交易的外汇市场，它会引起资金的跨国界流动。其交易规模较大，交易方式灵活，管理相对宽松，因此交易风险相对较高。

5. 按照交易工具，外汇市场可分为即期市场、远期市场、期货市场、期权市场和互换市场等。此外，还有综合运用上述工具进行交易的其他外汇交易方式，如择期交易、掉期交易、套汇交易和套利交易等。详细内容将在后面章节进行具体分析。

三、外汇市场的参与者

在外汇市场上，外汇交易的参与者主要有四类：外汇银行、外汇经纪人、顾客和中央银行。

（一）外汇银行（Foreign Exchange Bank）

外汇银行也称外汇指定银行（Appointed or Authorized Bank），是指经过本国中央银行批准，可以经营外汇业务的商业银行或其他金融机构。

外汇银行包括：(1) 专营或兼营外汇业务的本国商业银行；(2) 外国设在本国的商业银行分支机构及本国与外国的合资银行；(3) 经营外汇买卖业务的本国其他金融机构，如信托投资公司、财务公司等。

外汇银行是外汇市场上最重要的参加者，它的外汇交易构成外汇市场的重要部分。外汇银行从事的外汇交易主要分为两个部分：一是为客户提供服务，通过代客户买卖外汇，赚取差价；同时，从为客户提供的各种服务中收取一定的手续费。二是为自身利益进行外汇交易，为平衡自身的外汇头寸进行同业间的外汇交易，并进行一定的外汇投机活动。

（二）外汇经纪人（Foreign Exchange Broker）

外汇经纪人是指中介于外汇银行之间或外汇银行与顾客之间，为买卖双方接洽交易而收取佣金的经纪人公司或个人。其主要功能是起联络作用。在西方国家，外汇经纪人一般需经过所在国家中央银行的批准才能取得私营业务的资格。有的国家还规定外汇买卖必须通过经纪人和外汇银行进行，可见，外汇经纪人在外汇交易中的作用是十分重要的。

外汇经纪人熟悉外汇供求情况和市场行情，有现成的外汇业务网络，而且具有丰富的外汇买卖经验，客户委托他们代理外汇买卖业务，有利于降低外汇交易成本，提高外汇交易效率。而且通过经纪人交易可以使参加交易的银行保持匿名状态，以免银行暴露其经营活动，从而达到顺利实施其市场战略的目的。

严格意义上的外汇经纪人并不以自有资金在外汇市场上买卖外汇，而只是代客买卖，本身并不承担外汇盈亏风险。电信网络技术的发展使得外汇经纪人之间的竞争日益激烈，现在越来越多的外汇经纪人也纷纷开始自营业务，同时还通过替顾客与银行间联络安排新的外汇业务而收取佣金。

（三）客户

这里说的客户是指通过外汇银行和外汇经纪人进行外汇买卖的机构和个人。包括：(1) 交易性的外汇买卖者，如进出口商、国际投资者、旅游者等；(2) 保值性的外汇买卖者，如套期保值者；(3) 投资性外汇买卖者，如外汇投机商。

（四）中央银行

中央银行既是外汇市场的管理者，也是外汇市场的参与者。中央银行在外汇市场上除了担任传统市场监督者的角色外,还必须干预市场,以实现其控制货币供应、平稳利率和汇率的政策目的。

中央银行在外汇市场上一般不进行直接的、经常性的买卖,它们主要通过实力雄厚的外汇银行和经纪人进行交易,由于进行市场干预往往需要大量的外汇交易,因此,中央银行对外汇市场的影响也是相当大的。特别是外汇市场的其他参与者都密切关注中央银行的一举一动,以便能及时获取政府宏观经济决策的确切信息,所以中央银行在外汇市场上即便作一个微小的举动,有时也会对一国货币汇率产生重大影响。

随着各国之间的经济联系日益紧密,产生了若干相关国家的中央银行对外汇市场的联合干预行为。例如,1985年9月,英国、美国、法国、联邦德国和日本共同干预外汇市场,成功地实现了美元的"软着陆",为后来各国的联合干预树立了榜样。

总而言之,外汇市场上各个参加者相互依赖、共同生存,形成了外汇市场的运转。它们使外汇市场成金字塔形,在塔的底层是大量的进出口公司、外汇投机商等机构投资者和个人投资者,他们是外汇市场的基本供求者;在塔的中层是外汇银行,他们操纵着绝大多数的外汇买卖业务;在塔的顶尖则是中央银行,它控制着整个外汇市场;而外汇经纪人则是在各外汇参与者之间牵线搭桥,确保交易更加顺利便捷。

四、外汇市场的特征

(一) 外汇市场是由信息流和资金流形成的网络

一般而言,国际外汇市场并不在某一具体的场所进行外汇交易。虽然全球各地的商业银行都有外汇交易室,但外汇交易都是通过电话、电报、电传、计算机终端等硬件设施形成的全球联通的网络进行。操作者在网络上发出交易指令、指定交割方式、完成资金的划拨和转移,十分迅捷。

(二) 外汇市场全球一体化

首先,外汇市场分布呈全球化格局,以全球最主要的外汇市场为例:美洲有纽约、多伦多;欧洲有伦敦、巴黎、法兰克福、苏黎世、米兰、布鲁塞尔、阿姆斯特丹;亚洲有东京、香港、新加坡。其次,外汇市场高度一体化,全球市场连成一体,各市场在交易规则、方式上趋同,具有较大的同质性(homogeneity)。各市场在交易价格上相互影响,如西欧外汇市场每日的开盘价格都参照中国香港和新加坡外汇市场的价格来确定,当一个市场发生动荡,往往会影响到其他市场,引起连锁反应,市场汇率表现为价格均等化(equalization),因为即使存在差异,套汇活动也会使汇差很快消失。

(三) 外汇市场全天候运行

时差使得世界各主要外汇市场交易或顺承相接或相互交错,从全球范围看,外汇市场是一个24小时全天候运行的昼夜市场。每天的交易,澳洲的惠灵顿、悉尼最先开盘,接着是亚洲的东京、香港、新加坡,然后是欧洲的法兰克福、苏黎世、巴黎和伦敦,到欧洲时间下午2点,美洲的纽约开盘,当纽约收市,惠灵顿又开始了新一天的交易。

欧洲时间的下午一点到三点,是世界外汇市场交易量最大、最活跃、最繁忙的时间,因为此时世界几大交易中心如伦敦、法兰克福、纽约、芝加哥均在营业,是顺利成交、巨额成交的最佳时间段,大的外汇交易商和各国的中央银行一般选择在这一时间段进行交易(见表5-1)。

表5-1　　　　　　　　全球主要外汇市场的营业时间

地区	市场	当地开收盘时间	换算为北京时间的开收盘时间
大洋洲	惠灵顿	9:00~17:00	05:00~13:00
	悉尼	9:00~17:00	07:00~15:00
亚洲	东京	9:00~15:30	08:00~14:30
	香港	9:00~16:00	09:00~16:00
	新加坡	9:30~16:30	09:30~16:30
欧洲	法兰克福	9:00~16:00	16:00~23:00
	苏黎世	9:00~16:00	16:00~23:00
	巴黎	9:00~16:00	16:00~23:00
	伦敦	9:30~16:30	17:30~(次日)00:30
北美洲	纽约	8:30~15:00	21:00~(次日)04:00
	芝加哥	8:30~15:00	22:00~(次日)05:00

(四) 外汇市场的行情波动剧烈

20世纪70年代初期,布雷顿森林体系瓦解,西方国家普遍实行浮动汇率制度。此后,外汇市场的动荡不稳成为一种经常现象。特别是进入80年代后,由于各国经济发展不平衡日益加剧以及国际资本流动进一步趋向自由化,美元等各种主要货币汇率的波动更加频繁、更加剧烈,这给各国的对外经济交易带来极大的汇率风险。

(五) 外汇市场交易币种相对集中

全球外汇交易量虽十分庞大,但交易的货币种类却不多。在各地外汇市场上,主要的外汇交易都集中在美元、欧元、英镑、瑞士法郎、日元、加拿大元、澳大利亚元等,其他货币交易量占的比例较小。

在我国的外汇交易中,绝大多数是美元,其次是日元,随后是港币、欧元和英镑。这些主要是与我国经济、文化交流密切相关的国家的货币。

(六) 各种金融创新不断涌现

20世纪70年代初,西方各国实行浮动汇率制度以后,汇率波动频繁,外汇风险增大,各企业和金融机构都迫切需要更多的金融工具和交易方式以避免汇率风险,于是,各种金融创新工具应运而生,如货币兑换及其与利率互换相结合的混合互换、货币期货和期权交易等。几十年来，外汇的交易形式发展非常迅速，从而使外汇市场的交易更具活力。

（七）外汇市场上政府干预频繁

尽管世界上许多国家或地区实行的是开放型经济，但政府对经济的干预和调解从未放弃过，尤其是外汇市场，不仅本国货币当局时常介入，而且有时甚至几个国家的中央银行联合起来干预。例如，1985年9月，西方国家在七国财长会议上一致达成协议，决定引进国际协调机制，联合干预外汇市场。

专栏 5-1

中国外汇市场

当前，我国经济正处于逐渐复苏阶段，政府实行的是稳健中性的货币政策，并不利好于股票市场。与此同时，国内外汇交易近两年则以平均70%以上的速度增长。股票市场相对于外汇市场来说，在交易量上远远不是一个等级。全球股票市场的规模为69万亿美元，每日交易量在1 910亿美元，而国际外汇市场的每日交易量为5.3万亿美元，外汇市场的每日交易量大约是全球股票市场的28倍，是全球债券市场的7倍。尽管目前中国的外汇市场没有从政策上开放，但是从业人员、市场规模、投资者数量都以井喷的态势，强势崛起。

一、我国外汇市场构成

中国的外汇市场分为两个方面：

1. 柜台市场，又被称为零售市场，是指外汇指定银行与客户之间进行交易的市场。主要业务是结售汇业务，还包括与进出口贸易有关的国际结算业务、国际投资、国际信贷、贸易融资等。

2. 同业市场，又被称为银行间市场，是外汇指定银行为了轧平外汇头寸，相互进行投机交易而形成的外汇买卖市场，包括中央银行与经营外汇业务银行之间的交易和经营外汇业务银行之间的交易。

二、中国外汇市场的两大板块

1. 人民币兑外币市场。人民币兑外币交易涉及人民币，对国内经济的影响比较大，因此受到了许多交易限制。在银行间外汇市场上，早期人民币只能兑美元、港元、日元等的即期交易，2005年8月，在外汇市场上开办银行间远期外汇交易，2006年4月，我国银行间外汇市场正式推出人民币外汇掉期业务。在零售市场上，可以和美元、欧元、日元、英镑、瑞士法郎、澳大利亚元、新西兰元、港元等进行即期交易和远期结售汇业务。中国外汇市场的本币兑外币业务，是以上海的中国外汇交易中心为核心展开的。

2. 外币兑外币市场。这一部分市场不涉及人民币，因此交易限制比较少。几乎所有持有国家外汇管理局颁发的外汇业务经营许可证的银行和非银行金融机构都可以办理外币兑外币相关业务。不仅机构投资者，个人投资者也可以委托银行或有权经营外汇业务的金融机构参与市场中。

外币兑外币市场可以和几乎所有可自由兑换的货币,如美元、欧元、日元、英镑、瑞士法郎、澳大利亚元、新西兰元、港元等,进行即期、远期、掉期、期权等交易。

三、外汇市场的参与者

1. 外汇银行。外汇银行是外汇市场的主体,一般经中央银行指定或授权而经营外汇业务。它包括以经营外汇业务为主的本国专营银行、兼营外汇业务的本国银行和其他金融机构,设在本国的外国银行分支机构、代办处或其他金融机构。外汇银行可以与外汇市场中的所有参与者发生交易,包括其他的外汇银行、中央银行、外汇经纪商、客户。

外汇银行主要通过两种途径来盈利。第一,外汇银行向客户报出的外币买卖价格存在一个价差,外汇银行通过代客户买卖外汇赚这一价差。第二,外汇银行还开展了诸如期权、期货、掉期等外汇衍生品业务,通过这些业务为客户安排外汇保值或套利,从中收取高额的手续费和服务费。此外,外汇银行也可以在经营方针和限额之内,通过调动外汇头寸进行一定的外汇投机来盈利。

2. 中央银行。汇率的变动会极大地影响一国的进出口贸易和国际收支,同时也会影响国内货币政策的效果。因此,中央银行在外汇市场上除了担任传统的市场监督者的角色之外,还要通过买卖外汇干预市场进而影响汇率变化。外汇短缺时,中央银行在外汇市场上大量抛售外汇以降低外汇汇率;外汇过多时,则在外汇市场上吸纳外汇以使本币不会升值过高。

3. 外汇经济人。外汇经济人对外汇市场的主要贡献是起联络作用,作为外汇银行之间或外汇银行与客户之间的中介,接洽外汇交易,从中收取佣金。外汇经济人能够为客户瞬间联系上交易对方并完成交易而不披露交易双方的名称。外汇交易商通过外汇经济人进行交易,隐蔽自己的身份,不使报价处于被动地位。例如,花旗银行如果想要购入大量的德国马克,它不会让交易对方知道自己的身份,否则报价必然会升高。

随着电信系统的日益完善,各银行的报价可以直接在计算机终端屏幕上公开显示,使得外汇经纪人面临着更为激烈的竞争。外汇经济人开始自营外汇买卖。

4. 客户。在我国,客户是指与外汇指定银行存在外汇交易关系的公司或个人。根据其交易目的可以分为三类:

第一,交易性的外汇买卖者,如进出口商、旅游者、国际投资者等。

第二,保值性的外汇买卖者,如资产管理机构。它管理着巨额的资金和有价证券,目的是使其管理的资产在外汇市场的波动中实现增值或保值而进行交易。

第三,投机性的外汇买卖者,即外汇投资者。他们企图利用外汇市场汇率的波动,利用各种金融工具进行外汇交易,从中赚取差价。在外汇保证金市场上,主要以投机性外汇买卖者居多,通过买卖的差价投机获利。

四、外汇市场交易模式

外汇市场提供竞价和询价两种交易方式。

竞价交易又称集中撮合交易机制,指会员各自通过电子交易系统提交自己的买入报价、卖出报价,交易系统按照"价格优先、时间优先"的原则进行逐笔撮合,自动配对成交。

询价交易指交易双方协商议定交易的币种、金额、价格、期限等要素的交易方式。

目前我国银行间外汇即期交易可采用竞价交易和询价交易方式，外汇衍生品交易均采用询价交易方式。

五、外汇市场清算方式

按照交易对手的不同分为集中清算模式和双边清算模式，其中竞价交易采用集中清算，询价交易采用双边清算。集中清算指外汇交易完成后，交易中心作为中央对手方为交易双方提供清算服务。双边清算是在交易双方在交易达成后，按照约定的要素进行资金交割。

按照交割方式的不同分为全额清算和净额清算，交易中心为人民币外汇竞价交易提供多边净额清算服务，为外币对竞价交易提供多边净额清算服务或全额清算服务。全额清算是对外汇交易逐笔办理资金交割，净额清算是将清算会员同一清算日的外汇交易按币种进行轧差后办理资金交割。

六、外汇制度演变

自1978年改革开放以来，我国外汇市场进入正式发展阶段，并形成以银行间市场为核心的外汇交易体系。可以将发展历程分为四个阶段。

1. 外汇调剂市场阶段（1979~1994年）。国务院于1979年8月13日颁布《关于大力发展对外贸易增加外汇收入若干问题的规定》，并制定了《出口商品外汇留成实行办法》，在外汇由国家统一管理、统一平衡和保证重点使用的同时，实行贸易外汇和非贸易外汇留成办法。外汇留成制度是企业所得外汇收入，与按国家外汇管理规定分配使用后的外币净收入，按规定向财政机关申请办理外汇留成的数额，企业可以保留一定的外汇，其他必须售给指定银行。银行的结售汇头寸受监管部门监管，当日盈余或不足必须及时抛补。

2. 银行间市场初级阶段（1994~2005年）。1993年12月28日，中国人民银行根据《中共中央关于社会主义市场经济体制若干问题的决定》，制定和公布了《关于进一步改革外汇管理体制的公告》。这次改革是在原有外汇调剂市场的基础上建立银行间外汇市场，取消了外汇留成，实行银行结售汇制度，实现汇率并轨，实行以市场供求为基础、单一的、有管理的浮动汇率制度。统一的银行间市场正式成立，通过交易所集中竞价的交易方式，为各地外汇指定银行互相调剂余缺和清算服务。中国人民银行通过国家外汇管理局对市场进行监督管理，所有头寸调剂必须通过银行间市场进行，不允许场外交易。此后，我国又关闭了外汇调剂中心，外商投资企业的外汇全部纳入银行结售汇体系。

3. 银行间市场发展阶段（2005~2015年）。2005年7月，我国进行人民币汇率制度改革，开始实行以市场供求为基础、参考一篮子货币进行调节、有管理的浮动汇率制度。中国人民银行对各银行的结售汇周转头寸管理改为综合头寸管理，限额的管理区间变成下限为零、上限为外汇局核定的限额。银行间市场上，询价交易模式诞生，取代竞价交易模式，成为市场主导。2006年，根据国家外汇管理局规定，正式引入做市商制度。我国外汇市场同时具备指令驱动和报价驱动两大模式。

4. 人民币国际化背景下的新阶段（2015年以后）。自2007年6月首只人民币债券登陆香港后，推动人民币国际化的进程就逐步展开，近年来呈现加速状态。2015年8月，中国人民银行启动新一轮汇率改革。8月11日,中国人民银行宣布将进一步完善人民币汇率中间价报价,人民币汇率将相当程度上与美元脱钩,汇率决定的市场化程度提高。

七、中国外汇市场交易量概况

根据国家外汇管理局统计数据显示,2017年5月,中国外汇市场(不含外币对市场,下同)总计成交12.84万亿元人民币(等值1.87万亿美元)。其中,银行对客户市场成交2.04万亿元人民币(等值2 971亿美元),银行间市场成交10.80万亿元人民币(等值1.57万亿美元);即期市场累计成交5.55万亿元人民币(等值8 060亿美元),衍生品市场累计成交7.29万亿元人民币(等值1.06万亿美元)。

2017年1~5月,中国外汇市场累计成交58.05万亿元人民币(等值8.43万亿美元)。

资料来源:数汇金融,2017-06-28。

第二节 即期外汇交易与远期外汇交易

即期外汇交易与远期外汇交易是外汇交易中最基本的交易形式。即期外汇交易主要是被用于进出口贸易和资本输入输出所引起的国际结算,远期外汇交易则主要用于防范外汇风险或是用于外汇投机。

一、即期外汇交易

即期外汇交易(Spot Exchange Transaction),也称现汇交易,是指买卖双方在外汇买卖成交后,原则上在两个营业日以内办理交割(delivery)的外汇交易。

即期外汇交易是外汇市场中业务量最大的外汇交易,特别是从1973年各国普遍实行浮动汇率以来,汇率波动极为频繁,进出口商为了加速资金周转和避免汇率波动的风险,经常选择即期外汇交易。经营外汇业务的银行,为了及时平衡外汇头寸,也大量采用即期交易,使即期外汇交易的规模迅速扩大。

目前,即期外汇交易占整个外汇市场的60%~70%,银行同业间的即期外汇交易又占了其中的95%。

(一)即期交易的交割日

交易双方进行资金交割的日期称为交割日(Delivery Date),因为买入外汇一方的开户银行收到交易货币后即开始计息,所以也称起息日(Value Date)。根据交割日期不同,即期外汇交易可以分为以下三种类型:

(1)当日交割(Value Today),即在交易达成的当日办理货币的收付。如港元对美元的即期交易。

(2)次日交割(Value Tomorrow),是在成交的第一个营业日办理交割。例如,港元对日元、新加坡元、马来西亚林吉特、澳大利亚元就是在次日交割。

（3）标准日交割（Value Spot），是在成交的第二个营业日办理交割。目前，世界外汇市场大多数都采用第二个营业日交割，所以这种方式也称为标准日交割。选择第二个营业日交割主要是为了照顾到全球外汇市场的时差问题，因为不同货币的清算中心一般都在其发行国，彼此间的清算过户需要一定时间。随着现代通信技术和结算技术的发展，即期外汇交易的交割时间有缩短的趋势。

根据国际金融市场惯例，交割日必须是收款地和付款地共同的营业日，如果恰逢非营业日或节假日，则顺延至其后的第一个营业日。例如，一家美国公司和一家德国公司在星期四达成一项即期外汇交易，标准交割日是周六交割，但是美国银行周六、周日休息，因此，交割顺延至下个星期一。

（二）即期外汇交易的过程

1. 即期外汇交易的步骤。

第一步：询价（Asking）。询价是由主动交易方根据自己的交易意图向外汇银行询问某种外汇的即期汇率。一般在询价前，询价方要自报家门，说出自己的名称，以便让报价行知道交易对手是谁，并决定其交易对策。

询价方无须说明是买还是卖，只需报清交易类型（说明是即期外汇交易）、交易货币和交易金额。

第二步：报价（Quotation）。接到客户询价的报价方必须以最快的速度作出报价，表明本行愿按该汇率进行外汇交易。报价行所报的价格具有法律效力，只要询价方愿意按所报出的汇率进行交易，报价者都必须同意。

在即期外汇交易中，外汇银行在报价时都遵循一定的惯例：

①采用以美元为中心的报价方法。即除了特殊说明外，所有报出的汇率都是针对美元的。

②除英镑、澳大利亚元、新西兰元和欧元等货币采用间接标价法外，其他交易都采用直接标价法。

③采取双向报价制，报价方必须同时报出所询问货币的现汇买入价和卖出价。

④报价采用点数标价法，有效数字是5位，大数是汇价的基本部分，小数是汇价的最后两个数字。例如，EUR/USD = 1.2265/70，USD/CHF = 1.1583/89，USD/JPY = 123.21/32。在EUR/USD = 1.2265/70 中，1.22是大数，65和70为小数，65和70之间的差额5为差价。

⑤报价时力求精简。由于交易双方对汇价的大致水平都比较清楚，因此报价方通常只需报出汇率的最后两位小数，只是在汇率异常波动时和在成交后的证实中才须将大数标明。

⑥一般而言，交易的金额是以基准货币为单位，除非报价时有特别声明。

⑦报价以100万美元或更大的金额为交易单位，适用于银行同业之间的大批量外汇买卖。

第三步：成交（Done）或放弃（Noting）。报价方报出汇价后，询价方应迅速作出反应，或者成交，或者放弃，而不应与报价方讨价还价。如果询价方略有迟疑，报价方通常会说UR risk，表示刚才的报价已经取消，询价方还想交易就必须再次询价。一旦成交，汇率水平、交易金额、交易币种等细节就都已经确定，对交易双方具有约束力。

第四步：证实（Confirmation）。成交后，交易双方必须就交易的详细内容进行一次完整的重复确认。交易的证实部分通常包括五项缺一不可的内容：成交汇率、交易币种、交易金额、起息日和收付账户。

通过路透交易机做成的即期外汇交易，交易对话在打印纸上的记录可以作为交易契约，无须进一步的电传确认。若交易借助于电话进行，则需要通过电传再次确认。交易结束后，如果发现原证实有错误或遗漏，交易员应尽快与交易对手重新证实。重新证实后的内容必须得到交易双方的同意才可以生效。

2. 即期交易的实务操作。

[例 5-1] A 银行与 B 银行之间进行的美元与瑞士法郎的交易，其过程如下：

A：CHF 5（询价者 A 银行询问 B 银行交易金额为 500 万美元的瑞士法郎价）

B：1.3150/60（B 银行报价，汇率为 USD1 = CHF1.3150/60）

A：50 Done, My CHF To Zurich A/C（以 1.3150 的价格卖出 500 万美元，将瑞士法郎汇入我在苏黎世银行的账户上）

B：Agree. CFM at 1.3150 We Buy USD 5 Mio AG CHF, Val May 10, USD To A NY, TKS for Calling N Deal, BI BI（同意成交，以 1.3150 的价格买入 500 万美元，交割日为 5 月 10 日，并将美元汇入我在纽约的美元账户上，谢谢你的询价及交易）

A：TKS for Price BI BI（谢谢你的报价）

[例 5-2] A 银行与 B 银行之间进行的英镑对美元的交易，其过程如下：

A：GBP 3 Mio（A 银行询价：英镑对美元的比价，交易金额为 300 万英镑）

B：1.7162/68（B 银行报价：GBP1 = USD 1.7162/68）

A：My Risk（A 不满意 B 的报价，在数秒钟之内可以再次询问价格）

A：Now PLS（A 银行再次向 B 银行询价）

B：1.7165 Choice（B 银行报价：以 1.7165 的价格任由 A 银行选择是买还是卖）

A：Sell PLS, My USD To A NY（A 银行选择卖出英镑，金额为 300 万英镑，并告知 B 银行将其所买入的美元汇入它的纽约银行账户中）

B：OK Done, at 1.7165 We Buy GBP 3 Mio AG USD, Val MAY 20, GBP To My LONDON, TKS for Deal, BI BI（B 银行：此交易达成，确认在 1.7165 的价格我以美元买入 300 万英镑，交割日为 5 月 20 日，请将英镑汇入我在伦敦的英镑账户，谢谢惠顾，再见）

二、远期外汇交易

远期外汇交易（Forward Exchange Transaction），又称期汇交易，指买卖双方先签订合同，规定买卖外汇的币种、数量、汇率和将来交割的时间，到规定的交割日，再按合同规定，卖方交汇，买方收汇的外汇交易。

通过远期外汇交易买卖的外汇称为远期外汇或期汇。远期外汇交易一般按月计算，通常为 1 个月、2 个月、3 个月、6 个月，有的长达 1 年，超过 1 年的远期外汇交易称为超远期外汇交易。

（一）远期外汇交易的交割日

1. 固定交割日。即标准期限的远期交割日（Standard Forward Dates），在即期交割日（Spot Date）的基础上推算整数日。交割日的确定规则一般为"日对日，月对月，节假日顺延，不跨月"。

（1）日对日：远期交易的交割日与成交时的即期日（即成交后的第二个营业日）相对。例如，一笔远期外汇交易为期1个月，在1月14日成交，则这笔交易的即期日为1月16日，远期的交割日为2月16日。

（2）月对月：远期交易的即期日为月份的最后营业日时，则远期交易的交割日也为到期月份的最后一个营业日。

（3）节假日顺延：远期外汇交易日必须是双方的共同营业日，如遇节假日则顺延到下一个营业日。

（4）不跨月：远期交割日遇上节假日顺延时，不能超过这个月份。例如，一笔远期外汇交易为期3个月，在3月28日成交，则其远期交割日为6月30日，但若碰巧6月30日为节假日，则不能顺延至7月1日，而只能向前推为6月29日。

2. 非固定交割日。即在约定的期限内任意选择一个营业日为交割日。

（1）部分择期，指确定交割月份但未确定交割日。例如，一笔3个月远期交易，可以约定从成交后第2个月开始到第3个月的时间内选择交割日。

（2）完全择期，指客户可以选择双方成交日的第三天起到合约到期之前的任何一天为交割日。

（二）远期外汇交易的汇价

1. 远期外汇交易的报价方法。远期外汇交易的报价方法有两种：一是直接报价，即直接完整地报出不同期限远期外汇的买入价和卖出价；二是间接报价，即差额报价，以远期汇率和即期汇率的差价来标明远期汇率，通过升贴水计算远期汇率，具体内容请查看第二章第一节。

2. 远期汇率与利率的关系。根据利率平价理论，远期汇率取决于两种货币利率的差异，利率高的货币远期汇率贴水，利率低的货币远期汇率升水。其升贴水的计算公式为：

$$升（贴）水数 = 即期汇率 \times 两种货币的利率差 \times 天数/360$$

[例 5-3] 英国某银行向客户卖出远期3个月美元，即期汇率为 GBP/USD = 1.9600，伦敦市场利率9.5%，纽约为7%。3个月英镑远期汇率为多少？

分析：英镑利率高于美元利率，所以英镑远期汇率贴水。

3个月英镑贴水为：$1.9600 \times (9.5\% - 7\%) \times 3/12 = 0.0123$

所以伦敦市场3个月远期汇率 GBP/USD = 1.9600 - 0.0123 = 1.9477

3. 远期汇率的套算。远期套算汇率的计算方法与即期套算汇率的计算方法一致，有三种方法，即按中间汇率计算、交叉相除法、对应相乘法。具体参照第二章第一节有关内容。

需要注意的是，如果远期汇率采取间接报价方式，需要根据升贴水情况，首先计算出远期基本汇率，然后再按即期套算汇率的方法计算远期套算汇率。

(三) 择期外汇交易

按照交割日确定方法的不同,远期外汇交易可分为定期交易和择期交易。

1. 择期交易 (Optional Date Forward) 的定义。择期外汇交易是指远期外汇的购买者(或出卖者)在合约的有效期的任何一天,有权要求银行实行交割的一种外汇交易。与择期外汇交易相比,定期交易只有在合约到期时才能交割,既不能提前,也不能退后。

在国际交易中,有时不能提前确切知道付款或收款的日期,在此情况下,交易中不需要固定交割日期,但需要固定汇率,这样便产生了远期择期外汇交易。

择期交易中,外汇的具体交割日在合约规定的期限内由客户选择决定,为其资金安排提供了较大的灵活性。银行处于被动的地位,择期交割的期限范围越长,银行承受的风险就越大。为此,银行应该在汇率上得到补偿,在择期交易中使用的是对顾客相对不利的汇率。总的说来,银行将选择从择期开始到结束期间最不利于顾客的汇率作为择期交易的汇率。

2. 择期交易的定价。择期交易的定价过程是:第一步,确定择期外汇交易交割期限内的第一个和最后一个营业日;第二步,计算出第一个和最后一个营业日的远期汇率,选择一个对银行最有利的报价。

[例 5-4] 即期汇率:USD/CHF = 1.5750/60

3 个月远期:130/150

6 个月远期:270/300

客户向银行要求作一笔美元兑瑞士法郎的择期外汇交易,请计算外汇银行报出 3 个月至 6 个月任选交割日的远期汇率。

(1) 计算第一个营业日的交割的远期汇率,即 3 个月交割的远期汇率。

$$USD/CHF = (1.5750 + 0.0130)/(1.5760 + 0.0150) = 1.5880/1.5910$$

(2) 计算最后一个营业日的交割的远期汇率,即 6 个月交割的远期汇率。

$$USD/CHF = USD/CHF = (1.5750 + 0.0270)/(1.5760 + 0.0300) = 1.6020/1.6060$$

(3) 根据客户的择期要求选择对银行最有利的汇率。

根据以上分析,如果客户要求买入美元卖出瑞士法郎,则银行卖出美元时,可供银行选择的汇率有 1.5910 和 1.6060,此时选择 1.6060 对银行更有利。如果客户要求买入瑞士法郎卖出美元,则银行买入美元时,可供银行选择的汇率有 1.5880 和 1.6020,此时选择 1.5880 对银行更有利。所以 3 个月至 6 个月美元兑瑞士法郎的择期交易的双向报价为 1.5880/1.6060。

从以上实例可以总结出银行在进行择期业务报价时依据的原则:

银行卖出择期远期外汇,且远期外汇升水时,银行按最接近择期期限结束时的远期汇率计算;若远期外汇贴水,银行按最接近择期期限开始时的远期汇率计算。

银行买入择期远期外汇,且远期外汇升水时,银行按最接近择期期限开始时的远期汇率计算;若远期外汇贴水,银行按最接近择期期限结束时的远期汇率计算。

(四) 远期外汇交易的功能

1. 套期保值 (hedging)。远期外汇买卖是国际上发展最早、应用最规范的外汇保值方式。套期保值是指预计将来某一时间要支付或收入一笔外汇时,买入或卖出同等金额的远期外汇,以避免因汇率波动而造成经济损失的交易行为。

从事套期保值者主要有两类:一是进出口商和国际投资者;二是持有外汇净头寸的银行。

(1) 进出口商和国际投资者应用远期外汇交易规避外汇风险。在国际贸易和国际投资等活动中,从合同签订到实际结算总有一段时差,这段时间内汇率可能会发生不利的变化。为了避免这种风险,进出口商和国际投资者等会在签订合同时,就向银行买入或卖出远期外汇。这样无论到期日汇率如何变化,当事人支付或收到的本国货币量都是确定的,从而避免了汇率变动的风险。

[例5-5] 某澳大利亚进口商从日本进口一批商品,日本厂商要求澳方在3个月内支付10亿日元的货款。当时外汇市场行情为:

即期汇率:AUD/JPY = 100.00/100.12

3月期远期汇率:AUD/JPY = 98.00/98.22

若该澳大利亚进口商在签订进口合同时预测3个月后日元对澳元的即期汇率将会升值到 AUD/JPY = 80.00/80.10,则:

①若澳大利亚进口商不采取保值措施,现在就支付10亿日元,则需要多少澳元?

②若现在不采取保值措施,而是延迟到3个月后支付10亿日元,假设3个月后市场即期汇率如进口商所预测,则需要多少澳元?

③澳大利亚进口商如何利用远期外汇市场保值?

分析:①该澳大利亚进口商签订合同时就支付10亿日元,需要以1澳元=100.00日元的即期汇率向银行支付10亿÷100.00 = 0.1亿澳元,即10 000 000澳元。

②该澳大利亚进口商3个月后支付10亿日元,按即期汇率1澳元=80.00日元计算,须向银行支付10亿÷80.00 = 0.125亿澳元,即多付250万澳元。

③利用远期外汇市场避险的具体操作是:澳大利亚进口商在与日本出口商签订进货合同的同时,与银行签订远期交易合同,按外汇市场AUD/JPY3个月远期汇率98.00买入10亿日元。3个月后交割时只需向银行支付10亿÷98.00 = 10 204 081.63澳元,就可获得10亿日元支付给日本进口商。这比签订进口合同时支付的货款多出204 081.63澳元(大约20.41万澳元)。这是进口商采取套期保值措施付出的代价。它对于不采取保值措施,而等到3个月后再即期购买日元支付货款所付出的250万澳元代价来说,是微不足道的。

(2) 外汇银行为平衡外汇头寸进行远期外汇交易。当银行与客户进行远期外汇交易时,往往会产生各种远期外汇净头寸。这样,如果汇率发生变动,银行就会遭受风险。为了避免外汇风险,持有外汇净头寸的银行就需要轧平各种货币和各种期限的期汇头寸。

例如,一家美国银行在1个月的远期交易中,共买入9万英镑,卖出7万英镑,这家银行持有2万英镑的多头,为了避免英镑汇率下降而造成的损失,这家银行会向其他银行卖出2万英镑的1个月期汇。

2. 外汇投机(Foreign Exchange Speculation),指投机者根据对有关货币汇率变动的预测,通过买卖现汇或期汇,有意保留某种外汇的多头和空头,以期在汇率实际发生变动之后获取风险利润的一种外汇交易。

当预测某种货币的汇率将上涨时,即在远期市场买进该种货币,等到合约期满再在即期市场卖出该种货币,这种交易行为称为买空。

当预测某种货币的汇率将下跌时,即在远期市场卖出该种货币,等到合约期满再在即期市场买进该种货币,这种交易行为称为卖空。

买空和卖空是利用贱买贵卖的原理来获取远期市场与即期市场的汇差。当然,如果预测失误,会给交易者带来损失。

[例5-6] 东京外汇市场上,3个月的美元期汇汇率为:1美元=120日元,某投机者预测美元3个月后将贬值,于是按此汇率卖出3月期1 000万美元。到交割日时即期市场美元汇率果真下跌到1美元=115日元。则该投机者在即期市场用110 000万日元买入1 000万美元,再在远期外汇市卖出,获得115 000万日元,从中获利5 000万日元。如果到期日,美元不仅没有下跌,反而上涨至1美元=125日元,则投机者将损失5 000万日元。

(五) 远期外汇交易的实务操作

[例5-7] A银行与B银行之间的一笔英镑/美元的远期外汇交易对话如下:

A:Cable outright GBP 0.5 Mio Val 3 month (询问GBP/USD的即期汇率,金额为50万英镑)

B:SW 93/89 SP 1.8480/86 (银行报价:GBP/USD的即期汇率为1.8480/86,掉期率为93/89)

A:I buy GBP (同意买入英镑)

B:Ok. Done. CFM at 1.8397 we sell GBP 0.5 Mio Val June/20/2007. USD to my NY (同意成交,证实在1.8397的价位我方卖出50万英镑,起息日为2007年6月20日。美元请汇至我纽约的账户)

A:Ok, All agreed, My GBP to My London. Tks and BI (同意,英镑请汇入我伦敦的账户。谢谢,再见)

第三节 掉期交易

一、掉期交易的定义

掉期交易(Swap Transaction)是指在买进或卖出一定期限的某种货币的同时,卖出或买进期限不同、金额相同的同种货币的交易。这两笔外汇交易中,币种相同、交易金额相同,但是交易方向相反、交易期限不同。

二、掉期交易的基本形式

按交割日的不同,掉期交易分为以下三种:

1. 即期对远期的掉期交易(Spot Against Forward),即指买进(或卖出)一种货币的现汇时,卖出(或买进)该种货币的期汇。这种形态可分为:买入即期外汇/卖出远期外汇,卖出即期外汇/买入远期外汇。这种掉期交易是最常见的形态。

在国际外汇市场,常见的即期对远期的掉期交易有:

(1) 即期对次日(Spot-Next, S/N):即在即期交割日买进(或卖出),至下一个营业日做相反交易。这种掉期一般用于外汇银行间的资金调度。

（2）即期对一周（Spot-WeeK，S/W）：即在即期交割日买进（或卖出），过一星期后作相反交割。

（3）即期对整数月（Spot-n Month，S/n M）：即在即期交割日买进（或卖出），过几个月后作相反交割。n Months 表示 1 个月、2 个月、3 个月等。

2. 即期对即期的掉期交易（Spot Against Spot）。这是一种即期交割日以前的掉期交易。在即期交易中，标准交割日之前有交易日（cash）和第一营业日（Tom）。在外汇交易中，有的交易者要求将交割日提前，例如，客户要求在交易日的当日交割或次日交割。此类型的掉期交易常见的有：

（1）隔夜交易（Over-Night，O/N），即在交易日作一笔当日交割的买入（或卖出）交易，同时作一笔第一个营业日交割的卖出（或买入）的交易。

（2）隔日交易（Tom-Next，T/N），在交易日后的第一个营业日作买入（或卖出）的交割，第二个营业日作相反的交割。

3. 远期对远期的掉期交易（Forward Against Forward）。所谓远期对远期的掉期交易，是指在即期交割日后某一较近日期作买入（或卖出）交割，在另一较远的日期作相反交割的外汇交易。现实中，银行在承做远期对远期掉期交易时，通常会将它拆为两个即期对远期的外汇交易，而真正的远期对远期掉期交易在国际市场上较为少见。

三、掉期交易的作用

（一）防范汇率风险

1. 银行利用掉期交易轧平头寸。银行应客户要求进行单独的远期外汇交易，使得银行经常会持有某种外汇的剩余头寸或短缺头寸，银行可以进行掉期交易使之轧平。或者银行为了弥补临时性的外汇头寸不足，又难以向同业拆借到足够资金时，也可运用外汇掉期的方法，买入短缺的货币。此外，有些金融机构为应付审计或临时调整资金结构，也常常使用掉期交易。

例如，某银行买入客户 3 个月远期 100 万美元后，如果不作相反的交易，3 个月后便具有多头风险。银行可以利用掉期交易来避险：即期卖出 100 万美元，然后用掉期买入 100 万即期美元，同时卖出 3 个月期的 100 万的远期美元。这样，即期的 100 万美元经过一买一卖相互抵消，银行实际上只卖出一笔 3 月期的 100 万美元，转移了客户带给银行的外汇风险。

我国银行间掉期交易比较活跃，在外汇衍生品市场中，规模最大是外汇掉期交易。2014 年外汇掉期在整个人民币外汇市场占比已经超过 50%，掉期交易已成为银行日常重要的财务管理工具和避险手段。

2. 投资者或借款人利用掉期交易套期保值。投资者对外投资时，需要先买入即期外汇，为了避免资金回收时，可能发生的外汇汇率下跌风险，在买进即期外汇的同时，需要卖出与投资回收期一致的远期外汇。这就是即期对远期的掉期交易。例如，一家美国公司准备在英国市场进行投资，投资金额为 100 万英镑，期限为 6 个月，该公司可即期买进 100 万英镑的同时，卖出 100 万 6 个月远期英镑，由此防范汇率风险。

同理，借款者从国外取得的短期外币借款，用于本国生产经营时，必须将其在即期外汇市场上售出，换回本币资金。为避免还款期限到时外汇汇率上涨的风险，借款人买进与还款期相同的远期外汇。这也是即期对远期的掉期交易。例如，日本一公司从美国一银行取得 100 万美元的半年期借款，在本国进行投资。

3. 进出口商轧平交易中的资金缺口。例如，一家日本贸易公司收到美国进口商支付的货款 100 万美元，同时公司又需要从美国进口原材料，并将于 3 个月后支付 100 万美元的货款。此时，该公司可以作一笔 3 个月美元对日元掉期外汇买卖：即期卖出 100 万美元，买入 3 个月远期 100 万美元，由此防范汇率风险。

（二）投机性获利

外汇掉期交易中的远期汇率在掉期交易进行时已经确定，考虑到未来的市场利率与汇率都可能发生变化，人们可以根据对利率变化的预期，作出对未来某个时刻市场汇率的预期，并根据这种预期进行投机性的掉期交易，从中获取利润。

第四节　套汇与套利

一、套汇交易

套汇交易（Arbitrage）是指套汇者利用不同外汇市场中同一时刻货币的汇率差异，在低价市场买进，高价市场卖出，以获取汇率差价收益的一种外汇交易活动。

套汇可分为直接套汇和间接套汇两种。

1. 直接套汇（Direct Arbitrage）。直接套汇又叫两地套汇或双边套汇，是指利用同一时刻两个外汇市场之间的汇率差异而进行的套汇活动。

[例 5-8] 已知在某一时刻存在如下外汇行市：

纽约：USD1 = CHF1.7020/35

苏黎世：USD1 = CHF1.7040/55

从上述汇率可以看出，纽约市场的美元比苏黎世便宜，套汇者选择在纽约买入美元，同时在苏黎世卖出美元。具体操作如下：在纽约市场套汇者买进 1 美元，支付 1.7035 瑞士法郎；同时在苏黎世市场卖出 1 美元，收进 1.7040 瑞士法郎。作 1 美元的套汇业务可以赚取 0.0005 瑞士法郎。

2. 间接套汇（Indirect Arbitrage）。间接套汇是指利用同一时刻三个或三个以上外汇市场之间出现的汇率差异进行的套汇活动。

[例 5-9] 在某日的同一时间，香港、纽约和伦敦三地外汇市场的现汇行情如下：

香港　USD 1 = HKD7.7500/80

纽约　USD1 = GBP0.6400/10

伦敦　GBP1 = HKD 12.200/50

要求：判断三地是否存在套汇机会？如果有套汇机会，某套汇者有 100 万美元，如何套汇，获利多少？

分析：以美元为成本套汇有两种可能的循环。

A 线：从香港进纽约出 USD—HKD—GBP—USD（即美元兑港元，港元兑英镑，英镑兑美元）

B 线：从纽约进香港出 USD—GBP—HKD—USD（即美元兑英镑，英镑兑港元，港元兑美元）

首先：选择 A 线将汇率上下排列，并注意首尾相连（首尾货币相同）。

USD 1 = HKD7.7500

HKD 12.250 = GBP1

GBP0.6410 = USD 1

如果右边三个数的积除以左边三个数的积，其结果大于1，就说明可以套汇，且此线路正确；若结果小于1，也可以套汇，但应按另一线路进行；若结果等于1，说明三个市场汇率处于平衡，不可套汇。

右边三个数之积/左边三个数之积 = (7.7500 × 1 × 1)/(1 × 12.250 × 0.6410) = 7.75/7.8523 = 0.987，结果小于1。可以套汇，但是应从 B 线操作。

选择 B 线将三个汇率上下排列，并注意首尾相连（首尾货币相同）。

USD 1 = GBP0.6400

GBP1 = HKD 12.200

HKD7.7580 = USD 1

(0.64 × 12.2 × 1)/(1 × 1 × 7.7580) = 7.7808/7.758 = 1.0064，结果大于1。因此，可以套汇。下面计算收益：

第一步，在纽约市场卖出 100 万美元，买入 64 万英镑（100 × 0.64）；

第二步，在伦敦市场卖出 64 万英镑，买入 780.8 万港元（64 × 12.2）；

第三步，在香港市场卖出 780.8 万港元，买入 100.64 万美元（780.8/7.7580）；

最后获利 0.64（100.64 − 100）万美元。

关于套汇交易，应注意以下几点：

第一，套汇交易涉及一些成本，包括获得信息的费用以及电报费、电传费、付给外汇经纪人的佣金、某种货币买入和卖出的差价等交易费用。因此，套汇的净利取决于汇率差异和套汇成本两个因素。

第二，套汇是市场不均衡的产物，它使得套汇者能赚到毫无风险的利润；但与此同时，套汇交易的进行又能将市场重新推回均衡，因为在低价市场大量买进会促使该市场的价格上升，而在高价市场的大量抛出又会形成价格下跌的压力，从而使同一货币汇率在全世界范围内趋向一致。然而，套汇活动并非一直进行到各外汇市场报出的汇率完全一致为止。实际上，当各市场之间的汇差等于套汇成本时，就不会再有套汇交易发生。

第三，汇率瞬息万变，要求套汇者能及时发现货币汇率的差异并迅速采取行动。由于大的商业银行在海外都设有分支机构或代理行，它们信息灵通，交易方便，因此一直是外汇市场的主要套汇者。另外，银行的资金实力雄厚，从事套汇交易能获得规模效益。

第四，银行的通信手段和计算机技术的迅速发展与完善，各大外汇市场之间的联系更加紧密，使得在不同市场之间出现货币汇率差异的机会日趋减少。而且，一旦出现汇率差异，就会有许多家银行同时进行大规模的套汇交易。因此，套汇的机会即使偶然出现，存在的时间也是非常短暂的。

第五，不同的国际金融中心处于不同的时区，只有比较营业时间重叠的外汇市场的报价才是最有意义的。

二、套利交易

套利交易（Interest Arbitrage Transaction）又称利息套汇，是指投资者利用不同国家或地区短期利率的差异，将资金由利率低的国家或地区转移到利率较高的市场进行投资，从中获取利息差额收益的外汇交易。套利分为两种。

（一）非抛补套利

非抛补套利是指套利者将资金从利率较低的市场调到利率较高的市场进行投资，从中谋取利息差额收入。这种交易不同时进行远期外汇交易来保值，因此要承担高利率货币贬值的风险。

[例5-10] 假设某一时期，货币市场上美元3个月定期存款利率为5%，英镑3个月期的存款年利率为10%，外汇市场上英镑与美元的即期汇率为£1 = $2.00。一美国商人有100万美元，换成英镑投资于英国货币市场，若3个月后英镑与美元的即期汇率为£1 = $1.90。求该美国商人的套利净收益。

分析：美国商人将100万美元换成英镑投资到英国，3个月后可获得的本利和为：

$$100 \div 2 \times (1 + 10\% \times 3/12) = 51.25(万英镑)$$

将英镑按即期汇率兑换回美元，可获 51.25 × 1.90 = 97.375（万美元）

如果不进行套利，100万美元3个月可获得的本利和为：

$$100 \times (1 + 5\% \times 3/12) = 101.25(万美元)$$

套利者获得的套利净收益为：97.375 - 101.25 = -3.875（万美元）

套利投资失败。

（二）抛补套利

抛补套利是指套利者将资金从低利率国调往高利率国的同时，在外汇市场上卖出高利率货币的远期，以避免汇率风险的外汇交易方式。这实际上是将远期交易和套利交易结合起来。

援引上例，假设3个月远期英镑对美元贴水200点，美国商人在套利的同时卖出3个月英镑远期，可以避免汇率波动带来的风险。

3个月后将本利和换回本币：51.25 × 1.98 = 101.475（万美元）

套利者净收益：101.475 - 101.25 = 0.225（万美元）

值得注意的是，套利活动存在的条件是两个地区的利率差异大于两种货币的即期汇率和远期汇率的差异。

如上例，汇率差为 0.0200/2.00 × (12/3) = 4%，利率差为 10% - 5% = 5%，利率差大

于汇率差，则套利成功。

> **拓展思考：**
> 如果美国 3 个月定期存款利率变为 7%，能不能套利？

关于套利交易的几点说明：

第一，套利交易以有关国家对货币的兑换和资金的转移不加任何限制为前提，换句话说，在实施外汇管制和金融管制的国家之间不会发生套利交易。

第二，所谓两国货币市场上的利率差异，是就同一性质或同一种类金融工具的名义利率而言，否则不具有可比性。

第三，套利交易所涉及的投资为短期性质，期限一般都不超过 1 年。

第四，抛补套利交易是市场不均衡的产物，然而随着抛补套利活动的不断进行，货币市场和外汇市场之间的均衡关系又会重新得到恢复。

第五，抛补套利交易也涉及一些成本，如佣金、手续费、管理费等，因此，不必等到利差与远期升（贴）水率完全一致，抛补套利就会停止。

第六，根据"资产组合理论"，国内外的金融资产不可能完全替代。去国外投资会冒更大的"政治风险"和"国家风险"，投资者一般会对抛补套利持谨慎态度，特别是在最佳资产组合已经形成的情况下，除非抛补套利有足够大的收益来补偿资产组合的重新调整所带来的损失，投资者一般不轻易通过套利交易增加一笔额外的外币金融资产的。

【本章要点】

1. 外汇市场是指进行外汇买卖的场所或网络，外汇市场在形式上有具体和抽象之分。外汇市场上的主要参与者可分为以下几类：客户、外汇银行、外汇经纪人和中央银行。

2. 即期外汇交易和远期外汇交易是外汇市场上的两大基本交易形式。即期外汇交易是指买卖双方在外汇买卖成交后，原则上在两个营业日以内办理交割（Delivery）的外汇交易。远期外汇交易指买卖双方先签订合同，规定买卖外汇的币种、数量、汇率和将来交割的时间，到规定的交割日，再按合同规定，卖方交汇，买方收汇的外汇交易。择期外汇交易是指远期外汇的购买者（或出卖者）在合约的有效期的任何一天，有权要求银行实行交割的一种外汇交易。

3. 掉期外汇交易是指在买进或卖出一定期限的某种货币的同时，卖出或买进期限不同、金额相同的同种货币的交易。这两笔外汇交易中，币种相同、交易金额相同，但是交易方向相反、交易期限不同。

4. 套汇交易是指套汇者利用不同外汇市场中同一时刻货币的汇率差异，在低价市场买进，高价市场卖出，以获取汇率差价收益的一种外汇交易活动。套汇可分为直接套汇和间接套汇两种方式。

5. 套利交易又称利息套汇，是指投资者利用不同国家或地区短期利率的差异，将资金由利率低的国家或地区转移到利率较高的市场进行投资，从中获取利息差额收益的外汇交易。套利分为抛补套利和非抛补套利。

【思考题】

1. 外汇市场主要有哪些参与者？
2. 举例说明远期外汇交易的主要作用是什么？
3. 举例说明掉期外汇交易的主要作用是什么？
4. 有没有反向套利？试举例说明。

【技能案例】

1. 有家出口企业收到国外进口商支付的出口货款 500 万美元，该企业需要将货款结汇成人民币用于国内支出，但同时该企业需要进口原材料并将于 3 个月之后支付 500 万美元的货款。

技能考核

你建议这家出口企业需要与银行进行哪项外汇交易，并分析通过此交易，该企业达到什么目的？

2. 假设你持有英镑，目前英国货币市场上 3 个月存款利率为 8%，美国货币市场 3 个月存款年率为 12%，而此时伦敦外汇市场行情为：英镑/美元 spot 1.8400/20，spot/3 Month 10/20。

技能考核

分析是否存在套利机会，写出套利过程，计算套利收益。

3. 作为一名外汇交易商，你观察到加拿大元、美元和欧元这三种汇率的报价分别为：USD/CAD = 1.2334/47，EUR/CAD = 1.4628/58，EUR/USD = 1.1942/53。

技能考核

分析是否存在套汇机会，如果存在，如何套汇？

【实训操作】

实训任务

1. 到任何一家可以从事外汇交易的银行，了解我国目前即期外汇交易的外币种类以及外汇兑换人民币的相关规定。
2. 查找资料，了解外汇交易术语。登录模拟外汇软件，进行模拟外汇交易。

第六章 外汇市场创新

教学目标：

1. 掌握外汇期货、外汇期权、货币互换、利率互换和远期利率协议的概念；
2. 掌握外汇期货交易的功能、外汇期权交易的作用和外汇期权交易的分类；
3. 掌握货币互换和利率互换的过程，理解货币互换的功能和利率互换的优点；
4. 了解期货交易的有关规定、市场结构和交易的一般程序；
5. 了解互换交易的风险类型和利率互换存在的前提。

引导案例

A公司是一机电进出口企业，预计3个月后要支付成套机电设备的价款6 250 000英镑，另外该公司当前资金周转比较困难还需要借入6 250 000英镑。近来英镑汇率波动频繁且幅度较大，该公司预测未来3个月英镑利率上升、汇率上升。另据财务部门报告，3个月后A公司将有一笔美元到账。公司财务顾问建议A公司可进行如下操作：(1) 参与英镑期权交易；(2) 参与英镑期货交易；(3) 参与英镑期权期货交易；(4) 签订一份远期利率合约；(5) 进行一项美元与英镑的货币互换。

思考： 你认为以上操作有必要吗？你知道期货交易和期权交易有什么功能作用吗？A公司该怎样进行期货交易和期权交易呢？远期利率协议又有什么作用？A公司如何进行远期利率协议操作，又如何进行货币互换呢？

第一节 外汇期货交易

一、外汇期货交易的概念

外汇期货交易（Foreign Currency Future Transaction）是金融期货的一种，指在固定的交易场所，根据规定的交易币种、成交单位、交割时间等标准化的原则买进或卖出远期外汇，再在约定时间，按约定价格、约定数量进行交割或在交割前进行对冲的一种外汇交易。最早推出外汇期货交易的是1972年美国芝加哥商品交易所（CME）成立的国际货币市场分部（IMM）。外汇衍生品都是由一项基础资产衍生而来，它们主要用于两种目的，即套期保值和投机。

1. **套期保值。** 期货交易的套期保值是指当现货市场存在某一笔交易时，在期货市场上作一笔买卖方向相反、期限相同的交易以期保值。其原理是：在正常的国际金融市场条件下，由于期货价格与远期外汇价格都是以利率差价为基础，两者价格的趋势是一致的，波动幅度也大致接近。因此，如果现货市场交易发生亏损，期货市场交易就会盈利；反之，现货交易有盈利，期货交易即亏损，两者可以抵冲，以固定成本或收益。鉴于这种抵冲作用，套期保值也可以叫作"对冲交易"，当然这种对冲不可能达到完全避险。

2. 外汇投机。投机者往往无实际的外汇需求，通过冒险性的期货交易从汇率波动中获利。外汇期货交易实行保证金交易，投机者能用较小资本撬动较大外汇交易，体现以小博大的投机特点。国际金融市场正是由于投机者的参与，保值者的愿望才便于实现，才使外汇期货市场有了更大的流动性。期货市场的投机活动分为多头投机和空头投机两种。

二、外汇期货市场的参与者

外汇期货市场是有形市场，外汇期货交易一般是在交易所内完成，但近年来随着通信技术的创新，已突破了传统意义上的场内交易。如最早开办外汇期货的芝加哥商品交易所国际货币市场分部，除了在常规的营业时间里进行外汇期货交易外，还建立了电子交易系统，在营业时间外进行外汇期货交易。有形的外汇期货市场由交易所、期货经纪商与场内交易人及清算所四部分构成。

1. 交易所。交易所是具体买卖期货合同的场所，实行会员制的一种非营利性团体。期货交易所本身不参加期货交易，运营资金主要来自创立者的投资、会员费和收取的手续费。其职责是提供交易场所和交易设备；订立交易规则和标准；负责监督和执行交易规则；制订标准的期货合同；解决交易纠纷；为会员提供履行合约和承担财务责任的担保；收集并发布有关价格、市场、政府等信息给会员和社会公众。

2. 期货经纪商与场内交易人。期货经纪商也称期货佣金商，它是代表金融、商业机构或一般公众进行期货交易的公司或个人组织，其目的是从代理交易中收取佣金。其主要职能是：向客户提供完成交易指令的服务；记录客户盈亏，并代理期货合同的实际交割；处理客户的保证金；向客户提供决策信息以及咨询业务。场内交易人是指拥有会员资格、进入期货交易所内进行交易的人员。只有取得交易所会员资格才能进入场内进行期货交易，而非会员则只能通过会员代理进行期货交易。场内交易人有两种类型，一是交易商，即为自己或为所代表的机构买卖外汇期货的人；二是经纪人，即为某一经纪商或几家经纪商买卖外汇期货的人。

3. 清算所。清算所是所有期货买方和卖方的代表，负责对期货交易所内进行的期货合同进行交割、对冲和结算的独立机构，它是期货市场运行机制的核心。清算所实行会员制，非清算所会员要通过清算所会员进行清算。为了便于清算，清算所会员都要在清算所开设账户。为避免发生信用风险，清算所要求所有会员必须存放初始保证金，并规定最低限度的保证金额（维持保证金）。

三、外汇期货交易的"有关规定"和操作程序

（一）外汇期货交易的"有关规定"

1. 外汇期货实施美元报价制度，以每一单位外币兑换多少美元来报价。

2. 合约规模。在交易币种、交易数量、到期交割时间上都必须按照交易所的标准进行买卖。例如，在 IMM 交易的货币期货，每份英镑合约价值 62 500 英镑，每份欧元合约价值 125 000 欧元，每份瑞士法郎合约价值 125 000 瑞士法郎，每份加元合约价值 100 000 加元，每份日元合约价值 12 500 000 日元。

3. 合约最小价格变动。外汇期货合同的最小价格变动是指外汇期货合同价格的变化必须大于或等于规定的变化幅度。以英镑期货合同交易为例，2 点表示英镑期货合同的报价变化必须大于或等于每英镑 0.0001 美元，即每份合同 12.5（62 500 × 0.0002）美元。

4. 合约最大价格波动限制。如果外汇期货合同价格在营业日内波动幅度超过规定的上限，交易所就暂停该外汇期货合同的交易。你如，IMM 对加元、日元、瑞士法郎和英镑的最高限价分别为 75 点、100 点、150 点和 500 点。

5. 保证金制度。保证金分为初始保证金和维持保证金。初始保证金是订立合同时必须缴存的，一般为合同价值的 3%～10%。维持保证金（Maintenance Margin），指开立合同后如果发生亏损，致使保证金数额下降，直到客户必须补进保证金的最低保证金限额，否则将会被交易所强行平仓。

6. 每日清算制度。当每个营业日结束时，清算所要对每笔交易进行清算，即清算所根据清算价对每笔交易结清，盈利的一方可提取利润，亏损一方则需补足头寸，保证账面金额在维持保证金之上。

（二）外汇期货交易的程序

在交易所内进行外汇期货交易的基本程序包括开户、委托、成交、清算和交割等步骤。

1. 外汇期货交易者开户。外汇期货交易者首先选择经纪商，然后在经纪商处开立外汇期货交易账户。

2. 客户向经纪商下达交易订单。价格指令一般有市价指令、限价指令、停止指令三种。市价指令是指要求经纪商按照当时最有利的市场价格买进或卖出外汇期货的指令，如 Buy 1 Dec. 1999 CD At Market，它表示按市场价格买进 1 份 1999 年 12 月到期的加元期货合同。限价指令是指要求经纪商按照指定的或有利于客户的价格买进或卖出外汇期货的指令，如 Buy 1 Dec. 1999 CD At 0.7676。停止指令分为购买停止指令和出售停止指令。购买停止指令是指要求经纪商在外汇期货价格上升到一定程度时买进外汇期货的指令，如 Buy 1 Dec. 1999 CD At 0.7676 Stop，它表示当加元上升到 1 加元兑换 0.7676 美元时买进 1 份 1999 年 12 月到期的加元期货合同。出售停止指令是指要求经纪商在外汇期货价格下降到一定程度时卖出外汇期货的指令，如 Sell 1 Dec. 1999 CD At 0.7676 Stop，它表示当加元下降到 1 加元兑换 0.7676 美元时，卖出 1 份 1999 年 12 月到期的加元期货合同。

3. 经纪商接到客户订单后，立即将其交给经纪商的落盘部。经纪商落盘部打上收单的时间，审核后送给交易所场内经纪人。

4. 场内经纪人根据客户指令在场内公开叫价，确定成交的数量和汇率。交易成交后，场内经纪人将交易记录交票据交换所，由票据交换所进行当天的清算工作。

5. 票据交换所登记注册后，发出保证书交给经纪商，经纪商把执行指令的结果通知客户，由客户进行确认，并向经纪商支付佣金。在外汇期货合同的交易中，佣金通常是按"回合"计算的，客户买进之后再卖出或卖出之后再买进叫一个回合，每完成一个回合的交易，客户向经纪商支付一次佣金。

6. 外汇期货合同的交割。如果客户在外汇期货合同到期前没有作相反交易，在到期日必须进行实际交割。

四、外汇期货交易的操作案例

外汇期货的套期保值分为卖出套期保值和买入套期保值两种。它的主要原理就是利用期货市场和现货市场价格走势一致的规律，在期货市场和现汇市场上作币种相同、数量相等、方向相反的交易。不管汇率如何变动，利用期货市场上盈与亏和现货市场上的亏与盈相补平，使其价值保持不变，实现保值。

出口商和从事国际业务的银行预计未来某一时间会收入一笔外汇，为避免外汇汇率下浮造成的损失，可采用卖出套期保值。卖出套期保值又称空头套期保值，即先在期货市场上卖出后再买进。

（一）卖出套期保值

卖出套期保值又称空头套期保值，即先在期货市场上卖出后再买进。出口商和从事国际业务的银行预计未来某一时间会收入一笔外汇，为避免外汇汇率下浮造成的损失，可采用卖出套期保值。

[例 6-1] 美国的某一跨国公司设在英国的分支机构急需 2 500 000 英镑现汇支付当期费用，此时在美国的母公司正好有一笔暂时闲置资金，于是在 3 月 12 日向其分支机构汇 2 500 000 英镑，约定分支机构 3 个月后偿还。当日的即期汇率为 £1 = $1.5790/1.5806，6 月份到期的英镑期货价格为 £1 = $1.5800/1.5813。为避免汇率变动带来的风险，在美国的母公司便在外汇期货市场上做英镑空头套期保值业务。每份英镑期货合约价值 62 500 英镑。

假设 6 月 12 日即期汇率为 £1 = $1.5600/1.5613；6 月份到期的英镑期货价格为 £1 = $1.5596/1.5603。其交易过程如表 6-1 所示：

表 6-1　　　　　　　现货和期货市场的盈亏情况

现货市场	期货市场
3 月 12 日，按当日汇率即 £1 = $1.5806 买进 2 500 000 英镑，折合 3 951 500 美元	3 月 12 日，卖出 40 份于 6 月份到期的英镑期货合约，汇率为 £1 = $1.5800，价值 3 950 000 美元
6 月 12 日，按当日汇率 £1 = $1.5600，2 500 000 英镑折合 3 900 000 美元	6 月 12 日，按汇率 £1 = $1.5603 买进 40 份 6 月到期的英镑期货合约，价值 3 900 750 美元
亏：51 500 美元（3 900 000 - 3 951 500）	盈：49 250 美元（3 950 000 - 3 900 750）
净盈利：2 250 美元（51 500 - 49 250）	

综上，美国的母公司 3 个月后收回 250 万英镑，按当时汇率折 3 900 000 美元。由于英镑汇率下跌，该公司收回的英镑损失了 51 500 美元。但由于该公司在外汇期货市场上对 250

万英镑做了空头套期保值,卖出 40 份英镑期货合约,3 个月后又补进 40 份英镑期货合约对冲,在期货市场上获利 49 250 美元。盈亏相抵,获利 2 250 美元(未考虑相应的交易费用)。如果该公司不做卖出套期保值,将损失 51 500 美元。

卖出套期保值不管汇率是上升还是下降,与交易额相比盈亏数额都是很少的,所以实现了保值目的。

(二) 买入套期保值

买入套期保值,又称多头套期保值,即先在期货市场上买入而后卖出。进口商或需要付汇的人因担心付汇时本国货币汇率下浮,往往采用买入套期保值。

[例 6 - 2] 某美国商人 3 月 1 日签订合约,从英国进口一批货物,约定 3 个月后付款 1 000 000 英镑。3 月 1 日即期汇率为 1 英镑 = 1.5806 美元,6 月到期的英镑期货价格为 1 英镑 = 1.5800 美元。3 个月后假设第一种情况:6 月 1 日的即期汇率 1 英镑 = 1.5846 美元,6 月到期的英镑期货价格为 1 英镑 = 1.5840 美元;第二种情况:6 月 1 日的即期汇率 1 英镑 = 1.5746 美元,期货市场价格为 1 英镑 = 1.5750 美元。每份英镑期货合约价值 62 500 英镑。套期保值的过程如表 6 - 2:

表 6 - 2　　　　　　　　　现货和期货市场的盈亏情况

现货市场	期货市场
3 月 1 日即期汇率为 1 英镑 = 1.5806 美元,1 000 000 英镑折合 1 580 600 美元	3 月 1 日买入 16 份于 6 月到期的英镑期货合约,汇率为 1 英镑 = 1.5800 美元,折合 1 580 000 美元
(1) 6 月 1 日即期汇率 1 英镑 = 1.5846 美元,原来的 1 000 000 英镑折合 1 584 600 美元	(1) 6 月 1 日卖 16 份 6 月到期的英镑期货合约做对冲,汇率为 1 英镑 = 1.5840 美元,折合 1 584 000 美元
理论上亏: 4 000 美元 (1 580 600 - 1 584 600)	盈: 4 000 美元 (1 584 000 - 1 580 000)
净盈利: 0 美元 (4 000 - 4 000)	
(2) 6 月 1 日即期汇率 1 英镑 = 1.5746 美元,原来的 1 000 000 英镑折合 1 574 600 美元	(2) 6 月 1 日卖 16 份 6 月到期的英镑期货合约做对冲,汇率为 1 英镑 = 1.5750 美元,折合 1 575 000 美元
理论上盈: 6 000 美元 (1 580 600 - 1 574 600)	亏: 5 000 美元 (1 575 000 - 1 580 000)
净盈利: 1 000 美元 (6 000 - 5 000)	

在本例中,到付款日时如果出现第一种情况,即英镑升值美元贬值,美国商人在现汇市场上亏损 4 000 美元,但在期货市场做到了贱买贵卖盈利 4 000 美元,所以盈亏相抵。到付款日时出现第二种情况,即英镑贬值美元升值,美国商人在现汇市场上盈利了 6 000 美元,但在期货市场由于贵买贱卖亏损 5 000 美元,所以盈亏相抵净盈利 1 000 美元。

套期保值的目的是避免外汇汇率上升、本币汇率下浮承担更大损失,并不在于从中获利。

第二节 外汇期权交易

一、金融期权与外汇期权

(一) 金融期权的产生

期权交易之所以产生是因为资产价格的多变性,它是规避价格波动风险的重要手段,同时也是利用价格波动进行投机的工具。金融期权源自于股票现货交易,后来移植到期货交易中。目前金融期权交易已覆盖利率、外汇、股票、股票指数等各种资产,在全球范围内形成了庞大的交易网络。不仅在期货交易所和股票交易所开展期权交易,而且在美国芝加哥等地还有专门的期权交易所,如芝加哥期权交易所,它是世界上最大的期权交易所。

(二) 外汇期权的概念

外汇期权也称为货币期权,指合约购买方在向出售方支付一定期权费后,所获得的在未来约定日期或一定时间内,按照规定汇率买进或者卖出一定数量外汇资产的选择权。外汇期权交易实际上是一种权利买卖,即外汇期权的买方支付一定期权费后,就获得在合约到期或之前按合约规定的汇率购买或出售一定数额的某种外汇的权利。同时期权卖方相应失去了选择权,只能服从期权买方选择。

(三) 外汇期权交易的特点

1. 外汇期权交易的买卖双方权利和义务是不对等的。期权的买方拥有选择的权利,期权的卖方承担被选择的权利,不得拒绝接受。若是市场价格变化对买方有利,买方可以选择执行期权;若市场价格变化对其不利,买方可以选择放弃期权。买方所尽义务是支付一定的期权费给卖方,这部分期权费也称作期权价格。对于期权卖者而言,其权利义务正好与期权买者相反。卖方享有的权利是收取一定的期权费,义务是执行期权合约时,必须无条件按协定价格卖出或买进该种商品或金融资产。

2. 外汇期权交易的买卖双方的收益和风险是不对称的。对期权的买方而言,其成本是固定的,因为期权买方可以从市场价格和协定价格中选择对他有利的价格,即一旦市场价格朝不利的方向变动,卖方便会放弃期权,其损失最多为期权费。期权买方收益是无限的,如买入看涨期权后市场价格上升(或看跌期权下降),买方便有盈利的机会,市场价格变动幅度越大,其盈利机会越大。对期权的卖方而言,其最大收益是期权费,损失是无限的。一旦市场价格朝着不利于自己的方向变化时,卖方将会亏损,市场价格变动幅度越大,亏损越大。

二、外汇期权合同的主要内容

在交易所场内进行交易的期权合同是标准化的,交易所对合同的各个方面都作了事先规定，不同交易所的规定有差异，但标准化的合同体现了期权交易的如下特点。

1. 为了便于交易，所有汇率均以美元表示，如一英镑等于多少美元，或一欧元等于多少美元等。

2. 交割方式通常通过清算所会员进行。例如，目前全球最大的外汇期权市场芝加哥证券交易所设有期权清算公司，以保证交易的顺利进行，使买卖双方均不必做对方的信用调查工作。

3. 交易数量标准化。以费城股票交易所为例，其所规定的期权交易币种和交易单位分别是：一个英镑合同1.25万英镑；一个加元合同5万加元；一个日元合同625万日元；一个瑞士法郎合同6.25万瑞士法郎。

4. 到期月份，通常规定为每年3月、6月、9月和12月。

5. 到期日，是指期权买方有权履约的最后一天，通常定于到期日月份的第三个星期的星期三。

6. 保证金。卖方在卖方要求履约时，依履约价格进行交割的义务，而为确保合同义务的履行，需在签约时缴付保证金。卖方所缴保证金通过清算委员会缴存于清算所的保证金账户内，随市价涨跌，并于必要时追加。

7. 保险费，又称期权费，是由买方支付给卖方，以取得履约选择权的费用。保险费通常有两种表示方法：（1）按履约价格的百分比；（2）以履约价格换算的每单位货币折美元数，如一笔履约价格为每英镑1.52美元的看涨期权，其期权费可标为4%或每英镑0.0768美元。

8. 执行价格，又称合同价格或协议价格，是合同中规定交易双方未来行使期权交易买卖外汇的交割汇价。

三、外汇期权的分类

（一）按交易地点，可以分为场外期权和场内期权

1. 场外期权，指不通过交易所而进行的交易。场外交易比较灵活，期权交易的币种、金额、期限等及履约价格均由买卖双方根据需要商定。这种交易大多通过电话、电传成交。场外交易主要由银行承办。

2. 场内期权，指在交易所内成交的期权。这种交易只有交易所会员才有权直接参加，买卖双方达成的是标准化的期权合约。

（二）按行使期权的时间，分为美式期权和欧式期权

1. 美式期权是指期权的买方可在期权到期日之前的任何时间要求卖方履约。

2. 欧式期权是指期权的买方在期权到期日之前不能要求卖方履约，仅在到期日当天才可以要求执行期权。

（三）根据期权的内容，可分为看涨期权和看跌期权

1. 看涨期权，简称买权。它是指合约的购买者有权在合约期满或期满之前以约定汇率

购进约定数量的外汇,也有权不买,以避免该种货币汇率大幅度上涨带来的损失。

2. 卖出期权又称看涨期权,简称卖权。它是指合约的购买者有权在合约期满或期满之前以约定汇率卖出约定数量的外汇,也有权不卖,以避免该种货币汇率大幅度下跌带来的损失。

四、外汇期权交易的操作案例

标准外汇期权即经常提到的传统外汇期权,它之所以称之为标准外汇期权是针对非标准外汇期权而言的,非标准期权是近年来银行为满足客户不同形式的特殊需求而设计的品种繁多、结构各异的期权产品。

根据不同的交易方向和不同的内容,标准外汇期权的交易可分为四种基本类型:买入看涨期权、买入看跌期权、卖出看涨期权和卖出看跌期权。这四种交易的风险和收益都不相同。

(一)购买外汇看涨期权

购买外汇看涨期权的盈亏状况可以通过图 6-1 反映。看涨期权的买方有权利(但没有义务)按事先确定的执行价或履约价(X)购买某外汇。与此同时,看涨期权的买方必须向买方先期支付一笔看涨期权费(C)。这笔期权费要立即从看涨期权买方的现金账户中扣除。如果外汇执行价的上涨幅度超过期权费,买方就可以获得利润。如果外汇的价格不高于 X,那么,看涨期权的买方将不会去行使期权(即按 X 这一价格购买外汇)。此种情况下,期权合约到期后自动失效。期权的买方承受的损失为 C,但不会涉及其他的损失。

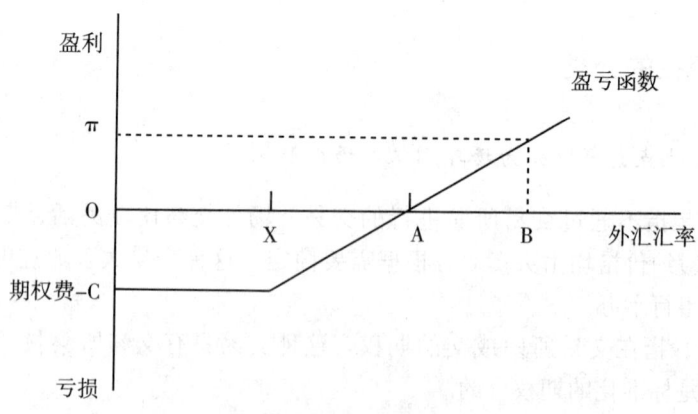

图 6-1 购买外汇看涨期权的盈亏函数

从图 6-1 可以看到,如果外汇价格上升到 B,看涨期权买方的盈利为 π——这是外汇价格(B)减去期权执行价(X)和看涨期权费(C)之后的差额。如果外汇价格上升到 A,看涨期权的买方能够做到盈亏平衡,这是因为看涨期权的利润(A-X)与所支付的看涨期权费(C)正好相等。

图 6-1 中的外汇看涨期权具有两个重要的特点:(1)当外汇汇率上升时,看涨期权的买方有可能获得利润。外汇利润上升的幅度越大,行使期权获取的利润越多。(2)当外汇

汇率低于执行价 X 时，看涨期权的买方有义务行使期权。因此，买方的损失仅限于当初购买看涨期权时先期支付的一笔期权费（C）。

因此，预期外汇汇率上升时，就应该购买外汇看涨期权。请注意，与外汇期货不同（随着汇率水平的变化，外汇期货的损益变化是对称的），外汇看涨期权的损益并非随着汇率的变化而呈现出对称性变化。

（二）出售外汇看涨期权

出售外汇看涨期权时，卖方将获得一笔前期费用即期权费（C），但必须准备按执行价（X）将外汇出售给期权的买方。出售外汇看涨期权时的盈亏状况反映在图 6-2 中。

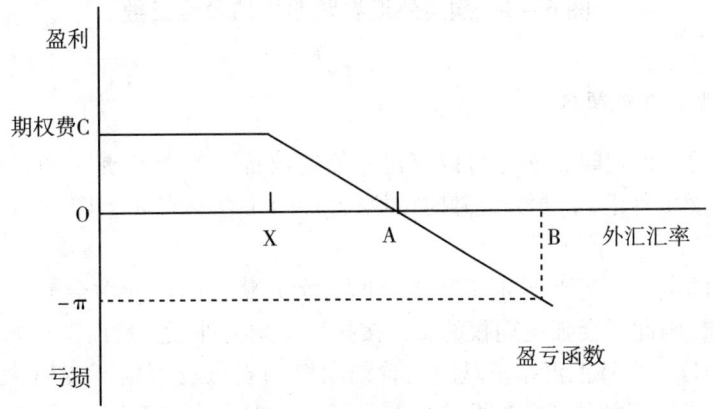

图 6-2　出售外汇看涨期权的盈亏函数

这一盈亏函数具有两个重要特征：（1）当外汇汇率下降时，看涨期权卖方的收益或利润会增加，因为此时看涨期权的买方不会行使期权。然而，其最大利润为交易前期向期权买方收取的看涨期权费（C）。（2）当外汇汇率上升时，卖方遭受损失的可能性会增加。因此，看涨期权的买方将行使期权，从而迫使期权的卖方按执行价出售外汇。从理论上讲，由于外汇价格的上升是无止境的，这部分损失可能会非常巨大。

因此，预期汇率下降时，就应该出售看涨期权。然后，对此应该谨慎，因为利润有限，而亏损是无限的。从图 6-2 中可以看到，当外汇汇率上升到 B 时，期权卖方的损失为 π。

（三）购买外汇看跌期权

外汇看跌期权的买方有权按事先规定的执行价（X）将外汇卖给期权的卖方。为了获取这种选择权，看跌期权的买方要支付给卖方一笔期权费（C）。图 6-3 反映了看跌期权的卖方可能面临的盈亏状况。

请注意以下两点：（1）当外汇汇率下降时，看跌期权买方从行使期权中获利的可能性增加。例如，如果外汇的价格降到 D，看跌期权的买方就可以按较高的执行价格（X）将外汇出售给看跌期权的卖方。这样，从图 6-3 中可以看到，扣除看跌期权费（C）之后，买方还可以获利 π。（2）当外汇汇率上升时，看跌期权买方亏损的可能性会增加。如果汇率上升到高于执行价（X），看跌期权的买方并不需要去执行期权，因而其最大损失局限于前期缴纳的看跌期权费（C）。因此，预期汇率下降时，就应该购买看跌期权。

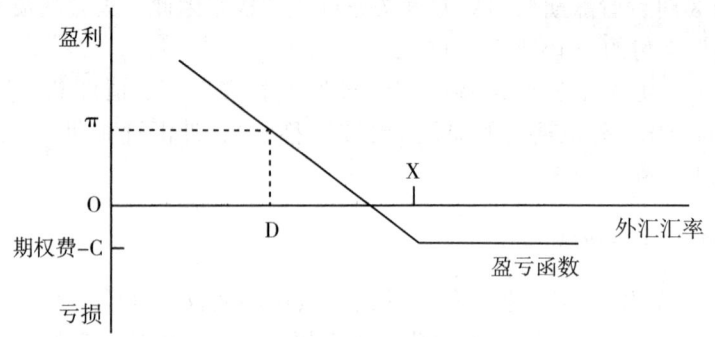

图 6-3 购买外汇看跌期权的盈亏函数

(四) 出售外汇看跌期权

在出售外汇看跌期权时，卖方可以获得一笔期权费（C），但是，如果看跌期权的买方选择行使期权（卖出外汇），卖方应随时按执行价（X）买入外汇。图 6-4 是出售看跌期权的盈亏函数。

请注意以下两点：(1) 当外汇汇率上升时，卖方获利的可能性会上升。看跌的买方不可能去行使期权，因此不会强迫期权的卖方按执行价购买外汇。然而，买方的最大收益仅限于看跌期权费（C）。当外汇汇率下跌时，看跌期权的卖方有可能承受巨大的损失。例如，如果外汇的价格降到了如图 6-4 所示的 D，那么，损失会达到 $-\pi$。所以，预期外汇汇率上升时，应该卖出外汇看跌期权。然而，这种交易的利润是有限的，但损失可能是无限的。

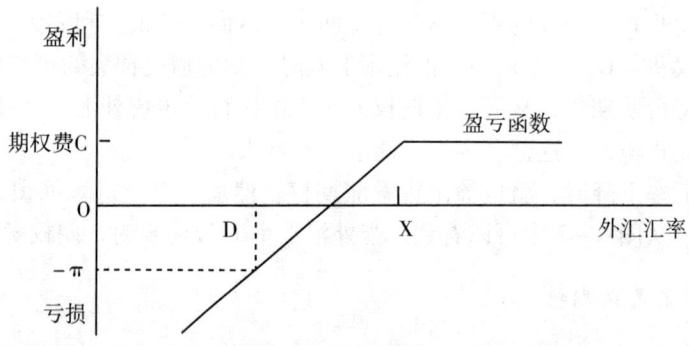

图 6-4 出售外汇看跌期权的盈亏函数

第三节 互换交易

互换交易（Swap Transaction）指的是交易双方（有时是两个以上的交易者参加同一笔互换交易）按市场行情预约在一定时期内互相交换货币或利率的金融交易，即货币互换和利率互换。

一、货币互换

（一）货币互换的概念

货币互换（Currency Swap）是指期限相同、计算利率方法相同或不同的两种货币之间进行的一系列现金流的调换。在期初可以交换本金也可以不交换本金，但一般在双方期初所确定交换的名义本金按即期汇率折算是等值的。

最著名的首次货币互换发生在1981年世界银行与国际商用机器公司之间。当时世界银行希望筹集固定利率的德国马克和瑞士法郎资金。由于世界银行每年都在两国市场上筹集资金，当地投资者对进行再次筹资有一种过剩感，因此世界银行的筹资成本会上升。但世界银行有AAA级信誉，能够筹措到利率最优惠的美元贷款。同时国际商用机器公司需要筹集一笔美元资金，由于数额巨大，集中在任何一个市场都不妥，于是采用多币种筹资方法，运用自身的优势筹集到优惠的德国马克和瑞士法郎。在所罗门兄弟投资公司的安排下，世界银行与国际商用机器达成了这笔2.9亿美元对德国马克和瑞士法郎的互换。

（二）货币互换的功能

1. 逃避外汇管制。在20世纪70年代，许多国家实行比较严格的外汇管制，限制本国公司向境外公司融资，基于此当时流行一种平行贷款和对等贷款。假如英国的母公司甲在美国有一家子公司A，美国母公司乙在英国有家子公司B，如果A公司需要一笔美元，而B公司需要一笔英镑，最直接的方式是母公司向其子公司提供贷款。但在严格外汇管制条件下，由于限制外汇流出，这种融资方式受到限制。平行贷款或对等贷款①作为替代性融资方式，其做法是每家母公司向对方在本国的子公司提供贷款，使各自的子公司得到东道国货币的贷款。这类贷款由于没有跨国界资金流动所以不受外汇管制，规避了汇率变动风险。后来货币互换取代了平行贷款或对等贷款，它与平行贷款或对等贷款所不同的是它是一项表外业务，不增加交易方的资产和负债，货币互换的合约更规范，操作更简单。

通过签订互换协议，期初由甲公司向乙公司支付一笔英镑，而乙公司向甲公司支付按即期汇率折算的等值美元，期内甲公司向乙公司支付美元利息并向乙公司收取英镑利息；期满再进行一次与期初反向的货币交换。

2. 降低筹资成本。假设有甲、乙两个公司，两公司美元与英镑的借款利率如表6-3所示。由于甲公司比乙公司信用级别高，两种货币的筹资成本都比较低。但通过分析可以发现乙公司还是有比较优势的，乙公司借美元的筹资成本比甲公司高2%，借英镑的年筹资成本比甲公司只高0.4%，因此乙公司借英镑具有比较优势，甲、乙公司之间可以进行货币互换，实现降低筹资成本的目的。互换的总收益为：（8% - 6%）-（10% - 9.6%）= 1.6%。

---

① 平行贷款与对等贷款的区别仅在于对等贷款规定在一方违约时，另一方有权将贷款抵消，而平行贷款没有规定这种抵消权，不提供抵押品。

表 6-3　　　　　　　　　　　两家公司的筹资成本　　　　　　　　　　单位：%

公司名称	美元年利率	英镑年利率
甲	6	9.6
乙	8	10

3. 避免汇率变动风险。两国母公司为了避免汇率变动的风险，事先订立中长期期汇预约，然后进行交换。互换通过远期合同，使汇率固定下来，实现套期保值。其特点是：(1) 该交易形式中不能进行现汇交易；(2) 事先确定未来的外币收入或支出，但可折成现值并以等额的外币表示，由此避免外汇风险。

二、利率互换

（一）利率互换概念

利率互换（Interest Swap）是指两笔币种相同、本金（债务额）相同、期限相同的资金，作固定利率与浮动利率的调换或一种计息方式的浮动利率与另一种计息方式的浮动利率的调换。简单来说，与货币互换不同的是利率互换是相同货币之间的调换，而货币互换则是不同货币间的调换，利率互换的目的在于发挥筹资的比较优势以降低资金成本和利率风险。

利率互换与货币互换都是于1982年开拓的，首次利率互换发生在1982年8月。当时德意志银行发行了3亿美元的7年期固定利率欧洲债券，并安排与三家银行进行互换，换成以伦敦银行同业拆借利率为基准的浮动利率。通过互换双方能够利用各自在金融市场上的有利条件而获取利益，很快互换发展成为适用于银行信贷和债券筹资的一种资金融通新技术和新型的避免风险的金融技巧，目前已在国际上被广泛采用。

（二）利率互换的前提条件

1. 存在融资成本差异。指利率互换双方虽因信用等级不一致而存在筹资成本差异，但信用等级差的一方存在筹资成本的比较优势。即信用等级高的一方，虽然无论采用何种计息方式筹资成本都会低于信用等级低的一方，但采用不同计息方式筹资成本降低的幅度是不一样的。例如，有A、B两家公司，A公司信用等级高于B公司，其筹资成本如表6-4所示。

表 6-4　　　　　　　　　　　两家公司的筹资成本

公司名称	固定利率	浮动利率
A	10%	6个月 LIBOR + 0.3%
B	11.2%	6个月 LIBOR + 1%

从表6-4中可看出，无论采用何种计息方式A公司的筹资成本都低于B公司，但关键是A公司采用固定利率筹资比B公司低1.2%，而采用浮动利率筹资仅比B公司低0.7%，因此说B公司在浮动利率筹资上存在比较优势，是进行互换前提条件之一。

2. 存在相反的筹资付息意向。指信用等级较高的一方，尽管它无论采用固定利率还是采用浮动利率筹资都具有绝对优势,但它更希望或宁愿以浮动利率付息;而信用等级较低的一方恰恰相反,它尽管在采用固定利率或浮动利率筹资时,都需要支付较高利息,但它更希望或宁愿以固定利率计息。这样双方存在相反的付息意向,就可以通过协商沟通而达成互换利率协议,其结果是信用等级高的以低于 LIBOR 的成本获得资金,而信用等级低的也可以较低的固定利率筹措到资金。

(三) 利率互换实例

现有 B 银行的贷款条件如表 6-5。假定有 H 和 L 两个公司,H 公司是 AAA 级企业,欲向 B 银行借款 5 000 万元,欲采用浮动利率计息;L 公司是 CCC 级企业,欲向 B 银行借款 5 000 万元,欲采用固定利率计息。M 投资银行,开办互换业务,按贷款金额分别向双方收取各 0.1% 的费用,请设计利率互换过程。

H 和 L 两个公司存在融资成本差异和相反筹资计息意向。利率互换的总收益为:(9% - 7%) - (6.5% - 6%) = 1.5%,其来自于信用高的公司出售其信用所得,因此在互换当事人双方及中介机构分配。中介公司按约定向双方各收取 0.1%,合计 0.2%,还剩余 1.3%,所以 H 公司和 L 公司各获得 0.65%。

表 6-5　　　　　　　　　　B 银行的贷款条件

企业信用等级	固定利率	浮动利率	备注
AAA	7%	6%	市场基准利率为 6%,两种利率对银行的预期收益相同、对企业的预期融资成本相同
BBB	8%	6% + 0.25%	
CCC	9%	6% + 0.5%	

从 H 公司来看,要求以固定利率换成浮动利率,筹资成本降低 0.65%,即其筹资成本应为 5.35% (6% - 0.65%),因此设 L 公司应分担的部分为 X,则有:7% - X + 0.1% = 5.35%,解得:X = 7% + 0.1% - 5.35% = 1.75%。故有 L 公司应承担部分是 1.75%,即利率互换的定价是 1.75%。在中介机构的协调下,双方约定:由 L 公司承担 H 公司的 1.75%,然后双方交换利息支付责任,即双方各自为对方支付利息。每次付息由中介公司担保、转交对方,同时中介机构一次性向双方各收取 0.1% 的服务费。

假如市场利率不变,银行互换前的收益为:从 L 公司收取的利息(浮动利率贷款)= 6.5%;从 H 公司收取的利息(固定利率贷款)= 7%,合计收取:6.5% + 7% = 13.5%。互换后的收益:6.5% + 5.25% + 1.75 = 13.5%。从中看出,银行的利息收益没有发生变化。互换过程及支付流程如图 6-5 所示。

(四) 利率互换的优点

1. 降低融资成本。由于种种原因,对于同种货币,不同的投资者在不同的金融市场的资信等级不同,因此融资的利率也不同,存在着相对的比较优势。利率互换可以利用这种相对比较优势进行互换套利以降低融资成本。

2. 资产负债结构管理。利率互换可将固定利率债务换成浮动利率债务,改变资产负债中利率结构,当然也可改变资产负债中的构成,实现资产负债中利率相匹配,降低利率

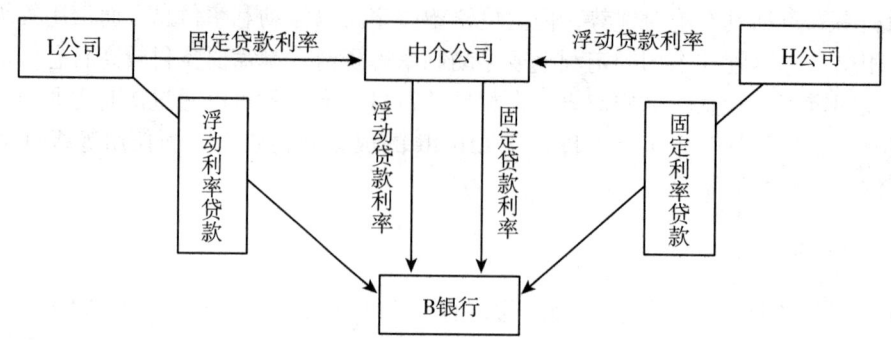

图 6-5 利率互换过程及支付流程

风险。

3. 对利率风险保值。对于一种货币来说，无论是固定利率还是浮动利率的持有者，都面临着利率变化的影响。对固定利率的债务人来说，如果利率的走势上升，其债务负担相对较高；对于浮动利率的债务人来说，如果利率的走势上升，则成本会增大。根据利率走势对资产或负债进行利率互换，可以规避汇率变动风险。

4. 风险较小。与其他金融工具相比，其风险较小。因为利率互换不涉及本金，双方仅是互换利率，风险也只限于应付利息这一部分，所以风险相对较小。

5. 影响性小。这是因为利率互换对双方财务报表没有什么影响，现行的会计规则也未要求把利率互换列在报表的附注中，故可对外保密。

专栏 6-1

央行试点人民币利率互换交易

中国人民银行昨日宣布，推出人民币利率互换交易试点，获准开办衍生产品交易业务的商业银行均可交易。互换交易的参考利率应为全国银行间债券市场具有基准性质的市场利率和人民银行公布的一年期定期储蓄存款利率等。

目前，工、农、中、建、交、招商、光大等约10多家中资银行，以及40多家外资银行都具有开办衍生产品交易业务的资格。开发银行与光大银行首笔人民币利率互换交易已完成。人民银行有关负责人表示，今后，人民银行将在推动利率互换交易试点的基础上，逐步扩大试点范围，加快制定完善相关制度办法，争取尽早全面推出人民币利率互换交易，丰富金融市场交易工具，满足银行间债券市场投资者利率风险管理及资产负债管理的迫切需要，加快利率市场化改革进程。

人民银行发布的《关于开展人民币利率互换交易试点有关事宜的通知》指出，人民币利率互换交易是指交易双方约定在未来的一定期限内，根据约定数量的人民币本金交换现金流的行为，其中一方的现金流根据浮动利率计算，另一方的现金流根据固定利率计算。

全国银行间债券市场投资者中，经相关监督管理机构批准开办衍生产品交易业务的商业银行，可与其存贷款客户及其他获准开办衍生产品交易业务的商业银行进行利率互换交易，或为其存贷款客户提供利率互换交易服务；其他市场投资者只能与其具有存贷款业务关系且获准开办衍生产品交易业务的商业银行进行以套期保值为目的的互换交易。

利率互换最初主要用来满足在固定利率和浮动利率市场上具有不同比较优势的双方降低融资成本的需要。随着越来越多的投资者利用利率互换进行利率风险管理或资产负债管理，利率互换市场迅猛发展，目前已成为全球最大的金融市场之一。

资料来源：记者于力、郭凤琳，中国证券报，2006－02－10.

【知识要点】

1. 外汇期货交易是在固定的交易场所，根据规定的交易币种、成交单位、交割时间等标准化的原则买进或卖出远期外汇，再在约定时间，按约定价格、约定数量进行交割或在交割前进行对冲的一种外汇交易。

2. 外汇期货交易的有关规定包括：外汇期货交易必须符合标准化、外汇期货合同规定最小价格变动、外汇期货合同规定最大价格波动限制、外汇期货交易实行保证金制度、外汇期货交易实行每日清算制度。

3. 外汇期货市场作为有形市场是由交易所、期货经纪商与场内交易人及清算所构成。

4. 外汇期货交易的功能包括：套期保值、外汇投机、价格发现功能，套期保值分为买入套期保值和卖出套期保值。

5. 在交易所内进行外汇期货交易的基本程序包括开户、委托、成交、清算和交割等步骤。

6. 外汇期权也叫货币期权。指期权买方享有按规定条件买、卖一定数量的某种外汇或不买不卖的权利。

7. 标准外汇期权即经常提到的传统外汇期权，它之所以称之为标准外汇期权是针对特异外汇期权而言的。

8. 外汇期权交易的作用包括套期保值和控制投机失误的损失。

9. 互换交易的基本类型分为货币互换和利率互换。货币互换是指期限相同、计算利率方法相同或不同的两种货币之间进行的一系列现金流的调换。利率互换是指两笔币种相同、本金（债务额）相同、期限相同的资金，作固定利率与浮动利率的调换或一种计息方式的浮动利率与另一种计息方式的浮动利率的调换。

【思考题】

1. 衍生金融工具的主要功能是什么？
2. 比较远期外汇交易与外汇期货交易的异同。
3. 与远期外汇交易相比外汇期货交易有哪些优缺点？
4. 简述货币互换的特点及功能。

【技能案例1】

买入看涨外汇期权交易分析。

美国某进口商需要在6个月后支付一笔瑞士法郎,他既担心瑞士法郎6个月后升值而蒙受损失又想获取瑞士法郎汇率下跌的利益,但没有足够的理由判断瑞士法郎汇率是上升还是下降。于是,该进口商以2.56%的期权价购买了10份瑞士法郎欧式看涨期权,其合约情况如下:

买入瑞士法郎欧式看涨期权即美元欧式看跌期权。执行价格:USD1 = CHF1.3900;有效期:6个月;现货日:3月23日;到期日:9月23日;交割日:9月25日;期权价:2.56%;每份瑞士法郎期权合同为62 500瑞士法郎;期权费:CHF62 500 × 10 × 2.56% = USD16 000

假设6个月后,9月23日的汇率出现下列四种情况:

USD1 = CHF1.4200;USD1 = CHF1.3700;USD1 = CHF1.4500;USD1 = CHF1.3900

技能考核

针对上述情况分析美国进口商行使其权利的情况。

【技能案例2】

截至2015年8月,全球范围内已经有8个国家或地区上市了人民币外汇期货。其中包括美国芝加哥商品交易所(CME)(2006年)、CME欧洲交易所(2010年)、新加坡交易所(2014年)、中国香港交易所(2012年)、中国台湾期货交易所(2015年)、南非约翰内斯堡证券交易所(2010年)、巴西商品期货交易所(2011年)和莫斯科交易所(2015年)。具体品种既有人民币兑美元汇率期货,也有人民币兑本地币种汇率期货。

总体情况目前来看中国香港、新加坡和莫斯科是人民币离岸期货主要的三大市场,其他的市场手上的交易量小得多,加在一起也基本上为1.6%左右(图6-6)。据中国金融期货交易所最新数据,2015年6月,境外人民币外汇期货市场共成交21 211手,环比减少2.5%;月末持仓11 808手,环比降低14.8%。其中,中国香港交易所的USD/CNH期货成交9 142手,其交易量占全市场43.1%;新加坡交易所的USD/CNH期货环比大幅增长,成交8 460手,交易量占比39.9%;莫斯科交易所的CNY/RUB期货成交3 268手,占15.4%;CME的USD/CNH期货和CNY/USD期货占据剩余的交易量,分别成交205手和103手;新加坡交易所的CNY/USD期货6月仅成交33手。

人民币在全球外汇交易量占到4.3%,这里面我们也看到只有1%是在境内市场完成的,其他的3%是在离岸市场进行的人民币交易,我们也看到一点在过去一年多的时间里面英国超过了中国香港,成为最主要的人民币离岸外汇交易中心。

技能考核

试分析中国是否需要推出人民币外汇期货?

【实训操作】

1. 假定英镑和美元汇率为1英镑=1.5000美元。A想借入5年期的1 000万英镑借款,B想借入5年期的1 500万美元借款。利率见表6-6。

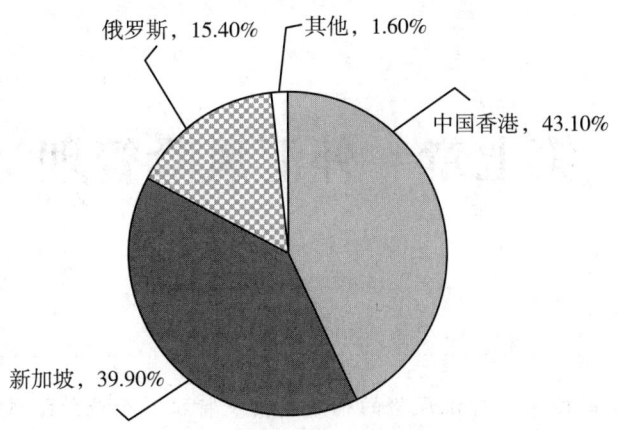

图 6-6 人民币离岸期货

表 6-6　　　　　市场提供给 A、B 两公司的借款利率

	美元	英镑
A 公司	8.0%	11.6%
B 公司	10.0%	12.0%

注：表中的利率均为一年计一次复利的年利率。

实训任务　请设计一个货币互换，而且要求互换对双方具有同样的吸引力，汇率风险由银行承担。

2. 甲公司借入固定利率资金的成本是 10%，浮动利率资金的成本是 LIBOR + 0.25%；乙公司借入固定利率资金的成本是 12%，浮动利率资金的成本是 LIBOR + 0.75%。假定甲公司希望借入浮动利率资金，乙公司希望借入固定利率资金。两公司融资的比较优势见表 6-7。

表 6-7　　　　　甲、乙两公司的融资相对比较优势

	甲公司	乙公司	两公司的利差
固定利率筹资成本	10%	12%	2%
浮动利率筹资成本	LIBOR + 0.25%	LIBOR + 0.75%	0.5%
融资相对比较优势	固定利率	浮动利率	

实训任务　（1）请分析甲、乙两公司间有没有达成利率互换交易的可能；（2）如果他们能够达成利率互换，请设计一个利率互换，说明各自承担的利率水平是多少？（3）如果二者之间的利率互换交易是通过中介（如商业银行）达成的，则各自承担的利率水平是多少？

第七章 外汇风险管理

> **教学目标：**
> 1. 掌握外汇风险的概念、外汇风险的构成要素及特征、企业外汇风险的类型；
> 2. 掌握企业防范外汇风险的方法和措施；
> 3. 了解银行外汇风险的类型；
> 4. 了解银行外汇风险的防范措施。

▶▶引导案例

A 公司是一家机电进出口企业，预计 3 个月后要支付成套机电设备价款 6 250 000 英镑，另外该公司因近来资金周转困难需要借入 6 250 000 英镑，虽然英镑汇率波动频繁且幅度较大，但该公司预测未来 3 个月英镑汇率会上升。另据财务部门报告，3 个月后 A 公司会有一笔美元到账。公司财务顾问建议 A 公司采取措施规避外汇风险。

思考：根据上述案例，请分析：A 公司有外汇风险吗？若有，它面临哪些类型的外汇风险？A 公司可以采取哪些措施规避外汇风险？

第一节 外汇风险概述

一、外汇风险概念

1. 外汇风险的定义。外汇风险也称汇率风险，分为广义和狭义两种。广义的外汇风险是指汇率变动对经济产生的各种影响。例如，汇率变动会直接对一国进出口产生不利影响，进而影响到国民经济的其他部门，然后又可能对该国的贸易、对外债务和货币流通产生不利影响，进而阻碍该国经济正常发展，而这种不良影响又会扩展到其他国家，反过来又会对该国产生一系列影响。狭义的外汇风险是指在国际经济交往中，以外币计价的资产或负债由于汇率变动，导致其以本币折算的价值发生变化，而对外汇持有者或用汇者可能带来的经济损失或收益。

2. 外汇风险的特征。外汇风险的不确定性是指外汇风险给持有外汇或有外汇需求的经济实体带来的可能是损失也可能是盈利，它取决于汇率变动时经济主体是债权地位还是债务地位；外汇风险的相对性是指外汇风险给一方带来的是损失，给另一方带来的必然是盈利。

总而言之，如果外汇汇率上升，外币债权人盈利、外币债务人受损失；如果外汇汇率下跌，外币债权人受损失、外币债务人会得利。外币债权和外币债务是承受汇率变动风险的外币金额，一般称为外汇敞口或外汇暴露头寸。

二、外汇风险的类型

(一) 企业面临的外汇风险

1. 交易风险。交易风险是指在以外币进行计价结算的交易中，经济主体因外汇汇率变动而承担损失的可能性。这是企业在结算时的一种风险，是一种流量风险。交易风险包括：

(1) 外币结算风险。外币结算风险是指企业以外币计价进行贸易及非贸易交易时，因在未来进行清算时所适用的外汇汇率不确定而产生的外汇风险。企业在从事贸易及非贸易业务活动中，双方从达成协议到最终结清债权债务的期间，若计价货币汇率发生变动，将使交易双方中的某一方蒙受损失而另一方获取收益，这就是外币结算风险。例如，美国某企业从日本进口一批机械设备，双方于3月1日签约，约定以日元计价，货款为1 000万日元，支付日期为同年6月1日。假定3月1日，美元与日元汇率为1美元＝118日元，则购买1 000万日元需支付8.4746万美元。到实际付款日6月1日时，汇率为1美元＝108日元，此时企业要购买1 000万日元，需要支付9.2593万美元，比原来多支付0.7847万美元，美国企业进口成本增加。日本出口商因日元汇率上升比原来多收0.7847万美元。

(2) 外币借贷风险。外币借贷风险是指经济实体以外币计价进行外汇投资和外汇借贷过程中所产生的风险。如经济实体借入一种外币而需要换成本币使用，或者偿债资金来源是外币，那么该经济实体要承受借入外币与使用外币或还款来源货币之间汇率变动的风险。若借入外币的汇率上升，则要承受汇率变动的损失。例如，某公司利用世界银行贷款，贷款金额为100亿美元，但它的经营收入是人民币。当时人民币兑美元的汇率为1美元＝6.1230元人民币，折合612.3亿元人民币，利率为2.5%，偿还期为30年。但在贷款后，人民币贬值为1美元＝6.7500元人民币。汇率的变动大大增加了该企业还本付息的负担。

(3) 未履行的外币远期合约风险。经济主体出于投机目的，参与各种类型远期外汇交易，造成企业有外汇敞口，即形成外汇头寸暴露而产生的交易风险。例如，美国一家公司预测欧元汇率上升，于是在远期外汇市场做多头，买入90天的100万欧元，目的是在到期时高价卖出欧元头寸。但是交割日到时，欧元汇率不但没上升，反而下降，该企业只能按约定汇率买进欧元再按市场即期汇率卖出欧元，承担交易损失。当然如果在交割日，欧元汇率果然上升，该企业按约定汇率买进欧元再按市场即期汇率卖出欧元，将获取交易收益。

> **知识窗**
> 外汇风险的构成要素包括本币、外币和时间。如果没有两种不同货币之间的兑换或结算，就不存在汇率变动引起的风险。如果不存在时间期限，也不会有外汇风险。

2. 会计风险。会计风险又称折算风险。它是指企业对财务报表进行会计处理时，将功能货币即交易货币转换成记账货币的过程中，因汇率变动而呈现出账面损失的可能性。在这里功能货币是指企业在经济交易中所使用的货币,记账货币是指企业在编制合并会计报表时所使用的报告货币,指母公司所在国的法定货币。例如,美国某公司在英国的子公司拥有资产 100 万英镑,年终向母公司上报财务报告时,美元与英镑的汇率是 1 英镑 = 1.689 美元,此时该公司财务报表中的资产价值为 168.9 万美元。到第二年年终,该公司再次向母公司报送财务报告时,美元与英镑的汇率发生了变化,英镑贬值。汇率为 1 英镑 = 1.589 美元,这时该笔资产在财务报表中反映为 158.9 万美元,比上年末减少了 10 万美元,这就是转换风险。

3. 经济风险。经济风险也称经营风险,是指由于意料之外的汇率变动影响企业的产品成本、价格和销售量,使得企业收益在未来一定时期内可能发生收益减少的潜在性风险。经济风险是由预料之外的汇率变动对企业未来现金流量产生的直接影响,从而影响企业未来的收支,最终影响企业未来的获利能力。经济风险的大小主要取决于企业对汇率变动的预测能力,预测的准确程度将直接影响该企业在融资、销售和生产方面的决策,对未来汇率变动对企业产品销售数量、价格、成本的不利影响可以提前采取措施,降低汇率变动带来的不利影响。

> **拓展思考:**
>
> 我国某啤酒厂由于产品质量好,销售状况非常好,远销美国、日本、韩国、英国。当时人民币兑美元汇率为 1 美元 = 8.9 元人民币,但由于美元不断贬值人民币不断升值,其幅度远远超过啤酒厂的预测,两年后 1 美元 = 5.2 元人民币,使其在美国销售严重受阻,在欧洲和亚洲市场也销路不畅,最后该企业无法经营下去,不得不破产清算。是哪种外汇风险导致了该啤酒厂倒闭?

(二) 银行面临的外汇风险

1. 外汇买卖风险。外汇买卖风险是指从事外汇买卖的银行在外汇买卖过程中有外汇敞口,因汇率变动而蒙受损失的可能性。银行每天都要从事外汇买卖业务,或是代客进行外汇买卖充当外汇买卖中介以赚取手续费,或是自营外汇买卖,以赚取价差。当外汇买入多于卖出时,称为多头寸或多头。多头在将来卖掉时会因汇率下降而使银行蒙受损失;如果银行卖出外汇多于买入,称为缺头寸或空头。空头在将来补进时,会因汇率上升而使银行蒙受损失。例如,中国银行在某个营业日买进 100 万美元,卖出 80 万美元,20 万美元多头,多头寸将来在卖掉时会因汇率水平变化而发生盈亏。如果当日收盘价为 1 美元 = 6.4350 元人民币,该银行卖出 20 万元美元应收回 128.7 万元人民币。第二天外汇市场美元兑人民币比价跌至 1 美元 = 6.2110 元人民币,该银行只能收回 124.22 万元人民币,损失 4.48 万元人民币。

2. 外汇信用风险。外汇信用风险是指银行在经营外汇买卖业务时,交易对方不履行或不按期履行外汇交易合约从而给银行造成损失的可能性。外汇信用风险一般有三种表现形式:与同业交易中,对方到期资金不足或破产倒闭造成不能履约的风险;代客买卖中,客户不能或不履行期汇合约的交割而造成的风险;外汇贷款中,客户不能如期还本付息而带来的风险。

3. 外汇借贷风险。外汇借贷风险是指外汇指定银行在以外币计价进行外汇投资和外汇借贷活动中所产生的风险。它包括外汇投资、向外筹资或对外放贷中的汇率风险。

首先,银行以一种外币兑换成另一种外币进行外汇投资时,假如投资本息收入的外币汇率下降,投资的实际收益就会下降,从而蒙受汇率变动所带来的损失,这就是外汇投资风险。其次,银行发行债券筹措的某种货币资金,在到期偿还时如果所筹措货币汇率上升,将增加银行还本付息负担,形成汇率风险损失。最后,银行放贷,但贷款期满时,贷放货币汇率下浮,债权缩水,形成汇率风险损失。这些都是外汇借贷风险的表现。

(三)国家面临的外汇风险

国家面临的外汇风险包括国家外汇储备风险和国家外债风险。

1. 国家外汇储备风险是指一国外汇储备因储备货币贬值而带来的风险。自 1973 年实行浮动汇率制以来,国际储备货币币种包括美元、欧元、日元和英镑等在内,其中美元占比为主。随着美国霸权地位的下降,美元币值在长期内呈贬值趋势。为了规避外汇风险,各国外汇储备币种呈现多元化趋势,新兴市场国家积极推进本币在贸易和投资中的广泛使用,如中国在不断推进人民币国际化。

2. 国家外债风险指本国政府与外国政府、国际组织和其他非政府性组织发生借款业务时,由于汇率波动而蒙受的经济损失。长期以来比较关注的是债务国由于多种原因到期不能偿还外债的可能性,如 1981 年 3 月波兰政府宣布无力偿还到期外债的本息,给国际银行发出债务危机的信号;1982 年由于墨西哥政府无力偿还外债而触发的发展中国家债务危机,普遍认为这证实了国家外债风险的存在。

第二节 银行外汇风险管理实务

一、银行的外汇头寸管理

银行外汇风险,是指外汇汇率变化有可能给银行带来的损失。银行外汇风险的大小可以通过其总体外汇裸露,即净裸露(Net Exposure)来计量。

$$净裸露 = (外汇资产 - 外汇负债) + (外汇买入 - 外汇卖出)$$
$$= 净外汇资产 + 净外汇买入$$

正的裸露头寸意味着银行总体上处于外汇净多头,并且面临着外汇价值将来对本国货币价值下跌的风险。负的净裸露头寸意味着银行处于外汇净空头,并且面临着外汇对本币有可能升值的风险。因此,如果银行在某种外汇方面的头寸不平衡,就将面临汇率波动的风险。在净裸露头寸一定的情况下,外汇汇率的波动性越大,银行外汇资产组合价值的波动性也越大。银行外汇风险主要有以下两种:

(一)银行对某种货币的买进或卖出的金额不匹配

无论是自营还是代客户买卖,在银行的外汇交易中既有即期交易也有远期交易。如果银行对某种货币的买进或卖出的金额不匹配,形成银行持有多头或空头头寸,这种敞口头寸就是受险部分,要受到汇率变动的影响。

[例7-1] 某银行买进100万美元,卖出1.35亿日元,当时美元的即期汇率 USD/JPY = 135.00,这样,银行在美元上是多头,在日元上是空头。当汇率变化为 USD/JPY = 125.00 时,银行按市价平仓将遭受损失,即银行将100万美元卖出,只能得到1.25亿日元,损失1千万日元,见表7-1和表7-2。

表7-1　　　　　　　　　　　　银行美元头寸　　　　　　　　　　　　单位:万美元

期限	买进(+)	卖出(-)	合计	累计
即期	100		+100	+100
即期		100	-100	0

表7-2　　　　　　　　　　　　银行日元头寸　　　　　　　　　　　　单位:万日元

期限	买进(+)	卖出(-)	合计	累计
即期		13 500	-13 500	-13 500
即期	12 500		12 500	-1 000

(二) 银行在某种货币的买进和卖出的期限上不匹配

如果银行在某种货币的买进和卖出的期限上不匹配,即使交易金额相同,也仍然存在汇率风险,这是因为外汇市场远期汇价因利率变化而不断变化。

[例7-2] 某银行买进远期1个月100万美元,卖出13 500万日元(远期汇率为 USD/JPY = 135.00),同时卖出远期3个月100万美元,买入12 580万日元(远期汇率 USD/JPY = 125.80),这样,银行买进和卖出的美元金额是相等的,但由于买进和卖出的时间不匹配,仍然存在汇率风险。假设1个月远期交割时,汇率变为 USD/JPY = 125.00,银行卖出100万美元,只获得12 500万日元,亏损1 000万日元。当3个月远期交割时,市场汇率为 USD/JPY = 120.00,银行买入100万美元,卖出12 000万日元,盈利580万日元,这样,银行合计亏损420万日元。有关交易情况如表7-3和表7-4所示。

表7-3　　　　　　　　　　　　银行美元头寸　　　　　　　　　　　　单位:万美元

期限	买进(+)	卖出(-)	合计	累计
1个月	100		+100	+100
1个月		100	-100	0
3个月		100	-100	-100
3个月	100		+100	0

表 7-4　　　　　　　　　　　银行日元头寸　　　　　　　　　　单位：万日元

期限	买进（+）	卖出（-）	合计	累计
1个月		13 500	-13 500	-13 500
1个月	12 500		12 500	-1 000
3个月	12 580		12 580	11 580
3个月		12 000	-12 000	-420

综上所述，银行在自营外汇买卖时，只要金额和时间不匹配，存在敞口头寸，就必然存在汇率风险。对于这种风险，可以用外汇交易记录表的方法进行分析，并且计算每笔交易的外币对本币（或主要储备货币）的等值变化，列入银行的损益表中。由此，清楚地观察到外汇流量的情况，从而更容易对外汇头寸进行管理。银行持有外汇头寸的数量与时间会在汇率走势不利于银行时与银行所承担的外汇风险成正比，银行必须使自己持有的外汇头寸的时间尽可能短，头寸数量尽可能小，以最大程度地降低外汇风险。

二、外汇头寸汇率风险的管理方法

尽管银行外汇交易的管理目标是不持有敞口头寸，但是，企业的外汇需求非常复杂，而且与银行进行的交易在时间、金额、币种、期限等方面具有很强的随机性。银行每天在营业时间结束前，常常发现自己面临多种货币的敞口头寸，为了避免交易风险，银行需要采取一定措施对外汇敞口头寸加以管理。银行外汇头寸风险管理的具体方法主要有以下几种。

（一）随时抛出或补进敞口头寸，以防止汇率变化带来的风险

1. 即期头寸管理。即期头寸管理是以即期头寸为对象，对外汇多头抛出，对外汇空头补进，把敞口头寸变为零，从而使外汇风险得以消除的管理方法。

[例 7-3] 一家银行与顾客的外汇交易情况见表 7-5。

表 7-5　　　　　　　　　　某银行的外汇持有额

买　进	卖　出	头　寸
1 000 000 英镑	800 000 英镑	200 000 英镑
£1 = \$1.60	£1 = \$1.70	£1 = \$1.20
共 1 600 000 美元	收回 1 360 000 美元	原值 240 000 美元

银行在买进 100 万英镑之后，卖掉了 80 万英镑。买卖双方作成了 80 万英镑的交易，还剩下 20 万英镑的多头，该英镑多头将来卖掉时会因汇率水平的变化而发生盈亏。

由于银行 20 万英镑的多头对应的美元价值为 24 万美元（1 600 000 - 1 360 000），因此银行收支平衡的轧抵汇率为 £1 = \$1.20（240 000 美元/200 000 英镑）。银行将来如果能以比此汇率更高的汇率（如 £1 = \$1.45）将 20 万英镑多头卖掉，就会从外汇买卖中得到利润；如果以比此汇率更低的汇率（如 £1 = \$1.18）将 20 万英镑多头卖掉，就会蒙受损失。反过

来，如果银行持有英镑的空头，一旦英镑升值超过轧抵汇率，空头补进时该银行会出现亏损；如果英镑贬值超过轧抵汇率，空头补进时该银行会得到利润。

对于出现的多头或是空头，银行将敞口头寸变为零或者尽量减少敞口头寸，以规避外汇风险，确保其基础性的外汇交易收入，这是银行经营的基本原则。因此，银行需要卖出多头或是买入空头，一种常见的方法是在银行间市场上买卖；另一种方法是向客户提供有利的报价，特别对大额交易推出更优惠的报价，以吸引客户即期外汇交易和远期外汇预购。

2. 远期头寸管理。远期外汇交易即使买卖的金额相等，如果到期日不一致，也需要进行头寸管理或是资金调整。例如，先到期的买入期汇，需要筹措本币资金去交割；后到期的卖出期汇也有外币资金的筹措问题。通常的做法是对先到期的头寸即期抛补，筹措资金去交割，然后对后到期的头寸进行抛补。这些抛补交易需要与远期交易的交割日一致。

如表 7-6，某银行远期买进有 10 万英镑，远期卖出还有 50 万英镑，如果这两笔远期交易的交割日期完全一样，而且补进交易的远期买进 40 万英镑也在同一日期交割的话，则这种做法是完美无缺的头寸管理，同时在资金方面也完全不需要调整。

表 7-6　　　　　　某银行进行风险管理前的头寸　　　　　　单位：英镑

	买　进	卖　出	头　寸
远期	100 000	500 000	-400 000

3. 综合头寸管理。外汇银行每天既有即期买卖，也有远期买卖，业务量都很大，将这些交易严格区分然后分别加以管理，管理成本较高，并且即期头寸的调整有时需要远期交易加以配合，而远期抛补受到金额和到期日的限制，往往需要先通过即期抛补，然后通过掉期交易进行调整。因此，银行头寸管理时，通常不区分即期头寸和远期头寸，而是制定"综合外汇头寸表"，对综合差额进行抛补。

[例 7-4] 一家银行与顾客的买卖英镑见表 7-7。

表 7-7　　　　　　某银行进行风险管理前的头寸　　　　　　单位：英镑

	买　进	卖　出	头　寸
即期	1 000 000	800 000	200 000
远期	100 000	500 000	-400 000
综合	1 100 000	1 300 000	-200 000

即期交易有 20 万英镑的多头，远期交易有 40 万英镑的空头，综合头寸为 20 万英镑的空头。剩下 20 万英镑的空头部分，该银行要承担英镑升值可能带来的亏损风险。另外，该银行的每一笔远期外汇交易都有固定的期限，存在买进和卖出金额相同，但是交割期限不一致的问题。

银行决定通过银行间市场的外币买卖，使外汇头寸为零，进行敞口头寸管理，它可以采取上述的即期、远期头寸分别管理方法：即期卖出 20 万英镑，远期买进 40 万英镑，使即期与远期头寸分别为零。由于银行进行抛补之前已经远期买进了 10 万英镑，远期卖出了 50 万英镑，如果这两笔远期交易的交割日完全一样，而且补进交易的 40 万英镑远期也在同一日期交割的话,则这种做法是完美无缺的头寸管理,同时在资金方面也完全不需要调整。

但是,由于银行不可能做到与远期交割日期完全吻合,做到完美无缺的头寸管理是不可能的,因此,大多数银行实际上不得不以综合头寸为对象进行抛补管理。通常达成远期交易比即期交易需要更多的时间,为了防止在达成远期交易前汇率波动可能带来的风险,银行最常用的管理方法是,首先即期买进20万英镑,使综合头寸为零;紧接着卖出同额的即期英镑,买进同额的远期英镑,即采取掉期交易的方法。在这种方法下,该银行仍然持有一定金额的即期和远期头寸,但是综合头寸为零。为了买进20万即期英镑,银行需要支付自有的英镑资金,或者在美元不足时暂时借入美元。一旦银行的掉期交易到期,卖出即期英镑就可以收回所支付的美元,或立即偿还当初的美元借款。采用即期交易与掉期交易相结合的综合头寸管理方法,银行不仅可以很快消除风险头寸,而且还可以在资金市场上广泛地采取调整措施来进行灵活的配合。

(二) 合理安排远期到期日,采取最有利的形式调换远期头寸

[例7-5] 某银行买进3个月远期10万美元,卖出6个月远期10万美元,此时银行的头寸为0,但到期日不同,会使银行的盈利或亏损有很大区别。3个月远期美元到期,银行从客户手中买进远期10万美元,根据1美元=135日元的汇率,必须付出1 350万日元。银行为了筹集这笔资金,要在市场上卖出10万美元,由此留下了10万美元的空头。为此,应相应买进远期10万美元,并且买进的远期10万美元在期限上要与卖出的10万美元在到期日上一致,也就是将从客户手中买进的3个月期限的美元延长3个月。该银行为什么要进行这样的掉期交易呢?因为在3个月或6个月的期限当中,美国或日本两地的利率会随时根据资金的供求发生变化,从而导致两地的利差扩大或缩小。而根据利率平价学说,利差决定两种货币之间汇率的相对水平,因此利差的变化将直接影响银行的亏损或收益。

(三) 预测汇率变动趋势,积极制造预防性头寸

汇率波动是产生外汇风险的主要因素,因此要把握汇率波动方向,对波动幅度进行准确的预测。没有准确的预测,外汇风险管理就成了无本之木、无源之水。从原则上讲,银行的头寸管理会使受险部分减少,但实际上市场的形势瞬息万变,有时会使敞口头寸无法平仓,因此银行有必要对汇率作一个基本的预测,如银行预计美元会出现供不应求的状况,它可以预先在市场上买进大量美元,积极地制造头寸,这种头寸称为预防性头寸。

第三节 公司外汇风险管理实务

一、公司外汇交易风险管理

交易风险是外向型企业经常面临的一种外汇风险,围绕规避外汇风险和转嫁外汇风险两种思路,防范交易风险方法有多种。

1. 签约时的外汇风险管理方法。
(1) 作好计价货币的选择。在商品进出口、劳务输出、资本借贷等国际经济交易中,需

要双方签订合同，合同中都有支付条款，载明结算货币。选择何种结算货币，直接关系到交易主体是否承担汇率风险损失。因此，选择结算货币是交易双方在谈判过程中的重要议题，其重要程度不亚于谈判价格和利率。结算货币一般在本国货币、交易对方国和第三国货币之间选择，选择计价货币一般应遵循以下原则：①争取使用本国货币计价结算；②争取收汇时用硬货币、付汇时用软货币；③软硬货币搭配法；④结合进出口使用的币种进行对外报价。

（2）调整价格法。在国际贸易中，坚持出口收硬货币、进口付软货币无疑是防范外汇风险的有效方法，但在贸易实务中，计价货币的选择要受交易意图、市场状况、商品质量、价格条件等因素制约，其结果可能是不得不使用软货币收款、使用硬货币付款。为了弥补汇率变动的损失，可使用价格调整法：①加价保值法。它是指出口商接受软货币计价成交时，将汇率损失摊入出口商品价格，以转嫁外汇风险损失。②压价保值法。它是指进口企业在进口业务中接受硬货币计价成交时，将汇率变动可能造成的损失从进口商品价格中剔除，以转嫁汇率变动风险。

（3）提前或延期结汇的方法。提前或延期结汇又称迟收早付或迟付早收，是指在国际结算中，通过预测计价货币汇率的变动趋势，提前或延期收付有关款项，即变动外汇的收付日期来避免风险（表7-8）。

表7-8　　　　　　　　　　提前和延后结汇

	预期外汇升值	预期外汇贬值
收进外汇	延期	提前
支付外汇	提前	延期

（4）一篮子货币保值条款。使用一篮子货币保值条款就是选择多种货币对合同货币进行保值。在签订合同时，把选用的多种货币与合同中计价结算货币之间的汇率确定，并规定每种入选货币的权数。如果汇率发生变动，则在结算时，根据汇率变动幅度和每种货币的权数，对合同货币的金额作相应调整。由于在一篮子货币中，货币汇率有升有降，升降相抵使外汇风险分散，从而有效避免外汇风险。

［例7-6］美国某公司签订了一份100万美元的进口合同，在合同中列明以美元（40%）、欧元（30%）、英镑（30%）三种货币为保值货币的条款，3个月后收款。签订商品合约时即期汇率为 EUR1 = USD1.2326，GBP1 = USD1.4310。3个月后的即期汇率为 EUR1 = USD1.2517，GBP1 = USD1.3520。则该公司的保值计算如下：

签订合同时金额共计100万美元，其中三种货币各自份额为：

美元：100×40% = 40（万美元）

欧元：100×30% ÷ 1.2326 = 24.3388（万欧元）

英镑：100×30% ÷ 1.4310 = 20.9644（万英镑）

3个月后该美国公司需支付：

美元：40（万美元）

欧元：24.3388 × 1.2517 = 30.4648（万美元）

英镑：20.9644 × 1.3520 = 28.3439（万美元）

共计 40 + 30.4648 + 28.3439 = 98.8087（万美元）

2. 平衡抵消法避险。

(1) 平衡法。它是指交易主体在一笔交易发生时，再进行一笔与该笔交易在货币、金额、收付日期上完全一致，但资金流向相反的交易，使两笔交易面临的汇率变化影响抵消。

(2) 借款法。借款法是指对于具有远期外汇收入的企业，通过向银行借入一笔与远期外汇收入金额相同、期限相等、币种相同的贷款，通过融资改变外汇风险时间结构以消除外汇风险的一种方法。例如，一出口企业，半年后将收到100万美元货款，为了防止半年后美元贬值，就向银行借款100万美元，期限6个月，并将这笔美元现汇卖出，以补充其流动资金。半年后再利用其获得的美元收入偿还银行美元贷款。

(3) 投资法。它是指当企业面对未来的一笔外汇支出时，将闲置的资金换成外汇进行投资，待支付外汇的日期来临时，用投资的本息（或利润）付汇。一般投资的市场是短期货币市场，投资的对象为规定到期日的银行定期存款、存单、银行承兑汇票、国库券、商业票据等。投资法和借款法都是通过改变外汇风险的时间结构来避险，但两者却各具特点，前者是将未来的支付移到现在，而后者则是将未来的收入移到现在。

3. 利用国际信贷避险。

(1) 外币应收票据贴现。它是指用外币表示的远期汇票经承兑后但尚未到期，由银行或贴现机构从票面金额或票据到期值中扣减按照贴现率计算的贴息后，将余款付给持票人以进行资金融通的行为。

(2) 出售应收账款。出售应收账款目前多称作国际保理业务，它是指企业将应收账款出售给专门承购应收账款的财务公司和信贷机构，由其向进口商收取货款。

(3) 福费廷。福费廷又称"仓买"，是指在延期付款的大型设备贸易中，出口商把经过进口商承兑的、期限在半年以上的远期汇票、无追索权地向出口商所在地的银行或大金融公司贴现，以便提前获得资金。

4. 通过外汇交易转嫁外汇风险。

(1) 远期合同法。它是指具有外汇债权或债务的企业与外汇银行签订卖出或买进外汇的远期合同来消除外汇风险。拥有外汇债权或债务的企业和银行达成的远期外汇买卖本身具有外汇风险所包含的时间、本币、外币诸因素。

(2) 外汇期货合同法。它是指具有外汇债权或债务的企业，通过外汇期货市场进行外汇期货买卖以消除外汇风险实现保值的方法。外汇期货合同法具体分为多头套期保值和空头套期保值。

(3) 外汇期权合同法。它是指具有外汇债权或债务的企业，通过外汇期权市场进行外汇期权交易以消除外汇风险的做法。它分为进口商买进看涨期权和出口商买进看跌期权。

(4) 掉期合同法。它是指具有远期的债务或债权的公司企业，在与银行签订卖出或买进即期外汇的同时，再买进或卖出相应的远期外汇，以防范风险的一种方法。它与套期保值的区别在于：套期保值是在已有的一笔交易基础上所作的反方向交易，而掉期则是两笔反方向的交易同时进行。掉期交易中两笔外汇买卖币种、金额相同，买卖方向相反，交割日不同。这也是消除外汇时间风险与价值风险的一种方法，这种交易常见于短期投资或短期借贷业务外汇风险的防范上。

二、公司外汇会计风险管理

会计风险可通过缺口管理法和合约保值法防范风险。首先，缺口管理法主要是通过资产负债在总额上的平衡以实现对风险的控制。把资产负债表中的项目划分成敏感性资产和敏感性负债两类：在外币资产中，在折算时使用现行汇率的资产对汇率的变化是敏感的，即敏感性资产；在外币负债中，使用现行汇率折算的负债对汇率变动是敏感的，即敏感性负债。缺口管理的核心是分别计算出风险资产和风险负债的大小，并通过外汇市场交易、资本借贷等手段调整风险资产与风险负债的差额，使其差额为零，从而避免汇率变动带来的损失。其次，合约保值法通过套期保值减少风险的损失。在期初，先根据估算的资产负债表，确定企业风险资产或风险负债，再采取相应的远期交易（买进或卖出）避免风险损失。例如，假定中国在法国的子公司预期期末资产负债表存在500万欧元风险资产，在预测期末欧元汇率下浮的情况下，可以于期初卖出远期欧元。如果期初欧元远期汇率高于期末欧元即期汇率，则在远期市场卖出欧元折合的人民币一定多于期末欧元用即期汇率折合的人民币，获得外汇风险带来的利益。这种合约保值方法与一般的套期保值不同，它以折算结果为基础，并且与预测期末折算汇率密切相关，只有预测准确方可进行。

三、公司外汇经济风险管理

经济风险会影响到企业的生产成本、销售价格、销售产量等多方面，最终使企业的税后利润、现金流量发生变化，影响到企业的整体价值。经济风险比较复杂，企业防范经济风险也比较困难，需要从企业的长期发展入手。一般防范经济风险有两种对策：一是经营多样化；二是融资多样化。

1. 经营多样化。经营多样化是指跨国公司在生产、销售方面实行分散化策略，包括经营地域全球化和经营品种的多样化。这种策略可使跨国公司的经营风险自动降低。例如，美国在英国的子公司因英镑贬值而减少了部分市场份额，但同时其在德国的子公司因欧元升值而增加了部分市场份额，这对跨国公司整体来说，不过是市场在其内部的重新分配，从而避免了因销售量下降而带来利润减少的风险损失。经营多样化方针能够降低经济风险的作用还体现在主动调整经营结构上。当汇率出现意外变化，比较不同国家或地区的子公司的生产和销售状况，据此迅速调整总公司内部的生产基地和销售市场，增加富有竞争力的产品份额、减少竞争力弱的产品份额，才能使整个公司竞争力增强，从而避免了单一生产经营可能遭受的风险损失。

2. 融资多样化。融资多样化是指在多个资金市场上寻求多种资金来源和资金投向，即在筹资和投资两方面都做到多样化。首先，在筹资时需要从汇率和利率两方面综合考虑。最理想的筹资渠道是从货币有汇率下浮趋向的国家借款，因为如果预测是正确的，就可以获得该国货币贬值的利益，减轻债务负担。其次，从多个国家的金融市场借入多种货币，这样由于各种货币汇率有升有降，升降相抵消，使外汇风险损失降低。在投资时，企业应向多个国家进行投资，创造多种货币的现金流量，这样在汇率变动时，所收入的外汇有的升值、有的贬值，相互抵消以降低外汇风险。当然对某种货币在未来升值有把握时，可以增加对该种货币的投资，以获取汇率上浮的利益。

【本章要点】

1. 外汇风险也称汇率风险。狭义的外汇风险是指在国际经济交往中，以外币计价的资产或负债由于汇率变动，导致其以本币折算的价值发生变化，而对外汇持有者或用汇者可能带来的经济损失或收益。

2. 外币债权和外币债务是承受汇率变动风险的外币金额，一般称为外汇敞口或外汇暴露额。

3. 企业面临的外汇风险分为交易风险、会计风险和经济风险。银行面临的外汇风险分为：外汇买卖风险、外汇信用风险和外汇借贷风险。国家面临的外汇风险包括国家外汇储备风险和国家外债风险。

4. 银行外汇风险管理的主要手段是随时抛出或补进敞口头寸，以防止汇率变化带来的风险、合理安排远期到期日，采取最有利的形式调换远期头寸以及预测汇率变动趋势，积极制造预防性头寸。

5. 企业外汇交易风险管理的措施有：签约时的外汇风险管理方法、平衡抵消法避险、利用国际信贷避险、通过外汇交易转嫁外汇风险和外汇风险管理的综合方法。企业会计风险的防范主要是缺口管理法和合约保值法。企业经济风险的防范有两种对策：一是经营多样化；二是融资多样化。

【思考题】

1. 银行外汇风险产生的原因是什么？
2. 银行外汇风险如何防范？
3. 公司外汇风险有哪些类型，如何有效防范？
4. 公司如何进行交易风险管理？
5. 在意愿结售汇制下，银行外汇风险如何管理？

【技能案例】

德国汉莎航空的外汇风险

德国汉莎航空其德文原意是指"空中的汉莎"，通常简称为汉莎航空，"汉莎"源自13~15世纪北德地区强大的商业联盟汉莎同盟。德国汉莎航空的客运和货运服务的经营中心位于法兰克福。汉莎航空是德国最大的航空公司，也是德国的国家航空公司（Flag Carrier）。德国汉莎航空股份公司（德文：Deutsche Lufthansa, AG）母公司是德国汉莎航空集团（Lufthansa）。瑞士国际航空公司（Swiss International Air Lines）亦隶属德国汉莎航空集团。

1985年1月，在赫尔·海因茨·鲁诺的主持下，Lufghansa公司从波音公司购买了20架737客机。合同的总金额达到5亿美元，货款在1年后（即1986年1月）用美元支付。由于自1980年以来美元持续上涨，至1985年1月1美元差不多可兑换3.2德国马克。如果美元再继续上涨，Lufghansa购买客机的成本将大幅增加。

鲁诺在外汇汇率的决策上有自己的主见或想法。像当时有些人的看法一样，他相信随着美元的持续上涨，到1986年1月，美元价格也许会出现回落。

技能考核

如果您是鲁诺，会采取怎样的汇率风险规避策略？

【实训操作】

1. 德国某电脑跨国公司在加拿大有一子公司，某年10月15日，该子公司在当地购入一批零配件，货款为20万加元，全部零配件经验收入库。到该年12月31日会计决算日，这批零配件尚未出库使用。购货时即期汇率为CAD/DEM＝1.3876，会计决算日即期汇率为CAD/DEM＝1.3321，下跌幅度为4%。

实训任务 试计算加拿大子公司因为加元下跌面临的折算风险有多大？

2. B企业从A银行贷款一笔日元，金额为10亿日元，期限5年，利率为固定利率6.25%，付息日为每年6月30日和12月31日。2003年12月20日提款，2008年12月20日到期一次性归还本金。企业提款后，将日元换成美元，用于采购生产设备，产品出口后获得美元收入。

从以上情况看，企业这笔日元贷款存在汇率风险。企业借的是日元，用的是美元，收到的货款也是美元。而在偿付利息和到期一次性归还本金时，企业都需要将美元换成日元。如果日元升值、美元贬值，那么企业需要用更多的美元来换成日元还款，直接增加了企业的财务成本。

实训任务 （1）分析A企业的汇率风险表现属于哪种外汇风险？（2）请帮A企业设计银行外汇风险管理方案。

第八章　国际金融市场

> **教学目标：**
> 1. 正确理解国际金融市场的含义；
> 2. 掌握国际金融市场的分类和主要功能；
> 3. 识别国际收支不平衡的原因及产生的影响；
> 4. 掌握国际收支不平衡的自动调节机制以及政府调节措施。

▶ 引导案例

LME 正式杀入国际黄金市场

全球最大的工业金属交易所——伦敦金属交易所（LME）周一（7月10日）正式在伦敦推出 LME precious 黄金及白银现货合约，宣告其加入国际黄金市场的角逐。LME 是香港交易所旗下子公司。

根据交易所的数据，截至北京时间周二（7月11日）凌晨 0：09，LME precious 现货合约成交 66 200 盎司（2.06 吨）黄金，成交金额超过 8 000 万美元。

不过，在面对黄金期货市场上强大的同行对手时，LME 能否吸引到足够的流动性，从这个竞争激烈的市场中分得一杯羹，该交易所需要应对如下挑战：

1. 强大的竞争对手。过去五年，在纽约研究机构 CPM Group 追踪的六个交易所中，只有纽约商品交易所（COMEX）和上海期货交易所的成交量出现持续增长。即便曾经是亚洲最大的黄金交易场所，东京工业品交易所（TOCOM）目前的成交量也缩减近一半，且总量只有 COMEX 成交量的 5%，后者是这个市场上最强有力的竞争者。"对于 LME 来说，这是一场艰难的战斗，"ETF Securities LLC 驻纽约的投资策略主管 Maxwell Gold 表示，"无论是谁，只要在这个市场中成为第一，或是拥有支配权，都能够获得一些经济上的优势。"

2. COMEX 成交量创纪录。数据显示，2016 年 COMEX 的总成交从 2015 年的 4 900 万手飙升至 5 760 万手的纪录高位。投资者和交易员都纷纷涌向 COMEX，从其他竞争对手那里抽走流动性。另外，作为全球最大的黄金消费国，去年中国的上海期货交易所的交易量也出现增长。

3. 印度需求元气大伤。即便是作为全球第二大消费国的印度，其期货市场上的黄金交易量也已显著减少。由于印度政府严惩非法逃税漏税，令当地的贵金属需求大为受创，过去五年印度的成交量暴跌了 70%。

资料来源：和讯网，2017-07-11.

思考： 通过以上案例，请分析：国际黄金市场的行情波动受哪些因素的影响，以及国际黄金市场的行情波动会引起哪些因素发生变化？

第一节 国际金融市场概述

一、国际金融市场的含义

国际金融市场是指在国际间从事金融交易的场所。严格地说，国际金融市场的含义有广义和狭义之分。广义的国际金融市场是指在国际间运用各种现代化的技术设备与手段，进行一切金融业务活动的场所或网络，包括国际货币市场、国际资本市场、国际外汇市场、国际黄金市场以及国际金融衍生工具市场等。而狭义的国际金融市场仅指从事国际资金借贷或融通的场所或网络，又称国际资金市场，包括国际货币市场和国际资本市场。

二、国际金融市场的分类

国际金融市场的分类可以按照不同依据来划分。

（一）按市场性质和发展历史划分，分为传统的国际金融市场和新兴的国际金融市场

传统的国际金融市场又称在岸金融市场，是指从事市场所在国或地区货币的国际借贷，并受市场所在地政府政策与法令管辖的金融市场。传统的国际金融市场虽然也叫在岸金融市场，这个"岸"并非地理空间上的意思，而是特指市场所在国或地区。这一类型市场的主要特点在于：(1) 受市场所在国或地区法律和金融管理措施的管理和制约；(2) 交易是在市场所在国或地区居民和非居民之间进行；(3) 通常只经营市场所在国或地区货币的信贷业务。

新兴的国际金融市场又叫欧洲货币市场、离岸金融市场或境外金融市场，是相对于传统国际金融市场而言的，是指非居民之间的境外货币存贷市场。新兴的国际金融市场与传统的国际金融市场主要区别是：(1) 参与者是市场所在国或地区的非居民，即交易关系是外国贷款人和外国借款人之间的交易；(2) 交易对象是市场所在国或地区的境外货币；(3) 业务基本不受市场所在国或地区及其他国家的政策法规约束。

（二）按交易期限划分，分为国际货币市场和国际资本市场

国际货币市场是指由非居民参加的、资金借贷期在1年以内（含1年）的交易市场，也称为短期资金市场。包括同业拆借市场、票据市场、国库券市场、回购协议市场等。

国际资本市场是指由非居民参加的、资金借贷期在1年以上的中长期信贷和证券发行与交易的市场，也称为长期资金市场。包括债券市场、股票市场等。

国际货币市场和国际资本市场是国际金融市场最主要的组成部分，也是我们了解和研究国际金融市场时最重要的内容。

（三）按交易对象划分，分为国际借贷市场、国际外汇市场、国际证券市场和国际黄金市场

国际借贷市场是指金融机构向非居民提供资金借贷的市场，按借贷的长短分为短期信贷市场和长期信贷市场。

国际外汇市场是指由各类外汇提供者和需求者组成，进行外汇买卖、资金调拨和清算等活动的市场。

国际证券市场是指专门进行证券、票据发行与交易的国际金融市场。

国际黄金市场是指专门进行黄金交易买卖的市场。

三、国际货币市场

国际货币市场按照其业务不同可以分为传统的国际货币市场和新型国际货币市场。前者是在国内货币市场的基础之上形成和发展起来的，是国内货币市场业务的国际化发展；后者是以欧洲货币这一新型交易对象为基础而形成的国际化短期交易市场。由于传统国际货币市场参与者主要是具有短期信贷需求的政府、商业银行、证券交易商及非金融机构，在这一市场上主要的业务类型有商业银行国际信贷业务、银行间国际同业拆借等短期信贷业务，以及以国库券、票据等为代表的短期国际证券业务。

（一）国际货币市场的构成

1. 短期国际信贷市场。国际货币市场的短期信贷市场主要是指银行间国际同业拆借市场和银行对国外工商企业提供短期信贷服务的市场。通过这一市场提供的交易品种和方式，存款性金融机构可以快速高效地调剂资金余缺、提高资金使用效率，工商企业也可以解决临时性或季节性短期流动资金不足。

（1）银行间国际同业拆借市场。银行间国际同业拆借市场是指获得参与资质的商业银行为弥补存款准备金的不足或解决临时性的短期资金需求，在国际市场上相互之间进行短期资金融通的市场。这一市场的运行机制有以下明显的特点：

①市场参与者与交易方式有限定。只有获得许可的商业银行、中央银行和其他非银行金融机构才能参与交易，拆借起点高、交易量大。且拆借通常是无抵押的，因此只有信用级别较高、彼此熟悉的金融机构才会互相开展国际同业拆借业务。

②利率水平由市场决定。伦敦银行同业拆借市场是典型的国际拆借市场，其交易利率——伦敦同业拆借利率（LIBOR）是全球金融市场上最主要的参照利率之一。伦敦同业拆借利率是由英国银行家协会（British Banker's Association）根据其选定的银行在伦敦市场报出的银行同业拆借利率，进行取样并平均得出指标利率，该指标利率在每个营业日都会对外公布。因此，伦敦同业拆借利率实质上就是对伦敦市场上每个营业日内主流银行间短期资金借贷情况的真实体现，从而能作为国际金融市场贷款利率的基准，是许多国家和地区金融市场利率水平的标准或依据，即国际金融市场贷款利率在伦敦同业银行拆借利率的基础上再加一定的附加利率。伦敦同业拆借利率中一个是贷款利率；另一个是存款利率。二者一般相差 0.25%~0.5%，这一较小的存贷利差也是银行国际拆借市场的一个特征。国际货币市场的基准利率除了伦敦银行同业拆借利率外，还有美国的联邦基金利率、新加坡银行间同业拆借

利率、日本的长期优惠利率和中国香港银行间同业拆借利率等。

（2）商业银行短期国际信贷市场。商业银行针对外国工商企业开展的国际信贷业务，现在已经成为商业银行国际业务的重要内容。商业银行在国际货币市场上面向外国工商企业进行存贷业务时，应注意利息率惯例。按国际惯例，外币存款的利息计算方法是以存款按年历的实际天数除以 360 天计算；而英国的惯例是英镑，比利时法郎、新加坡元、爱尔兰镑、南非兰特等按年历的实际天数除以每年 365 天计算；瑞士的惯例是在国内市场上以每月 30 天计算，每年 360 天计算。

2. 短期国际证券市场。所谓短期国际证券市场，是指在国际间进行短期有价证券的发行和买卖活动的市场。金融机构和其他参与者参与到短期国际证券市场，其主要目的是为了保证资产的高流动性，并在满足资产安全性和流动性的前提下，获得必要的收益。因此，短期证券市场的交易对象是各种流动性强、市场化程度高的短期信用工具。它包括国库券、大额可转让定期存单、商业票据和银行承兑汇票等有价证券。目前在这一市场交易的各类短期信用工具中，国库券由于其安全性和流动性最强，其数量是最大的。

（1）国库券市场。国库券是指国家为弥补国库收支不平衡而发行的一种短期政府债券。因国库券的债务人是国家，其还款保证是国家财政收入，所以它几乎不存在信用违约风险，是金融市场风险最小的信用工具。西方国家国库券品种较多，一般可分为 3 个月、6 个月、9 个月、1 年期四种，其面额起点各国不一。国库券采用不记名形式，无须经过背书就可以转让流通。国库券的特点是：流动性强，有广大的二级市场，易手方便，随时可以变现；信誉高，是政府的直接债务，对投资者来讲是风险最低的投资，众多投资者都把它作为最好的投资对象；收益高，利率一般虽低于银行存款或其他债券，但由于国库券的利息可免交所得税，故投资国库券可获得较高收益。美国国库券对于美国居民和外国政府、金融机构等都有很大的吸引力，是国际货币市场上最主要的金融商品。此外，英国政府的"金边"债券和德国政府发行的"堤岸"债券也是国际货币市场比较有影响力的金融商品。

（2）大额可转让定期存单市场。大额可转让定期存单简称定期存单（CDs），指商业银行发行的具有可转让性质的不记名定期存款凭证。固定面额、固定期限、可以自由转让是大额可转让定期存单与银行的定期存款的主要区别，流动性、投资性是大额可转让定期存单的主要特点。

由于投资者觉得活期存款利息较低，定期存款不能转让，所以投资者把投资方向由银行存款转向短期债券、商业票据、国库券上去，造成了商业银行存款的减少。1961 年由美国纽约花旗银行首先发行大额可转让定期存单。大额可转让定期存单，在性质上仍属于债务凭证中的本票，由银行允诺到期时还本付息。购买存单的投资者需要资金时，可把存单出售换成现金，而且利率高于同一偿还期的国库券利率，投资回报率高。由于可转让定期存单把定期存款和短期证券的优点集中于一身，既为银行带来了方便，又为客户提供了好处，深受投资者青睐。花旗银行的成功引得其他银行仿效，从此可转让定期存单成了短期融资的工具。可转让定期存单一般为 1~12 个月，最常见的是 3~6 个月。

（3）商业票据市场。商业票据是指某些信用较高的企业开出的无担保短期票据，可以背书转让，但一般不能向银行贴现。

从本质上说，商业票据是以出票人本身为付款人的本票，由出票人许诺在一定时间、地点付给收款人一定金额的票据。多数商业票据的偿还期很短，一般为 30 天到 1 年，其中以

30~60天为多。近年来，商业票据进一步演变为一种单纯的用在金融市场上的融通筹资工具，虽名为商业票据却是没有实际发生商品或劳务交易的债权凭证。商业票据的主要种类有短期票据、单名票据、融通票据、大额票据、无担保票据、市场票据、贴现票据等。商业票据可以由商业公司直接发行，也可以通过银行或证券投资机构等发行，一般采用折价发行，到期时按票面金额偿还。

由于商业票据风险高、流动性弱、税负多，所以商业票据利率一般比政府发行的短期国库券的利率高。商业票据利率和银行优惠利率有重要关系，如果银行优惠利率高于商业票据利率，一些大企业就通过发行商业票据筹资；反之，若优惠利率低于商业票据利率，一些大企业就转而向银行借款融资。当然，商业票据的发行有严格的门槛和规定，只有经营状况好、商誉高的大型企业才有资格发行。

(4) 银行承兑汇票市场。银行承兑汇票是指由出票人（付款方或付款方银行）签发的委托付款银行于指定的日期或到期日无条件支付确定的金额给收款人或持票人的书面凭证。它与商业票据一样都是企业常用筹集资金的方式，不同的是商业票据是本票，由企业自己开自己付，而银行承兑汇票是由银行保证支付，二者相比，银行承兑汇票的信用度和市场占有率更高。

"承兑"是银行表示承诺负担支付票面金额义务的行为。一旦银行在汇票上盖上"承兑"字样，汇票就成为银行的直接债务，在此后银行负有汇票到期时支付现金给持票人的义务。假设欧洲进口商从中国出口商手里进口一批货物，为了进行支付，欧洲进口商从欧洲某一家银行取得以中国出口商为收款人的信用证。中国出口商发出商品并把信用证转交给中国银行，中国银行开出一张对欧洲这家银行的汇票，并寄给该银行。欧洲这家银行确认之后，汇票上盖"承兑"印记，这就创造出一张银行承兑汇票。

银行承兑汇票的面额一般没有限制，期限在30~180天，最长不超过1年。收款人或持票人持票后至少有三种选择：选择一，可以等到票据到期后向承兑行兑现；选择二，在未到期时找到任意一家愿意接受的商业银行来贴现；选择三，可以通过真实的贸易将未到期的银行承兑汇票支付给下游的收款方。商业银行通过贴现业务收到未到期的票据之后，可以将票据持有到期后找承兑行兑现，也可在未到期时找其他银行金融机构转贴现；如果这一票据符合该国再贴现相关规定，商业银行还能将未到期的票据向央行申请再贴现。

上述几种信用工具，在未到期之前，都有可能被持票人拿到商业银行等金融机构进行贴现。贴现是指持票人以未到期票据向银行等金融机构兑换现金，银行等金融机构将扣除自买进票据日到票据到期日的利息后的余额付给持票人。贴现市场的参加者主要是商业票据持有人、商业银行、中央银行以及专门从事贴现业务的承兑公司和贴现公司，其中以贴现公司为主。可贴现的票据主要有商业本票、商业承兑汇票、银行承兑汇票、政府债券和金融债券等。

贴现市场按交易方式可分为贴现、转贴现和再贴现。转贴现是商业银行或贴现公司等金融机构将已向原持票人贴现过的票据再次转手给其他商业银行或贴现公司等金融机构以换取现金的交易方式。再贴现则是中央银行对商业银行或贴现公司等金融机构将已向原持票人贴现过的票据再次进行贴现。再贴现是中央银行为银行和贴现公司等金融机构融通资金，控制金融与信用规模的重要调控手段。

(二) 国际货币市场的作用

1. 国际货币市场借助于各种短期资金融通工具将资金需求者和资金供应者联系起来，保持资金的融通，为季节性、临时性资金的融通提供了便捷途径。

2. 国际货币市场通过其业务活动的开展，促使微观经济行为主体加强自身管理，提高经营水平和盈利能力。

3. 国际货币市场具有传导货币政策的作用。央行货币政策主要是通过再贴现、法定存款准备金、公开市场业务等的运用来调节货币供应量，调控宏观经济，在这个过程中货币市场发挥了基础性作用。

4. 国际货币市场和资本市场作为金融市场的核心组成部分，前者是后者规范运作和发展的物质基础。发达的货币市场减少了资金供求变化对社会造成的冲击，也为资本市场提供了稳定充裕的资金来源。

四、国际资本市场

国际资本市场有广义和狭义之分，广义的是指期限在一年以上的中长期资本借贷或证券发行交易的市场，即包括国际间银行中长期信贷市场（主要包括欧洲中长期信贷、单银行信贷、多银行信贷）和国际证券市场（主要包括国际股票市场、国际债券市场）；狭义的国际资本市场仅指国际证券市场。

(一) 国际银行中长期信贷市场

1. 国际银行中长期信贷市场的概念。国际银行中长期信贷市场是指由一国的一家商业银行或一国（或多国）的多家商业银行组成的贷款银团，向另一国银行、政府或企业等借款人提供的期限超过一年的贷款。其主要参与人包括借款人（自然人一般不能参与该市场）、贷款银行和担保人（一般由借款人所在国的政府机构担任）。关于中长期的期限，中期贷款是指贷款期限在 1 年以上（不含 1 年），5 年以下（含 5 年）的贷款；长期贷款是指贷款期限在 5 年以上（不含 5 年）的贷款。第二次世界大战以后，习惯上不再区分中期和长期，凡是 1 年期以上的贷款统称为中长期贷款。

国际银行中长期信贷市场是国际资本市场的重要组成部分。它具有以下特点：

（1）资金来源广泛，信贷资金供应较为充足，借款人筹资比较方便。国际上众多的商业银行和银团的资金都可以作为借款人的资金来源。另外，由于欧洲货币市场这一规模巨大、管制宽松、交易灵活的市场存在，提供国际银行中长期信贷服务的商业银行和银团可以十分便捷地从欧洲货币市场上获得资金补给。

（2）贷款在使用上比较自由，授信银行一般不会严格限制资金用途。借款人可以自由决定所借款项的用途，银行不加干预也不附带任何条件。

（3）虽然贷款使用相对自由，但贷款条件十分严格，借款成本相对较高。由于中长期贷款一般期限长、金额大、风险大，所以借贷双方签订有严格的借贷协议，同时还要增加政府担保等条款，并且大多采用辛迪加贷款方式。

（4）银行中长期信贷条件由市场决定、利率较高。由于贷款期限较长、贷款金额较大，所以国际银行中长期贷款的信贷条件较为严格，借贷双方必须签订严格的借款协议，规定双方必须遵守的权利和义务。贷款的利率水平、偿还方式及期限、汇率风险等是决定借款人筹款成本高低的主要因素。国际银行中长期信贷市场的利率由国际资本市场的供求关系决定，一般以伦敦银行同业拆借利率再加上一个附加利率，并采用浮动利率结算。

（5）银行中长期信贷主要采用银团贷款方式。所谓的银团贷款是指一笔贷款交易，由本国或其他几国的数家甚至数十家银行组成贷款银团，共同为借款人提供长期巨额贷款。根据贷款银团的组织形式可以将银团贷款分为辛迪加贷款和联合贷放两种形式。前者由一家银行牵头，按照严格的法律程序将数十家银行组成贷款银团发放贷款，后者仅指由两家以上银行联合共同提供贷款，贷款人之间并未形成一种严谨的法律关系。

2. 银行中长期信贷协议的贷款条件。

（1）利率和附加利率。利息和费用是中长期信贷的重要条款，其中利息是主要部分。银行中长期信贷利息一般按伦敦商业银行间优惠放款利率（同业拆借利率）来收取，在香港市场则按香港银行间同业拆借利率计算，在新加坡则按新加坡银行间同业拆借利率计算。具体按何种利率来计算，由借贷双方自行商定，也可以将贷款金额分为两半，一半用伦敦商业银行间优惠放款利率，一半用香港银行间同业拆借利率。因为伦敦商业银行间优惠放款利率是短期利率，而借款是中长期限，所以需要在伦敦商业银行间优惠放款利率基础上附加一个利率。一般附加利率的高低由借款的时间、借款人的信用、贷款的风险、市场资金的供求、金额的大小来确定。通常借款时间越长，附加利率提高的幅度越大。如贷款期限 7 年，前两年为 0.354%，中间两年为 0.500%，后 3 年为 0.725%。

（2）中长期信贷协议各项费用支出。①管理费。起初，管理费是由借款人支付给牵头银行的一项费用，用于补偿其在组织贷款银团中所发挥的作用，目前管理费已经演变为借款人在附加利率之外对贷款人的融资成本的另一种补偿。管理费按贷款总额的一定百分比计算，费用率一般在贷款总额的 0.5%~2.5%。管理费可一次付清或分次付清，即在签订贷款协议时，选择一次性支付或第一次支用贷款时支付，或在每次支用贷款时按支用额比例支付。②承担费。签订贷款协议后贷款行就承担了提供贷款资金的义务，必须准备好头寸以备借款人提款，而只有借款人提款之后，贷款行才能向其收取利息。为促使借款人尽早提走贷款，避免贷款资金的闲置，促使借款人积极有效地使用贷款，在整个贷款期内规定一个承担期，借款人应在承担期内用完贷款额，如借款人未能按期用完贷款，则借款人要支付承担费。过期未用的贷款额则自动注销。在承担期内，借款人对应支用而未支用的贷款要支付承担费，对已经支用的贷款则开始支付利息。承担费率一般为 0.25%~0.75%。承担费按未支用金额和实际未支用天数计算，一般每季、每半年支付一次。③代理费。代理费是由借款人向银团代理或牵头银行支付的一种费用。因为代理行在联系业务中会发生各种费用开支，如旅差费、电报费、电传费、办公费等，这些统称为代理费。代理费属于签订贷款协议后发生的费用，通常在整个贷款期内每年支付一次。一般而言，代理费的多少取决于代理行工作量大小，费率通常在 0.125%~0.5%之间，由代理行和借款人协商而定。④前期杂费。杂费是中长期银团贷款方式下发生的费用，主要指签订贷款协议前所发生的费用，包括牵头银行的车马费、律师费、印刷费，签订贷款协议后的宴请费等。这些费用均由借款人承担，支付方式有两种：一种是牵头银行向借款人实报实销，另一种是牵头银行按贷款额的一定比例收取，现实中以第一种方式居多。通常 1 亿美元的贷款，杂费多则 10 万美元，少则 4 万~5

万美元。

（3）国际中长期信贷协议中的币种选择。在国际中长期信贷协议中，货币的选择不仅牵涉到贷款双方的利益还牵涉到规避外汇风险的问题。借款货币可以是贷款国货币、借款国货币、第三国货币及混合货币。由于大多数国家都采用浮动汇率制度，而国际政治经济环境的激烈动荡，使得借款人的汇率风险要远高于利率变动的风险。为此，借款人应注意规避汇率风险：借款货币应与使用方向相衔接；若借款购买设备，则借款应与其所生产的产品的主要销售市场相衔接；借款货币最好是流动性较强的货币，以便遭遇汇率风险时通过货币、利率互换等金融业务来规避；借款货币应首先选择到期贬值的软币，但软币的借款利率水平一般较高。现实中，以上几个方面几乎不可能完全兼顾，一般由借款人根据市场实际情况加以应用。

（4）贷款的期限。贷款期限一般由宽限期和偿还期组成。宽限期是借款人只提取贷款，不用偿还贷款的期限，宽限期虽不用偿还贷款，仍须支付利息。过了宽限期就到了偿还期，在偿还期内借款人在支用贷款的同时开始偿还贷款。这种本金偿还方法因显然有利于贷款银行的资金周转，因此受到绝大多数贷款银行的青睐。一般而言，宽限期越长对借款人越有利，因为可以利用外借资金进行生产经营获得利润再偿还贷款。

（5）贷款的偿还。①到期一次偿还。借贷双方签订贷款协议后，借款人按期支付利息，贷款期满时，一次性全部偿还本金。这是一种传统的偿还方法，适用于贷款金额相对不大、贷款期限较短的贷款。②分次等额偿还。借贷双方签订贷款协议时明确规定一个宽限期，宽限期内借款人仅需按时支付利息，无须还本；宽限期满，借款人须按贷款协议规定在还款期内分次等额偿还贷款，还款期结束，贷款全部还清。这种贷款适合于借款金额大、借款期限长的贷款项目。③逐年分期等额偿还。这种方式与第二种方式相类似，但无宽限期。④提前偿还。当出现贷款所用的货币汇率上升，或贷款利率采用浮动利率后利率上涨，或贷款人可以获得更低利率的贷款等情况时，借款人往往会提前偿还贷款。借款人提前还款将打乱贷款人的资金头寸安排，且将造成贷款人利息收入减少，因而银行并不希望借款人提前偿还。借款人只有在于贷款银行签有允许提前偿还条款的前提下，才有提前偿还的可能。

（二）国际债券市场

国际债券是一国政府、金融机构、企业为筹措外币资金而在境外发行的以外国货币计价的债券。国际债券的购买者一般为保险公司、年金基金、信托公司、各种投资公司和其他金融机构，某些国家和个人也选择债券进行长期投资。由于债券有稳定的收益，又有较高的流动性，有利于分散投资风险；借款人也出现了"脱媒"现象，他们为了降低筹资成本，也愿意避开银行中介，直接通过市场发行债券进行筹资，使得国际债券市场规模迅速扩大。

国际债券的分类。按照是否以发行地当地货币为标价货币，可以将国际债券分为外国债券和欧洲债券。外国债券是一国发行人或金融机构为了筹集外国资金，在国外资本市场上发行的以市场所在地货币为标价货币的国际债券。英国是外国债券的发源地，在伦敦发行的英镑面值的外国债券称为猛犬债券，是外国债券的典型代表。除此之外，在美国发行的美元外国债券——扬基债券、在日本发行的日元外国债券——武士债券、在中国大陆发行的人民币外国债券——熊猫债券都是外国债券的成功案例。欧洲债券是一国发行人或金融机构，在债券票面标价货币发行国以外的国家或地区发行的以欧洲货币为标价货币的国际债券。全球债券是一种可以同时在几个国家资本市场上发行的欧洲债券,是欧洲债券的特殊形式。欧洲债券基本不受任何一国金融法律和税收条例的约束,发行前不需要在市场所在国提前注册或审核,发行手续简便、自由灵活。

熊猫债券

2005年10月,国际金融公司(IFC)和亚洲开发银行(ADB)分别获准在我国银行间债券市场分别发行人民币债券11.3亿元和10亿元,时任财政部部长金人庆将国际多边金融机构首次在华发行的人民币债券命名为"熊猫债券"。这是中国债券市场首次引入外资机构发行主体,也是中国债券市场对外开放的重要举措和有益尝试。作为国际多边金融机构在华发行的人民币债券,"熊猫债券"也是一种外国债券。

2005~2014年,由于熊猫债发债主体仅限于开发性金融机构,9年间发行总规模仅为60亿元。其后,随着募集资金及偿债资金的管制逐渐放开,以及对于发行主体类别不再设限,熊猫债市场在2015年开始步入发展的快车道,全年发行规模达到130亿元,超过过去9年的总和。2016年,在交易所市场扩大发行人范围、简化发行审核流程的背景下,熊猫债发展速度进一步加快,发行规模激增至1 320.4亿元,较2015年增长915.7%。其中,交易所市场熊猫债发行规模达到838.4亿元,同比上升5 489.3%。

资料来源:中诚信国际,2018-04-03.

按照发行方式,国际债券可以分为公募债券和私募债券。公募债券要求债券在证券市场上公开销售,其发行相关信息必须严格公开披露;私募债券是私下向特定的投资者通过限定的渠道发行的债券,这种债券不能在场内交易转让,所以其利率一般高于公募债券利息,且发行价格较低,以保障投资者的收益。

按照利率确定的方式,国际债券可以分为固定利率债券、浮动利率债券和零息票债券。固定利率债券自发行日至到期日的利率固定不变,付息方式主要采用一年一付。浮动利率债券的利率定期进行调整,一般是一季度或每半年调整一次,其利率设置有最低的下限,但没有设置固定的上浮限制。零息票债券不对投资者直接支付利息,而是以低于面值的价格发行,到期日按照面值支付本金。

按照债权的可转换性,国际债券还可分为直接债券、可转换债券和附认购权证债券。直接债券是指按债券的一般还本付息方式所发行的债券。可转换债券是指向债券持有人提供把该种债券转换成另一种证券或资产选择权的债券。附认购权证债券是指赋予持有人在一定时期内可按约定的价格认购发行者一定数量的其他证券的债券。

(三)国际股票市场

1. 国际股票市场的概念。国际股票市场是指在国际范围内发行并交易国际股票的场所或网络。国际股票通常是指外国公司在一个国家的股票市场发行的,用该国或第三国货币为面值的股权凭证。显然,国际股票的一个重要特征是发行人和投资人分属不同的国家。国际股票市场是由交易市场所在国的非居民(外国)公司发行的股票,由大量居民和非居民投资者参与投资和交易而形成的股票市场。

2. 国际股票的发行市场和流通市场。按股票市场的功能不同，股票市场可以分为股票发行市场和股票流通市场。股票发行市场又称为一级市场，是股份公司发行股票而形成的市场。股票发行可以分成两种情况：一是新设发行，即股份公司第一次对外发行股票集资；二是增资发行，即已发行股票的公司因为扩大资金规模发行股票，在国际股票市场上尤以后者为主。股票流通市场又称为二级市场，是对已发行的股票进行买卖的市场，主要由证券交易所、证券交易系统、经纪人、证券商、投资者以及证券监管机构组成。二级市场的结构还可以分为场内交易市场和场外交易市场两部分。国际股票市场的主要交易品种有：股票现货、股票期货、股票指数期货、股票期权、存托凭证。

3. 国际股票市场的发展趋势

（1）创新工具与技术不断出现。与整个国际金融市场创新趋势相适应，以存股证、可转换股票、可赎股、后配股等工具为代表的创新型工具不断出现，对于吸引全球交易者、增加交易工具的灵活性和收益性起到极大的提升作用。

（2）交易结构不断变革。具体体现在：一方面是场外交易市场的不断发展。得益于现代通信技术和交易手段的普及，场外交易市场迅速发展，使得各国金融市场的活跃度显著增强。另一方面是场内交易日趋集中统一，如欧元区的统一使得欧洲主要国家的货币障碍自然消除，推动了欧元区内各国股票市场的一体化。

（3）全球股票市场的关联性紧密加强。许多国家允许外国投资者直接或间接地参与本国股票市场交易。而一些新兴市场则是通过引进合格的境外机构投资人的方式间接地实现本国股票市场的对外开放。依托现代通信工具的迅速发展，各个国家的股票市场相互联系起来，每个股市的行情可以迅速传递到其他股票市场。

五、国际金融市场的形成与发展

（一）传统的国际金融市场的形成与发展

第一阶段，19世纪初伦敦最早成为国际金融市场。工业革命使英国经济较早较快地得到发展，资金实力雄厚使英镑逐渐成为世界主要结算货币。伦敦不仅成为英国金融中心，也成为全球国际贸易的汇兑与清算中心，直至今天，伦敦仍拥有世界上最大的外汇交易市场。

第二阶段，纽约、苏黎世等国际金融市场的崛起。第二次世界大战期间，美国逐渐成为世界第一经济大国，并成为最大的资本输出国。随着美元在国际货币体系中作用和地位不断凸显，美元逐步取代英镑成为最主要的国际清偿手段。纽约作为美国国内的金融中心，自然成为国际资本输出的中心。苏黎世成为国际金融市场则是凭借瑞士中立国的特殊地位、严格的保密制度、稳定的汇率以及极为宽松的资本政策，吸收大量国际资本得以迅速发展的。

第三阶段，第二次世界大战后，日本等国经济的恢复和快速发展，形成了东京、法兰克福、卢森堡等国际金融市场。东京成为国际金融中心的主要原因是日本经济高速发展带来的高利润率吸引了大批非居民争相投资日本资本市场。经常项目的巨额顺差和资本、金融项目的持续巨额逆差，使日本成为全球最为重要的资本输出国，东京则成为日本最为重要的资本输出地。

（二）新兴的国际金融市场的形成与发展

在20世纪60年代，传统的国际金融市场成功地发展为新兴的国际金融市场，即以欧洲美元市场为代表的欧洲货币市场。从时间和地域来看，相对于传统的国际金融市场，世界各地还有许多新兴的国际金融市场。典型的新兴国际金融市场如伦敦、卢森堡、巴哈马、新加坡、香港等金融中心。卢森堡作为重要的国际金融市场发展于20世纪60年代，现在是欧洲最大的欧洲债券市场。卢森堡成为重要的国际金融市场是因为：第一，地缘政治优势。卢森堡处在德国、法国、比利时、瑞士、荷兰的中心，政治经济稳定，金融管制政策较为宽松，受到外国银行的青睐，银行业得以迅速发展，1964年银行数量从19家增加到1985年的128家，另有5 000多家的经营证券的持股公司。第二，欧洲各国为稳定国内金融纷纷对国际游资采取了相对严格的管理措施，迫使各国银行寻求新的境外金融市场以逃避本国政府金融法令约束，卢森堡成为各国银行的理想选择。香港的金融业是伴随着其自身和亚洲地区各国的经济发展而发展起来的。香港政治经济环境安定使其成为世界各地对东亚和大洋洲开展经济、贸易活动的重要枢纽，而香港与纽约、伦敦等时差优越性使其成为纽约、伦敦及欧洲金融市场运行的中继站。

在20世纪50～60年代，香港已成为地区性的金融市场和金融中心。20世纪70年代后有计划地对外国银行的开放，吸引了大批外资银行到港开设分行，并促使其他金融机构扩大了金融业务。随着各项金融业务规模不断扩大和国际化，金融市场交易活跃，交易数额猛增，使得香港在十多年间发展成为国际性金融市场。香港金融市场按其业务性质，可分为香港短期资金市场、香港长期资金市场、香港外汇市场和香港黄金市场。

（三）发展中国家和地区国际金融市场的形成与发展

第二次世界大战后，不少发展中国家取得了政治独立，走上了专心发展本国经济之路，建立和发展金融市场成为发展国民经济的重要条件。20世纪70年代起，发展中国家加快了金融市场改革与发展的步伐，进入80年代，一批发展中国家逐渐融入国际金融市场的发展之中，它们不仅更多地参与发达国家主导的国际金融市场活动，成为国际金融市场上的主力军，而且其中一些新兴市场经济体金融市场的对外开放在80年代后期与90年代初期达到了较快的发展速度，极大地推动了国际金融市场的扩张，如新加坡、巴林、科威特等就是在这一时期得以飞速发展的。但是，在这一股大潮流中，由于一些发展中国家过快地推进了国内金融市场的开放速度，本国经济体还没有成长到足以消化国际金融市场波动的程度，或者本国没有建立起完善的适应国际化的配套政策，使得局部的金融危机在发展中国家中也偶有发生。例如，1993年与1997年，就先后在墨西哥和东南亚爆发了金融危机。这些危机的发生使得发展中国家在不改变金融市场国际化的趋势下，对其发展的步伐与发展的策略给予了谨慎的思考。

（四）国际金融市场发展的新趋势

1. 国际金融市场的自由化和一体化趋势不断增强。自20世纪70年代以来，西方国家为了增强本国金融机构的竞争力和提升本国金融制度的活力，纷纷采取了一系列放松金融管制的措施。例如，取消或者放宽对金融机构经营的业务限制，允许金融机构的业务可以跨行业、跨地域交叉开展；取消外汇管制；开放国内金融市场，允许外国金融机构在本国开设分支等。这一系列措施有效地促进了金融市场的国际化、全球化。随着电子技术的广泛应用，计算机网络将遍及世界各地的金融市场和金融机构紧密地联系在了一起，全球性的资金调拨与金融合作在几分钟甚至几秒钟即可实现，一个全时区、全方位并且打破了时差和地域限制的一体化国际金融市场真正得以形成。

2. 国际金融市场的证券化趋势日益明显。同样是 20 世纪 70 年代以来，国际金融市场的融资结构发生了新的变化，即传统的国际信贷资产比重逐渐下降，国际证券业务比重相对上升，这就是融资方式的证券化趋势。国际证券融资额占市场融资总额的比重在 70 年代中期以前还不到 50%；但这一比值在 80 年代中期发生了显著变化，国际证券融资比首次超过了国际信贷。截至目前，虽然国际证券融资额占市场融资总额的比值一直在上下波动，但是仍稳居 50% 以上，表明国际融资的证券化趋势已经成为主流。出现这一趋势的原因主要有两点：一是 20 世纪 80 年代初期爆发的国际债务危机导致国际银团贷款的风险增加，同时贷款成本相对上升；二是证券市场流动性的提高和筹资成本的相对降低。

3. 衍生金融工具市场的增速快于现货市场。随着主流国家金融管制的放松，金融自由化使得场外工具的交易量激增。场外金融工具具有传统金融工具难以匹敌的灵活性，为交易主体规避风险、套期保值等提供了多样化的选择。例如，金融交易所只能交易特定合约，而场外交易除了能交易任何交易所的产品之外，还能根据需要设计出新的产品。它们能按照客户特定的要求提供场外衍生产品，也能使用金融工程技术来发展设计新衍生工具。

六、国际金融市场的作用

（一）推动经济全球化发展

首先，国际金融市场通过贷款、证券交易、投资基金等方式，把全球范围内大量闲散资金聚集起来，转化为现实的职能资本调拨到资金短缺的国家，提高了资本资源在全球范围的利用率，扩大了社会资本总额，进而起到增加投资和扩大生产规模的作用。其次，国际金融市场的形成与发展为跨国公司在国际间进行资金储存与借贷、资金的频繁调动创造了条件，促进了跨国公司资本的循环与周转。跨国公司也为国际金融市场提供了大量的资金来源和交易业务，反过来推动了国际金融市场的进一步发展，促进了经济全球化发展。

（二）促进资本的国际间流动

现代的国际金融市场正发展为功能齐全、法规完善的资金融通场所。资金需求者可以很方便地通过直接或间接的融资方式获取资金，而资金供应者也可以通过国际金融市场为资金找到满意的投资渠道。国际金融市场根据不同的期限、收益和风险要求，提供了多种多样的供投资者选择的金融工具，多样化的金融工具为供应者的资金寻求合适的投资手段找到了出路。资金供应者可以依据自己的收益、风险偏好和流动性要求选择其满意的投资工具，实现资金效益的最大化和加速国际资金的流通。

(三)为各国提供调节国际收支的渠道

国际金融市场的产生与发展,为各国提供了一条调节国际收支的渠道。国际收支顺差的国家,可以将其外汇资金盈余投放于国际金融市场,获取借贷利润。而出现逆差的国家可通过在国际金融市场上举债或筹资,以缓解国际收支失衡的压力。如中东产油国将出口石油的收入存到欧洲货币市场,形成石油美元。这笔石油美元又以国际信贷的方式,贷给了因石油涨价造成国际收支逆差的国家。国际金融市场上石油美元的循环周转,为缓解有关国家国际收支严重失衡等方面起着重要作用。

(四)提供有效风险管理手段

国际金融市场的严格管制逐步被取消,存在着自由化发展趋势,利率、汇率、证券价格的波动将会更复杂、更剧烈。如何规避市场风险是摆在各国投资者面前的重要问题。国际金融市场创新性的金融产品为各国投资者提供了转嫁金融风险的新途径,期货、期权、互换等衍生金融工具成为投资者有效的风险管理手段。

当然,国际金融市场在产生积极作用的同时也会产生消极影响。目前,国际金融市场遍布全球各个时区,24小时接轨营业,国际金融市场促使资本在国际间充分流动并达到空前规模。伴随着金融管制的逐渐放松,越来越多的金融业务脱离了诸如国际贸易、国际结算等方面的实际需求,一些金融业务为投机提供了便利,造成金融商品价格波动很大,市场很不稳定。大量游资在不同国家之间的迅速流动造成有关国家外汇市场的不稳定,为投机活动提供了便利,世界各国之间的相互联系通过国际金融市场变得更加紧密,当出现通货膨胀和金融危机时,在世界传播得更快,危害也更大。

第二节 欧洲货币市场

一、欧洲货币与欧洲货币市场

(一)欧洲货币和欧洲货币市场的含义

欧洲货币出现的原因有很多,最早出现的是欧洲美元。而欧洲美元出现最直接的原因是20世纪50年代以美苏为首的两大阵营之间的冷战。由于冷战期间东西方关系恶化,苏联等社会主义国家鉴于美国冻结了部分社会主义国家在美国的存款这一情况,便把其持有的美元转存到美国境外的银行中去,且多数存放在伦敦,便形成了最早的欧洲美元。此外,在此之前,第二次世界大战结束之后美国对西欧国家提供了大量经济和军事援助,也使得大量的美元流入欧洲。

1957年,英国爆发了英镑危机,英国政府为了保卫英镑便开始执行严格的外汇管制,严禁英国商业银行用英镑对英镑使用区以外的国家和地区进行融资,促使英国商业银行把一部分精力转向经营美元,进一步促进了欧洲美元数量的集聚。随后,美国国际收支逆差逐渐扩大,对外负债逐年增加,美元的国际储备货币地位也产生动摇,在国际收支上处于盈余状态的国家纷纷选择将美元这一主要的外汇资产存放在欧洲的商业银行而非美国本土以保持资产稳定，还能逃避美国本土的管制，这为欧洲美元市场的影响力增强再次注入了强大的动力。更为重要的是，自20世纪50年代末期开始，一些主要的西欧大陆国家为了复苏经济而普遍放弃了外汇管制，恢复了货币的自由兑换和资本的自由流动，美元可以自由交易，与美元相似的其他欧洲之外的货币品种也大量出现在欧洲金融市场上，欧洲美元这一概念开始扩大了，变成了欧洲货币。

欧洲货币是指由货币发行国境外的银行存储与贷放的各种货币的总称，又称境外货币或离岸货币。狭义欧洲货币特指欧洲各国商业银行吸收的除本国货币以外的其他国家的货币存贷款。广义欧洲货币泛指存放在货币发行国境外既包括欧洲各国银行中也包括其他国家银行中的各国货币。欧洲货币市场是经营欧洲货币业务的市场，从严格意义上讲，欧洲货币市场就是指非居民之间以银行为中介在某种货币发行国国境之外从事该种货币借贷的市场，又称离岸金融市场。

（二）欧洲货币市场的特点

1. 市场范围广泛，不受到地理空间限制。欧洲货币市场的"欧洲"已经超越了地理上的意义，是境外和离岸的意思。凡是脱离了货币发行国本土而形成的该种货币的交易市场都属于欧洲货币市场。

2. 交易品种繁多，规模庞大。欧洲货币市场交易的货币是境外货币，币种较多，大部分都是可完全自由兑换的；交易规模大，可以满足不同期限与不同用途的资金需求。需要强调的是，欧洲货币市场并非欧洲的货币市场，而是欧洲货币的交易市场，因此，它既包含欧洲货币的货币市场，也包含欧洲货币的资本市场，即欧洲货币市场既有短期市场也有中长期市场。此外，由于非居民是欧洲货币市场的交易主体，包括国际性商业银行、非银行金融机构、跨国公司、政府部门和国际性组织等，因此其单笔交易量远高于一般借贷活动。

3. 市场环境高度自由。由于欧洲货币相对于市场所在地而言是境外货币，它很少受市场所在国或地区金融政策、法律法规和外汇管制等的限制，资金调度自由，手续简单方便。通常而言，市场所在国不仅不会对欧洲货币严加管制，反而会采取一些优惠措施来吸引更多的欧洲货币资金。

4. 利率体系独特。欧洲货币市场的交易以银行间交易为主，其利率体系的基础是伦敦银行间同业拆借利率。由于欧洲货币经营银行不用缴纳存款准备金，并且不受存贷利率上下限的约束，因此欧洲货币存款利率略高于货币发行国国内存款利率，贷款利率却低于货币发行国国内贷款利率。

二、欧洲货币市场的类型

根据主要业务的性质和期限的不同，欧洲货币市场可以分为欧洲短期信贷市场、欧洲中长期信贷市场和欧洲债券市场。其中欧洲短期信贷市场作为国际货币市场的重要组成部分、欧洲中长期信贷市场和欧洲债券市场作为国际资本市场的重要部分，在国际金融市场里进行了介绍，在此不再赘述。

根据是否从事实际性金融业务，欧洲货币市场还可以分为功能中心和名义中心。

（一）功能中心

功能中心是指欧洲货币市场上某个集中了众多银行和其他金融机构，从事具体的资金存贷、投融资等业务的区域或城市。功能中心又可以分为两种：

1. 一体型或内外混合型中心。一体型或内外混合型中心是指欧洲货币市场业务和市场所在国的本土金融业务不分离的中心。这一类型的金融市场允许非居民在进行本土金融交易的同时进行欧洲货币交易，即允许非居民在进行在岸金融交易的同时进行离岸金融交易。内外混合型欧洲货币市场的目的在于发挥两个金融市场资金和业务的相互补充与促进作用。拥有这一类型市场的典型地区就是英国伦敦和中国香港。

2. 内外分离型中心。内外分离型中心是指欧洲货币市场业务和市场所在国的本土金融业务严格分离的中心。这种分离既可以是经营场所上的分离，也可以是账户上的分离，其目的在于防止欧洲货币交易活动影响或冲击市场所在国本国货币金融政策的实施。例如，美国国际银行业务设施就是一个典型代表，其主要操作特征就是将存放在国际银行业务设施账户上的美元视为境外美元，与国内美元存款账户严格分开。

除了美国这一典型的内外分离型中心之外，还有一种以严格内外分离为基础的分离渗透型市场，这种市场允许离岸业务和在岸业务有一定渗透。具体又有三种情况：（1）允许非居民离岸账户吸收的资金向在岸账户贷放，以此将离岸资金渗透到国内金融市场上，但是禁止资金从在岸账户流向离岸账户，典型代表是泰国曼谷。当然，渗透到国内金融市场的离岸资金应取消其原本作为离岸资金的一切优惠，以防止扰乱国内金融市场。事实上，这一类型的市场在监管上有较大的难度，1997年泰国遭受的金融危机，对离岸资金的渗透管理不到位就是一个重要原因。（2）允许在岸账户资金向离岸账户流动，但是禁止离岸账户资金向在岸账户流动。（3）允许离岸账户资金和在岸账户资金双向流动。

（二）名义中心

名义中心是指欧洲货币市场上纯粹记载金融交易的场所，不从事实际的欧洲货币金融交易。这类中心起着为其他金融市场上发生的资金交易进行注册、登记、转账的作用，目的是为了逃避管制，所以这一中心又叫记账结算中心、记账中心、避税港型中心、走账型欧洲货币市场。名义中心一般选址在经济发达或投资旺盛的岛屿，这些岛屿与大陆分离且资源匮乏，传统行业发展受限，当地政府通过向非居民提供税收优惠措施和宽松的管理环境，吸引非居民开展离岸金融业务。加勒比海地区的巴哈马、开曼群岛和西欧的海峡群岛等多属于这种类型的欧洲货币市场。

三、欧洲货币市场对世界经济的影响

欧洲货币市场的产生和迅速发展，对世界经济产生了广泛而深刻的影响。

（一）积极影响

1. 促进了第二次世界大战后各国经济发展和全球经济复苏。欧洲货币市场是国际资金融通的重要渠道。由于金融机构发达，资金规模大，借款成本较低，融资效率高，很大程度上促进了第二次世界大战后各国的经济重建和恢复,如日本、德国等经济高速发展得益于在欧洲货币市场获得的大量资金。发展中国家也从这个市场获得大量的资金加速了经济建设,促进了对外贸易发展。

2. 缓解了全球性国际收支不平衡的问题。欧洲货币市场方便了短期资金的国际流动。如果一国在国际贸易上出现了逆差,就可以从欧洲货币市场上直接借入欧洲美元或其他欧洲货币来平衡逆差压力,反之,则将闲置外汇储备投入该市场,达到平衡国际收支的目的。

3. 推动了跨国公司业务的国际化和金融市场全球化。跨国公司的境外投资业务,带动了国际资金的流动,也产生了对资金的需求。欧洲货币市场作为离岸金融市场,不受各国法律制度的约束,它既可为跨国公司的国际投资提供大量的资金来源,又可为这些资金在国际间进行转移提供便利,从而推动跨国公司业务经营的国际化。它也打破了传统国际金融市场因国界限制和沟通效率低下而形成的相互隔绝的状态,依托于现代化通信网络与技术,将国际资金流动和金融市场沟通变得便捷高效。

(二) 消极影响

1. 削弱各国金融政策实施效果。欧洲货币市场运行对各国金融政策施行增加了难度和不确定性。当一些国家为了遏制通胀实施紧缩政策时,商业银行仍可以从欧洲货币市场上借入大批资金;反之,当一些国家为了刺激经济实施宽松政策时,商业银行仍可以把资金调往国外,使得金融政策的预期目标难以实现。

2. 加剧金融市场的动荡不安。欧洲货币市场由于金融管制较松,对国际政治经济动态的反应异常敏感,具有极强的流动性。当主要国际储备货币汇价稍有变化,都会引得货币投机者利用各种手段,在不同的储备货币间频繁进行套利、套汇或黄金投机牟取暴利。此外,欧洲货币市场上国际信贷的主要方式是借短贷长,其主要资金来源都是短期,贷款多半是中长期,一旦国际金融市场上有任何负面消息传出,储户就有可能取回存款造成流动性危机。而欧洲货币市场没有一个类似于中央银行的机构作为最后的贷款人,使得国际银行体系甚至整个国际金融体系变得更加脆弱。

> **拓展思考:**
>
> 欧洲货币远离了货币发行国本土,那么它的供给、需求、利率都有由谁来决定?

专栏 8-1

我国发展伊斯兰债券的必要性

据 AAOIFI(Accounting and Auditing Organization for Islamic Financial Institutions,伊斯兰金融机构会计和审计组织)定义,"伊斯兰债券是一种在合伙经营的资产中具有等额价值的所有权凭证。伊斯兰债券的发行是为了调动资金利用,以参股的方式创建新项目、发展现有项目,或为某项商业活动融资。"因此,与一般债券不同,伊斯兰债券持有人无论是在基础资产实现的过程中还是债券到期日，都享有对该资产收益的所有权而非债权。

马来西亚伊斯兰债券市场是全球最大的国内伊斯兰债券市场，在全球伊斯兰债券发行中占据了约51%的市场份额，规模达到294亿美元。2014年9月11日，香港政府经由金融管理局向全球投资者成功发行5年期、票面利率为2.005%的10亿美元伊斯兰美元债，债券在港交所、马来西亚的Bursa Malaysia（Exempt Regime）及迪拜的NASDAQ Dubai 三地上市。

目前，我国交易所还未有伊斯兰债券上市，机构中仅有农业银行在迪拜发行过伊斯兰债券。2014年9月22日，农业银行利用其2014年建立的150亿美元的全球中期票据项目，由中国农业银行迪拜分行在阿联酋发行债券金额为10亿元人民币（约合1.6亿美元），期限3年，票面利率3.5%的伊斯兰债券，该债券在迪拜纳斯达克市场正式挂牌上市交易。债券票面利率低于目前市场的平均水平，且中东地区投资人认购占比达到发行总额的25%以上，显示出投资者对人民币的信心，以及对农业银行迪拜分行的充分信任。

我国存在发展伊斯兰债券的必要性。

1. 符合我国实体经济的融资需求。伊斯兰债券一般是基于或以房地产或基础设施为抵押，尤其在我国中西部地区基础设施项目建设领域使用将非常广泛，如宁夏、新疆等地，能为我国地方基础设施建设提供新的融资渠道和融资工具。

2. 符合我国中小企业融资需要。我国债券发行主要以发行主体的信用和资产作为担保，使得大多数中小企业难以跨入债券发行门槛，中小企业融资难问题迟迟得不到有效解决。与传统债券不同，伊斯兰债券侧重点在项目资产的可靠性和盈利性，对发行人本身资信关注度相对较低。因而，中小企业若发行伊斯兰债券，可以以项目收益权的所有权作为抵押，让投资者共同承担生产经营责任，从而吸引他们参与其中。

3. 为我国投资者提供新型投资渠道。我国债券主要以银行间债券市场为主体，发行量和交易量占债券市场比重均高达90%以上。此外，我国债券在种类分布上相对失衡，有必要进一步丰富债券品种，为投资者尤其是中小投资者提供更加丰富和适合的投资渠道。伊斯兰债券注重基础资产投资，一般波动性和风险性相对较小，在伊斯兰教义下投资方式的安全性和较为稳健的利润增长能够为我国投资者，尤其是中小投资者提供新的投资选择。

4. 有助于建设"一带一路"并推进人民币国际化，通过建设"一带一路"，发展具有伊斯兰金融特色的伊斯兰债券，有助于推进人民币国际化，加强区域间各种文化的融合。"一带一路"的优先参与方及其中枢区域，以及"两廊一区"的相关国家中，大多都是伊斯兰国家，在这些国家的资本市场上，伊斯兰债券近年来对其经济建设起到了不容忽视的作用。首先，"一带一路"的建设和发展离不开资本市场的融资运作，发展伊斯兰债券，对我国资本市场将产生巨大的推动作用；其次，"一带一路"中涉及项目符合伊斯兰债券可投资项目范围，通过发行伊斯兰债券可为项目融资，推动项目更好地发展。此外，通过这个契机，可以考虑在伊斯兰合作组织国家中发展人民币结算业务，从而逐步摆脱美元和欧元对我国金融形成的掣肘。

资料来源：曹萍."一带一路"背景下的伊斯兰债券发展模式研究［J］.证券市场导报，2016(12).

【本章要点】

1. 广义的国际金融市场是指在国际间运用各种现代化的技术设备与手段，进行一切金融业务活动的场所或网络，包括国际货币市场、国际资本市场、国际外汇市场、国际黄金市场以及国际金融衍生工具市场等。

2. 欧洲货币是指由货币发行国境外的银行存储与贷放的各种货币的总称，又称境外货币或离岸货币。欧洲货币市场就是指非居民之间以银行为中介在某种货币发行国国境之外从事该种货币借贷的市场，又称离岸金融市场。

3. 广义的资本市场是指期限在一年以上的中长期资本借贷或证券发行交易的市场，即国际间银行中长期信贷市场（主要包括欧洲中长期信贷、单银行信贷、多银行信贷）和国际证券市场（主要包括国际股票市场、国际债券市场）；狭义的国际资本市场仅指国际证券市场。

【思考题】

1. 在岸金融市场和离岸金融市场的"岸"是什么意思？这两个市场各有哪些特点？它们又有何区别？

2. 目前国际上极具代表性的银行间国际同业拆借市场有哪些？它们的利率形成机制大致有哪些？我国最典型的银行间同业拆借市场叫什么？它的利率形成机制是什么？

3. 短期和长期国际债券市场有哪些常见的交易品种？它们各自能满足哪些交易需求？

4. 欧洲货币市场有哪几种类型？各种类型有哪些典型代表？

5. 目前各国在欧洲债券市场有哪些典型的交易产品？这些产品在操作上和风险上有哪些共性？

6. 国际金融市场的发展有哪些新趋势？

【技能案例】

离岸人民币及人民币离岸市场

2004 年，香港银行开始在中国大陆以外地区试办个人人民币业务，包括存款、汇款、兑换及信用卡业务，这是离岸人民币市场发展的开端。2010 年离岸人民币市场初步形成，中国人民银行与香港金管局签署《清算协议》并发布联合公告，人民币自 2010 年 7 月 19 日起可在香港交割。至此，离岸人民币市场正式启动，香港自此踏出了人民币离岸金融市场建设的第一步，经过了近十年的发展后也已初具规模。

2012 年 4 月 18 日伦敦金融城人民币业务中心启动，伦敦成为继香港之后全球第二大人民币离岸交易中心。随着人民币被国际认知并接受的程度不断加深，人民币离岸市场的发展已经驶入快车道。继香港、伦敦后，越来越多的国际金融中心希望成为人民币离岸金融市场。2013 年 2 月中国人民银行授权中国工商银行新加坡分行担任新加坡人民币业务清算银行，即可直接通过美元人民币市场得到人民币供给。

资料来源：数汇金融，https://240534.kuaizhan.com/36/8/p418650969f1952.

技能考核

1. 什么是离岸货币？CNH 与 CNY 的联系与区别？
2. 人民币离岸市场现状及未来趋势。
3. 人民币离岸市场全球布局的意义。

【**实训操作**】

某企业打算按可变利率取得一笔期限为 3 年、金额为 500 万美元的贷款，它选择以 3 个月 LIBOR（伦敦同业拆借利率）加 1% 的方式而不是以 6 个月 LIBOR 加 1% 的方式贷款。当该企业作如上决策时，3 个月 LIBOR 是 6.5%，而 6 个月的 LIBOR 是 6.75%。在整个贷款期内，利率分别如表 8-1 所示。

表 8-1　　　　　　　　　　　贷款期内利率

月份	年份	3 个月 LIBOR（%）	6 个月 LIBOR（%）
3	1	6.25	6.50
6	1	5.50	5.75
9	1	5.75	5.75
12	1	6.50	6.00
3	2	7.00	6.50
6	2	7.50	7.00
9	2	8.00	7.50
12	2	7.75	7.50

实训任务　请分析该企业的选择是否正确。

第九章 国际融资

教学目标：
1. 正确理解国际融资的含义；
2. 掌握国际融资的类别并了解各种国际融资业务的主要操作程序；
3. 识别国际融资业务中的主要风险。

▶▶ 引导案例

中国某A公司向南美洲某发展中国家出口小家电，结算方式为赊销，账期120天。考虑到买方信用风险及其所在国家风险较大及人民币的升值压力，A公司向中国出口信用保险公司投保了出口贸易信用保险。为了加快资金周转、改善现金流量，A公司希望将该贸易项下的出口应收款项卖断给银行以获得融资。A公司将出口信用保险单项下的赔款权益转让给中国银行，并经由出口信用保险公司确认。中国银行在出口信用保险公司核定的买方信用限额及赔付率以内，为A公司确定了合理的融资比例，在受让A公司应收账款的基础上将相应的融资款项支付到该公司账户。出口项下应收款项120天后正常收汇，中国银行收取融资本息后余款支付给A公司，业务结束。借助银行的支持，A公司提前回笼了应收账款，提高了资金使用效率，同时有效规避了收汇风险，可谓一举数得。

资料来源：中国银行官方网站，http://www.boc.cn/big5/cbservice/cb3/cb32/200807/t20080704_811.html。

思考：通过案例理解国际融资的作用。

国际融资泛指一个国家或地区内的政府部门、金融机构或企业与其他国家或地区的政府部门、金融机构或企业之间所进行的跨境资金融通活动。国际融资活动由于所涉及的主体众多、方式多样，有不同的分类方法。本章将按融资目的或用途这一依据对国际融资业务进行分类介绍。根据融资目的或用途不同，国际融资业务可以分为国际贸易融资、国际项目融资和一般国际信贷融资三大类。国际贸易融资是金融机构为进口方和出口方提供的与进出口贸易往来有关的融资业务；国际项目融资是指金融机构为特定的工程项目而向企业提供的跨境融资业务；一般国际信贷融资是指不属于贸易融资和项目融资的跨境融资，主要包括政府、金融机构、公司企业为解决资金短缺、调剂外汇余缺、弥补国际收支逆差、维持汇率稳定等需要进行的跨境融资。

第一节 国际贸易融资

国际贸易融资是金融机构为进、出口方提供的与进、出口贸易往来有关的融资业务。目前,我们所涉及的国际贸易融资业务,是以商业银行国际贸易结算业务为基础,商业银行在充分权衡风险与收益的情况下,为国际贸易进口方或出口方提供融资的一系列业务的总称。在实务中,每个金融机构所提供的具体的国际贸易融资业务的种类不尽相同,且随着国际贸易融资业务发展的专业化、制度化,原先以商业银行作为国际贸易融资主体的金融机构范围也越来越宽泛。国际贸易融资分类依据众多,本章将按融资期限对国际融资方式进行介绍。

一、国际贸易短期信贷

1. 限额内透支。它是指银行根据客户(进口方或出口方)的资信情况和资产情况,为客户在其银行往来账户上核定一个透支额度,允许客户根据资金需求在限额内透支,并可以用正常经营中的销售收入自动冲减透支余额。如客户根据贸易合同,在收到货物后需要向国外汇一笔钱,在账户里无款或款项不足的情况下,它也不必提前向银行申请贷款,而只需在办理好相关批汇手续后,在汇款当日提交支票购汇汇出即可。限额内透支一般只适用于和银行有长期且稳定的业务往来的客户,且这种透支期限都较短。

2. 国际银行承兑汇票。汇票、本票、支票是票据家族的三大成员,就历史和使用频率而言,汇票是最主要的票据。在国际贸易融资所涉及的票据工具中,汇票是占绝对主导地位的。根据三种票据的属性,汇票是自开他付的三方票据,本票是自开自付的两方票据,支票是以银行作为付款人的即期汇票。因此,在国际贸易融资中,以银行作为承兑人或付款人的银行承兑汇票,由于其有银行承兑或付款的保证,且有十分严格的操作规范,在支付结算中具备普遍的接受性,是一种高信用的短期银行授信工具(图9-1)。

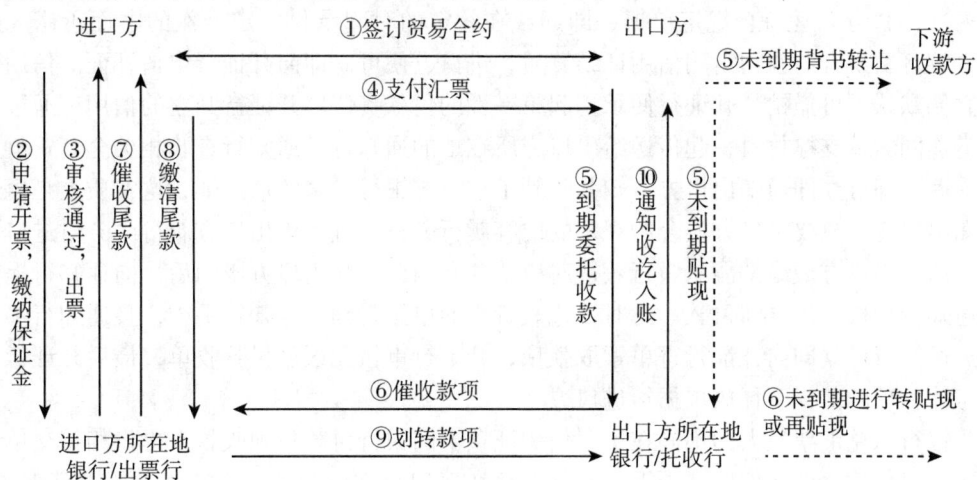

图 9-1 银行承兑汇票操作流程

银行承兑汇票必须服务于真实的贸易背景，一般由贸易活动中的买方即付款人作为出票人发起，当买方无力或者不愿在贸易之初付清合同全款时，即可向本地经办银行申请在缴纳一定比例保证金的情况下开出银行承兑汇票，将银行承兑汇票作为支付工具支付给卖方。卖方收到银行承兑汇票后可持有到期，通过托收行向承兑行催收款项，或者在未到期时经由真实贸易再背书转让给下游收款方，也可以在未到期时找到任一愿意接受的银行进行贴现。因此，银行承兑汇票无论对付款方还是收款方而言，都是一种灵活的信用工具。只不过在国际贸易融资中，国际银行承兑汇票由于涉及的参与方跨越国界，风险较大，在实务操作时要严格按照操作规范来执行。

当然，在国际贸易结算中，出口方为了限制进口方的付款途径、时间和金额等，也可以以自己作为出票人、以进口方作为付款人、以进口方银行作为承兑人开出汇票。这其实是出口方把本应由进口方操作的表面出票程序代为操作了，目的是为了在收款途径、时间或金额等要素上表明决定权。

3. 国际托收业务。国际托收是委托收款的意思。最基本的托收业务并没有银行授信，它是贸易活动中的收款方委托自己的经办行，通过银行间渠道向贸易活动中的付款方催收货款的业务。但随着银行参与贸易融资的专业性越来越强，银行业务的综合化趋势越来越明显，银行有能力且愿意在风险可控的情况下适当给予托收业务中参与方一定授信，使得托收业务也成为了一种典型的贸易融资业务。在国际贸易融资中，托收业务既可以为进口方提供托收押汇，也可以为出口方提供押汇。

（1）进口托收押汇。它是指代收行在收到出口方通过托收行寄来的全套托收单据后，根据进口方提交的押汇申请、信托收据以及代收行与进口方签订的《进口托收押汇协议》，先行向出口方支付款项并释放代表货权的相关单据给进口方，进口方凭单提货，用销售后的货款归还代收行押汇本息。

（2）出口托收押汇是指托收业务中出口方在提交单据、委托银行代向进口方收取款项的同时，要求托收行先预支部分或全部货款，待托收款项收妥后归还银行垫款的有追索权的融资方式。

4. 国际信用证业务。国际信用证是银行根据进口方的申请、向出口方开立的、在一定期限内（出口方）凭符合规定单据、即期或在约定的时间承付一定金额的书面承诺。进出口双方签订贸易合约并约定用信用证结算后，进口方便可立即向开证行申请开证。信用证一经开立便默认不可撤销，开证行便承担起第一性的付款责任。开证行开立的信用证通过银行间渠道连同索款支撑材料一起传送给出口方所在地的通知行，通知行查验相关全套资料且愿意接受后，即可立即通知出口方告知其收到了进口方银行发来的信用证，这实质上是由通知行告知出口方，只要出口方按合约规定的内容履行义务，且无论出口方履行义务时进口方的状况如何，出口方最终都能从银行获得对应款项。因此，当出口方履约后，向通知行提交单据，通知行审核无误立即付款。此时，代表货权的单据就到了通知行手中，且通知行垫付了款项。通知行可立即向开证行寄单索取款项，开证行审核无误后付款收单，最后开证行在进口方付清款项的前提下释放单据给进口方。

与银行承兑汇票最大的不同在于，信用证项下的银行付款只须收款人提供相符交单，银行便要及时付款。即在信用证项下，银行是存在普遍垫款行为的，而在银行承兑汇票项下，除了贴现，银行基本不垫款。除了上文提及的开证行和通知行，还有众多银行可以参与进来买断、代偿或保兑上手银行的支付责任（图9-2）。

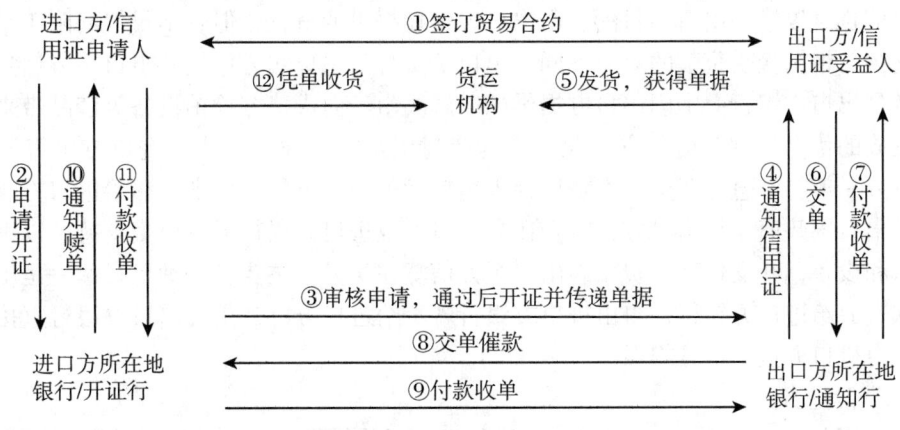

图9-2 信用证操作流程

在信用证项下，各国商业银行还有很多独立的融资业务，或者以整套完整的信用证业务为基础，截取信用证业务的进口端或出口端再次放大银行的授信。这些业务主要有进口代付、假远期信用证融资、出口押汇和打包贷款等。

所谓进口代付，是指开证行根据与国外银行（多为其海外分支机构）签订的融资协议，在开立信用证前与开证申请人签订《进口信用证项下代付协议》，到单后凭开证申请人提交的《信托收据》放单，电告国外银行付款。开证申请人在到期日支付代付的本息。

假远期信用证融资是指开证行在开立的信用证中规定签发远期汇票，开证行或付款行必须即期付款并放单但贴现费用由开证申请人支付，远期汇票付款日到期时由开证申请人向开证行或付款行进行付款。

出口押汇，是指被授权的银行在获得开证行偿付之前，对相符交单项下的汇票或单据按一定的贴现率买进汇票或单据，然后寄单开证银行收回款项的有追索权的融资行为。被授权的银行一般是出口方所在地银行。

打包放款又称信用证抵押贷款，是指出口方收到境外开来的信用证，用该信用证正本作为抵押，向银行申请本、外币流动资金贷款，以解决该信用证项下出口货物的加工、包装及运输过程中的资金短缺。

5. 国际保理业务。国际保理又称国际付款保理、保付代理或承购应收账款，是出口方以赊销、承兑交单方式销售货物时，金融机构买入出口方的应收账款，并向出口方提供融资及销售账户管理、应收账款回收、进口方资信评估等一系列综合金融服务的总称。这里所说的金融机构除了商业银行，也有很多专业的商业保理机构。保理业务的核心就是短期应收账款的买断。

二、国际贸易中长期信贷

1. 出口信贷。它是一国政府为支持和扩大本国大型设备等产品的出口，增强国际竞争力，对出口产品给予贷款利息补贴、提供出口信用保险及信贷担保，以鼓励本国的银行或非银行金融机构对本国的出口方或外国的进口方（或其银行）提供利率较低的贷款，以解决本国出口方资金周转的困难，或满足国外进口方对本国出口方支付货款需要的一种国际信贷方式。

出口信贷是以推动出口为目的、由出口方银行提供的贷款，但它不仅仅局限于给予出口方信贷支持。根据接受贷款的对象不同，出口信贷分为出口卖方信贷和出口买方信贷。出口卖方信贷是出口方银行向本国出口方提供的以解决由于向进口方赊销设备等产品带来的资金短缺而发放的优惠贷款。出口方以此贷款为垫付资金，以赊销方式向进口方出售设备等产品。出口方一般将利息等资金成本费用计入出口货价中，将贷款成本转移给进口方。出口买方信贷是出口国政府支持出口方银行直接向进口方或进口方银行提供信贷支持，以供进口商购买技术和设备，并支付有关费用。出口买方信贷在实务中主要有两种形式：一是出口方银行将贷款发放给进口方银行，再由进口方银行转贷给进口方；二是由出口方银行直接贷款给进口方，由进口方银行出具担保。

2. 福费廷业务。

福费廷概念。福费廷（forfeiting）也称包买、买单信贷或是无追索权的贴现，它是指在延期付款的资本性物资交易中，包买商（银行等金融机构）从出口方那里无追索权地买断由开证行或承兑行承兑的信用证项下的远期汇票，同时收取利息和手续费，并将该汇票持有到期或继续转卖，从而为出口方提前兑现将来的票据应收款的业务。

福费廷业务的核心是对资本性票据的贴现，这和保理业务的核心很相似，但区别也十分明显。福费廷业务所瞄准的资本性票据有严格的要求，这一票据的基础贸易对象必须是真实交易的金额巨大、回收期长且能够产生运营性收益的商品。因此，福费廷业务最大的特点就是涉及的金额巨大且期限较长。当出口方取得包买商的资金时，便丧失了对票据这一债权债务凭证的追索权。当然，福费廷业务还需要进口方银行对票据这一债权债务凭证加以担保，以增加票据的可靠性。正是由于福费廷业务的金额大、回收期长，为了应对整个回收期的汇率利率的波动风险，包买商通常都会采取固定的利率作为补偿。随着这一业务标准化程度的提升，参与的金融机构越来越多，已经形成了快速高效的包买票据二级流通市场。

第二节　国际项目融资

一、国际项目融资的概念

广义的国际项目融资泛指为拟建一个新项目、收购一个在建项目或既有项目在国际市场上进行的一切融资活动。狭义的国际项目融资则指以境内的拟建项目、收购在建项目或既有项目在境外筹措资金，并以项目的资产、预期收益与权益作为偿还保障取得的有追索权或无追索权的融资或贷款。

无追索权项目融资又称纯粹项目融资，出资方收回本金和获利完全只能依靠项目本身的经营效益，并通过在项目资产上设定担保权益作为收回投资和获取收益的保障。如果该项目最终未能建成投产或经营失败，项目资产或收益无法清偿全部贷款本息，则出资方无权向项目主办人追索。这类无追索权项目融资对出资方风险较大，尤其是在国际项目融资中，出资方和项目主办方处在不同国家或地区，相对于一般国内项目融资风险更大，目前已很少采用。

有限追索权项目融资是指投资方除了以投资项目经营收益作为还款来源和取得物权担保

外，还要求由项目主体之外的第三方机构提供担保，第三方机构以各自承担的担保金融为限承担有限担保责任。项目主体以外的第三方当事人可以是项目主办人、项目产品购买人或项目设施使用人、项目工程承包人、东道国政府等与项目有利害关系的主体。

国际项目融资在不同行业和不同项目中都会有不同的结构安排，因此，不存在真正意义上的"标准国际项目融资"。但项目融资也有一些突出特点：它通常通过一个独立的经营实体来运行，一个融资项目即是一个项目公司，且以完全新建的项目为主，很少涉及既有项目，即便是涉及既有项目，也是对既有项目进行完全重组变更归属权；出资方出资不是以项目公司过往的资产价值或财务状况为依据，而是以预计的项目未来的现金流入作为收回本金和收益的来源；项目融资虽然是把一个项目公司作为受资主体，但并不意味着项目融资和项目公司存续一样没有期限，项目融资有明确的融资期限，因此要求项目公司在确定的时间偿还融资债务。

二、国际项目融资的方式

国际项目融资方式一般包括项目贷款、BOT方式、ABS方式及融资租赁方式等。

1. 项目贷款。项目贷款有广义和狭义之分。广义的项目贷款也称项目融资，它包括狭义的项目贷款、BOT方式、ABS方式、融资租赁方式。狭义的项目贷款仅指为某一特定项目而发放的无追索权或有限追索权的国际中长期信贷，即它是以贷款方式为某些大型工程项目建设筹措资金，并以该项目未来所产生的现金流量为还款来源的国际信贷融资方式。提供这种国际项目贷款的金融机构主要是商业银行或开发性金融机构。国际项目贷款一般期限较长、金额巨大，除了提供贷款的金融机构外，还会有众多辅助性机构如国际评级机构、国际券商等参与到项目中来。

2. BOT方式。BOT（Build-Operate-Transfer）方式，即建设—经营—移交方式。它是目前政府或公共项目建设开发所采取的一种常见运作模式，在我国又叫"特许权融资方式"。它是由政府或公共管理部门将基础设施项目或资源开发项目的特许权授予承包商（一般为国际财团），承包商在特许期内以回收成本、偿还债务、赚取利润为目的负责项目设计、融资、建设和运营，特许期结束后将项目所有权移交政府。目前，BOT模式有众多派生模式，如BOO（Build-Own-Operate）——建设—拥有—经营方式；BOOT（Build-Own-Operate-Transfer）——建设—拥有—经营—移交方式；BLT（Build-Lease-Transfer）——建设—租赁—移交方式；ROT（Rehabilitate-Operate-Transfer）——修复—经营—移交方式；BT（Build-Transfer）——建设—移交方式；TOT（Transfer-Operate-Transfer）——移交—运营—移交方式；BOOST（Build-Own-Operate-Subsidy-Transfer）——建设—拥有—经营—补贴—移交方式；ROO（Rehabilitate-Own-Operate）——修复—拥有—经营方式。

PPP

PPP（Public-Private Partnership），公共部门与私人部门合作模式，是近年来在我国公共项目开发建设中兴起的一种特殊的项目融资模式。PPP合作模式下的项目也可能按

> 照 BOT 或上文提及的其他派生模式来运作。PPP 的历史可以追溯到 20 世纪 80 年代初英国撒切尔夫人执政时期，为了解决政府财政危机、提高政府效率、降低公共开支并刺激经济，PPP 模式应运而生。
>
>   PPP 在学界和实务领域没有普遍接受的定义。一般认为，PPP 是公共部门与私营机构为提供公共产品或服务而建立的一种合作伙伴关系。根据私营机构参与程度不同，PPP 可以分为外包、特许经营、私有化三大类。目前我国财政部发布的 PPP 操作指南中明确指出 PPP 里的 Private，并不是单指私营经济主体，泛指已经建立起现代企业制度的境内外企业法人，即"社会资本"。

  3. ABS 方式。ABS（Asset-Backed Securities）即资产支持证券，是指将某一项目的资产预计产生的独立的、稳定的、可识别的未来现金流入这一权益作为支撑，即以该项目将来可获得稳定收益作为回报，在国际资本市场发行具有固定收益率的高信用债券来筹集资金的一种国际项目融资方式。项目发起人通常会组建一个运营实体，国际上称之为特殊目标载体，简称 SPV（Special Purpose Vehicle）。经由国际上权威资信评级机构评估，一般 SPV 需要达到 AA 级或 AAA 级信用等级才能在国际上具备投资吸引力。获得高等级评价的 SPV 即可在国际市场上发行债券募集资金，以 SPV 自己将来的运营收益作为债券还本付息的来源。

  ABS 融资方式与国际股票筹资相比，可以降低融资成本；与国际银行信贷相比，债券利息率低于贷款利率；与国际担保性融资相比，可以避免追索性风险；与政府贷款相比，可以减少评估时间和一些附加条件。ABS 融资作为一种独具特色的筹资方式，其优点主要具体表现在：（1）项目筹资者仅以项目资产承担有限责任，可以避免筹资者其他资产被追索；（2）在国际证券市场发行债券筹资，可以降低筹资成本，还可以筹集巨额资金；（3）ABS 融资，到期以项目资产收益偿还，本国政府和项目融资公司不承担任何债务。因此，一些大型企业的高收益项目尤其是高科技项目，通常会采取 ABS 方式在国际金融市场上募集资金。

  4. 融资租赁方式。融资租赁又称金融租赁，是指设备需求方（承租人）需要购置设备而又缺乏资金时，由金融机构（出租人）代其购进或租进所需设备，然后再出租给设备需求方使用，租赁双方按约定收取和支付租金。金融租赁租金的总额相当于设备价款、贷款利息、手续费的总和。租赁期满时，承租人以象征性付款取得设备的所有权。在租赁期间，承租人只有使用权，所有权属于出租人，但租赁期长，中途不能退租。

  目前国际上通行的融资租赁的方式主要有三种：杠杆租赁、直接租赁、回租租赁等。

  杠杆租赁又称衡平租赁或减租租赁、举债经营融资租赁，即由设备提供方政府向租赁公司提供减税及信贷便利，租赁公司将设备所有权、收取租金的权利抵押给提供贷款的银行或财团，以较优惠条件进行设备出租的一种方式。它是目前广泛采用的一种国际租赁方式。

  直接租赁。它是指租赁公司用自有资金、银行贷款或招股等方式，在国际或国内金融市场上筹集资金，向设备制造商购进承租人所需设备，然后再租给承租人使用的一种融资租赁方式。

  售后回租。售后回租又称回租租赁或返租赁，是指将自制或外购的资产出售，然后再向买方租回使用。售后回租的优点在于：使设备制造企业或资产所有人（承租人）在保留资产使用权的前提下获得一笔出售资产的资金,同时又为出租人提供有利可图的投资机会;它是承租人、资产出售人为同一人的特殊融资租赁方式,在使企业获得资金的前提下也使企业获得节税效益。这种租赁形式是目前西方发达国家常用的筹资方式之一。

第三节　一般国际信贷融资

一、国际商业银行贷款

(一) 国际商业银行贷款的概念

国际商业银行贷款也称国际银行信贷,是指一国借款人为建设项目筹措资金或解决一般用途资金短缺而在国际金融市场上向外国银行借入货币资金。外国银行既包括资金雄厚的大银行,也包括中小银行及非银行金融机构;提供资金的外国银行可以是独家银行也可以是多家银行组成的银团。

(二) 国际商业银行贷款的种类

1. 根据贷款期限不同,分为短期、中期和长期贷款。短期贷款通常指借贷期限在1年以下的银行信贷,分为同业拆放和银行对非银行客户的信贷。借贷期限最短为1天,称为日贷,还有7天、1个月、2个月、3个月、6个月、1年等几种。但多为1~7天及1~3个月,少数为6个月或1年。同业拆放期限从1天到6个月为多,超过6个月的较少。每笔交易额一般在10亿美元以下,典型的同业拆放为每笔1000万美元左右。银行对非银行客户的短期交易很少。中期贷款是指贷款期限在1年以上、5年以下的银行信贷。这类贷款一般需要借贷双方银行签订贷款协议。由于贷款期限长、金额大,有时贷款银行要求借款人所属国家政府提供担保。中期贷款利率比短期贷款利率高,一般在市场利率基础上加一定附加利率。长期贷款是指5年以上的贷款,这种贷款通常由数家银行组成银团共同贷给某一客户。

2. 根据贷款银行数量不同,分为单一银行贷款和多银行贷款。单一银行贷款是指仅由一家银行提供的贷款。由于国际贷款风险较大,一旦损失发生则难以挽回,所以单一银行贷款一般数额较小,期限较短。多银行贷款是指一笔贷款由几家银行共同提供。这种贷款又有两种类型:(1) 参与制贷款。它是指一家银行对某一外国客户提供了一笔贷款后,邀请其他银行参加进来,向借款人提供资金。(2) 银团贷款。它是多银行贷款的主要形式,一般由一个或几个银行首先发起,接受借款申请,成为主办行或牵头银行,然后发起行邀请其他行参与贷款,共同向借款人提供长期巨额资金。

二、国际开发性金融机构贷款

(一) 国际开发性金融机构贷款的概念

国际开发性金融机构贷款是指国际开发性金融机构作为贷款人向借款人通过签订贷款协议方式提供的优惠性国际贷款。

国际开发性金融机构贷款的贷款人不仅限于全球性国际金融机构，如国际复兴开发银行、国际开发协会、国际金融公司（即世界银行集团），而且包括区域性国际金融机构，如亚洲开发银行、泛美开发银行、非洲开发银行、欧洲投资银行、国际投资银行等。

> **拓展思考：**
> 目前国际上有哪些全球性的、区域性的开发性金融机构？他们的主要股东是哪些？主要业务范围有哪些？主要的服务区域在哪里？业务上各有什么特色？

（二）国际开发性金融机构贷款的特征

国际开发性金融机构贷款是优惠性贷款，其主要特征包括：

1. 国际开发性金融机构贷款的贷款人为特定国际金融机构，而其借款人通常有特定范围。例如，世界银行贷款的借款人仅限于基金成员国政府、政府机构、由其政府机构提供担保的公司企业；国际开发协会贷款的借款人仅限于贫困发展中国家的开发项目当事人，并且必须由其政府机构提供担保；亚洲开发银行贷款的借款人限于其成员国开发本地区项目的投资人；泛美开发银行贷款的借款人仅限于其拉丁美洲的成员国，并且须为"在合理条件下无法从私人来源获得融资"的当事人等。

2. 国际开发性金融机构贷款的资金主要来源于各成员国缴纳的股金、捐款以及国际金融机构从资本市场的筹资，其放贷宗旨通常包含鼓励成员国从事开发项目、援助发展中国家特别是贫困国家经济发展的内容，不等同于仅以营利为目的的商业贷款。

3. 国际开发性金融机构贷款通常较为优惠，其利息率普遍低于商业银行贷款，一部分贷款利息率很低甚至为无息。虽然国际金融机构贷款不完全等同于政府间的"软贷款"，但其贷款条件的整体优惠性往往并不亚于政府贷款。

4. 国际开发性金融机构贷款多为中长期贷款，期限较长，一般为 10～30 年（最长可达 50 年），宽限期多为 5 年左右。

5. 国际开发性金融机构贷款多为开发性贷款，主要用于经济复兴或开发性项目，非项目性贷款通常为项目配套性贷款。

6. 国际开发性金融机构贷款对贷款用途有严格限制。借款人要严格遵守贷款协议中规定的贷款目的和贷款用途条款，贷款方对借款人的资金运用需进行严格的监督和检查。

三、政府贷款

（一）政府贷款的概念

政府贷款是指一国政府利用其财政资金向另一国政府提供的、具有经济援助性质的优惠贷款。与一般的商业贷款不同，政府贷款往往是配合国家外交活动的一种重要的经济手段，已不是一种纯粹的经济往来。各国政府贷款一般都由国家财政部主管或政府设立专门机构办理，如美国的"国际开发署"、日本的海外经济协力基金会、科威特的阿拉伯经济发展基金、德国经济合作部设立的"复兴信贷局"等。

（二）政府贷款应考虑的主要问题

1. 利率。利率是借款国的成本，对借款国财政负担产生很大影响，借款国筹措资金时首先要考虑利率高低。

2. 币种选择。选择软货币，会随借款货币汇率下浮，还款负担降低；若是硬货币，会随借款货币汇率上浮，还款负担加重。借款国利用外国政府贷款所采用币种一般有以下几种情况：使用贷款国货币即原币、全部使用美元、原币与美元混合使用。

3. 贷款期限。政府贷款期限一般分为贷款使用期、偿还期和宽限期。贷款使用期，一般规定在贷款协议当年或1~5年内按建设进度的实际需要提取贷款。偿还期一般规定开始偿还年度和最后还清的年度日期，以及在偿还期内的年偿还次数与日期。宽限期一般包含在偿还期内，宽限期内只付利息不偿付本金。

4. 数额。外国政府发放贷款一般根据本国财政收入、国民收入、国际收支的具体情况而定。同时，还要取得贷款国立法机关或议会批准。因此，优惠性政府贷款金额不太大。与政府贷款混合使用的出口信贷的总额度，一般根据贷款对象如是单机设备或是成套设备以及出口劳务多少而定。由于政府贷款的每笔数量较小，所以在利用外资时，可以考虑与其他类型的贷款相结合。

5. 还款。贷款的偿还方式有实物偿还和自由外汇偿还两种，通常都采用后者。

6. 赠与率。赠与率是"经济合作与发展组织"（OECD）为计算优惠贷款中赠与成分所占比重而设计出来的指标。

7. 采购。政府贷款往往以借款国向贷款国及与贷款国有关国家购买商品为条件。

8. 使用条件。贷款国在发放贷款时，常对借款国经济政策实施中某一特定产业或部门的经营，或项目方案的落实附加一些条件。谈判项目贷款时，贷款国还常常要求复杂的合同和法律安排，来保证债务偿还。另外，还对使用政府贷款的项目所涉及的领域有所限制，如芬兰限制资助带有军事性质或商业性质的项目。

9. 费用收取。政府贷款附加费用低，主要包括承诺费及手续费。总体而言，政府贷款收取费用低，而且有些国家可以不收附加费。

10. 服务质量。一般贷款国出于贷款项目的经济效益考虑，除提供贷款外，还往往提供其他服务。因此借款国可借此机会引进先进技术，学习先进的管理方法。

11. 非财务代价。利用外国政府贷款，还需付出非财务代价。通常政府贷款具有浓厚政治色彩，这种优惠贷款分配更多是政治上的原因。因此，即使已达成政府贷款协议，甚至已开始动用款项，也会因双方外交关系的变化而减少甚至中断贷款；政府贷款的申请程序比较复杂，这会使项目筹集资金所需时间较长，建设项目时间成本较高，甚至会丧失最佳投资时机。

四、国际证券融资

在金融领域，广义证券泛指所有金融类有价证券。狭义证券则主要包括各种资本类金融有价证券，如债券、股票、基金、权证等。

（一）国际债券融资

国际债券融资是指一国政府机构、金融机构或工商企业通过向外国投资者发行的可自由流通的外币债权类证券来筹集长期资金的一种国际融资方式。

在我国，国际债券即指"外币债券"，它是指以外币表示的、构成债权债务关系的有价证券。外币的可转换债券、大额可转让存单、商业票据视为外币债券进行管理。境内机构在境外发行债券融资必须通过审批，纳入国家利用外资计划。境内注册的中资机构法人（包括公司企业和金融机构）以及外商投资企业法人在境外发行债券，需要向当地外汇管理局提出书面申请，报送国家外汇管理局批准。财政部代表国家对外发债，须经国务院批准。

点心债券

点心债券，是一种离岸人民币债券，是指在香港发行的以人民币计价的债券（Yuan-denominated Bonds）。2007年6月，经中国人民银行和国家发展改革委批准，在岸金融机构获准在香港发行人民币债券，该债券以往因为规模很小如同点心一样受人喜欢但又不能让人吃饱，而被香港业内称为"点心债券"（Dim Sum Bonds）。次月，中国国家开发银行成为第一个吃螃蟹的发行人。2008年12月，中国国务院允许在中国内地有较多业务以及在岸金融机构在香港发行人民币债券，这意味着在华外资银行法人银行也可以进入香港离岸人民币债券市场。2010年2月，规则进一步放宽，香港金融管理局宣布，只要符合现有的规定，且不涉及资金汇回内地，金融机构可以在香港自由发行人民币债券。这一举动加快了发行的步伐。从2010年7月以来，该市场已经取得长足进展，截至2011年3月1日，已经发行未偿清的债券金额达到740亿元人民币。点心债券与熊猫债券是人民币国际化的两项利器。

（二）国际股票融资

国际股票融资是指符合发行条件的公司组织依照规定的程序向境外投资者发行可流通的股权类证券的国际融资方式。它本质上是股票发行人将公司的资产权益和未来的资产权益以标准化交易方式售卖于国际投资人并置换回货币资金的行为。

1. 国际股票融资的特征。

（1）根据多数国家公司法和证券法规定，国际股票发行人仅限于资本已经股份化的特定类型的公司组织，通常为股份有限公司或特定类型的有限责任公司。

（2）国际股票发行人与投资人分属于不同国家或地区，其股票发行或上市交易行为受到不同国家法律支配。由于其适用法律涉及不同国家的公司法、财产法和证券法，故其法律冲突解决较为复杂。

（3）国际股票本质上是一种可自由流转的股东权利凭证，它具有权利无期限性，即永久性。采取记名证券形式，其权利内容又具有复合性与复杂性，通过国际股票融资的公司企业，有利于改善企业经营管理，提高国际知名度，开拓国际市场。

(4) 国际股票融资技术性强、程序复杂。多数国家的证券法或公司法对股票发行与上市规定了条件规则、上市聆讯规则和程序规则。因而股票发行与上市，都是在专门金融机构协助下遵循公开和公正原则、依据法律规定的条件和程序进行的。各国证券法对于国际证券发行与交易的规则更主要是为控制股票融资行为而设置的。

2. 国际股票融资的渠道。在我国，国际股票融资中较普遍采用的是境内上市外资股、境外上市外资股、间接境外募股上市和存托凭证境外上市四种渠道。

(1) 境内上市外资股。它是指发行人通过承销人在境外募集股份（通常以私募方式），并将该股票在发行人所在国的证券交易所上市的融资结构。我国证券法规将依此类结构募集的股份称为"境内上市外资股"，实践中通常称为"B股"，它是指在中国境内注册的股份有限公司向境内外投资者发行并在中国境内证券交易所上市，采取记名股票形式，以人民币标明其面值，以外币认购、交易和结算的股份。我国境内上市外资股主要是依据我国的法律和会计准则构建的，在承销组织上采用了国际股票融资惯例中的私募方式，并在不违反中国法律的基础上遵循了国际会计准则和股票发行地的有关法律要求；其主要是为了满足境外投资人的投资偏好，增加其投资信心。由于多数国家的法律对于国际股票私募并没有严格的限制，因而境内上市外资股所需解决的法律冲突和障碍也较少，其相对简单。

我国目前的境内上市外资股在实践中仍处于不成熟阶段，影响有效发挥作用的主要因素包括：外汇管制制度的制约、有关公司法制的不完善、因私募而形成的股权结构不合理、交易制度和信息披露制度的欠缺等。

(2) 境外上市外资股。它是指发行人通过国际承销人在境外募集股份，并将该股票在境外公开发售地的证券交易所直接上市的融资结构，它通常采取公开发售与配售相结合的方式。我国的证券法规将依此募集的股份称为"境外上市外资股"，实践中所称的"H股（香港发行上市）""N股（纽约发行上市）""S股（新加坡发行上市）"等均属之。

发行境外上市外资股应满足的条件：①发行人为中国法人。发行人必须是根据我国公司法规设立的股份有限公司，但同时必须根据股票上市地法律对公司章程进行必要的补充以基本消除中外法律差异。②国际性金融机构担任主承销人和保荐人，股票发行与承销必须按照股票上市地法律的要求采取公募与私募相结合的方式进行。③招股说明书须采取股票上市地法律要求的招股章程和信息备忘录形式，并须符合该法律要求的必要条款规则和信息披露规则。④发行人会计报表的国际调整表须符合股票上市地会计准则，同时应符合中国会计准则，并经注册会计师审计。⑤发行人首先须履行中国有关的申请审批手续，并且也必须通过股票发行地和上市地审批。⑥发行人及其股东的持续性责任、上市承诺、同业竞争、关联交易和交易规则等安排必须符合股票发行地和上市地法律要求。

境外上市外资股遵照市场所在国的外汇制度、法律制度、证券交易制度和相关信息披露制度，采用国际股票融资实践中的惯例，其发行效率和股票流动性均优于境内上市外资股。

(3) 间接境外募股上市。它是指一国的境内企业通过其在境外的控股公司向境外投资人募集股份筹资，并将该募集股份在境外公开发售地的证券交易所上市的股票融资方式。依其公司重组方式又可分为通过境外控股公司申请募集上市和通过收购境外上市公司后增募股份两种。

间接境外募股上市的运作方法：①境内机构作为发行人设立或收购境外法人。根据股票上市地法律要求设立或收购境外有限责任公司，成立境外法人，其公司章程与公司设立均适用当地法律。②依据当地法律进行股票发行申请、上市审核、招股说明书、信息披露责任、股票交易等，发行人经审计的会计报表也仅采用股票上市地要求的会计准则。③境内机构作为境外投资人通过合资企业法控股境外企业。境内企业多为中外合资有限公司或中外合作有限公司，其公司章程、会计准则、利润分配和境外资金投入均适用中国的有关法律。④境内机构向中国有关部门申请对境外控股公司进行控股权投资。根据我国法律规定，间接境外募股上市虽不受计划额度制度约束，但境内机构（特别是国有机构）对境外控股公司的投资须取得对外经贸部的批准和许可，以境内机构控股而实施的间接境外上市还须经证券监管部门批准后方可实施。

间接境外募股利用了境内合资法律、制度和境外市场所在国的法律，使境外投资人对境外上市公司有较强的认同感和信心，而其股权利益则由境外上市公司代表股东向境内的合资企业主张。这类国际股票融资在发行效率、股票流动性和市场表现上均优于境外上市外资股结构。

（4）存托凭证境外上市。存托凭证（Depositary Receipt）又称"存股证"，它是由一国存托银行向该国投资者发行的一种代表对境外公司证券所有权的可流通证券，是为方便证券跨国界交易和结算而创新的金融工具。存托凭证所代表的基础证券通常为境外公司的普通股，但已扩展到优先股和债券。目前最常见的存托凭证主要为美国存托凭证（ADR）及欧洲存托凭证（EDR）。我国上海石化、上海二纺机、马鞍山钢铁公司等均采取 ADR 境外上市。

存托凭证上市的当事人必须包括发行人、股票承销人、存托银行、存托凭证承销人和托管银行等。其具体运作包括5个环节：①发行人通过承销人发售股票、存托银行购买、托管银行托管。发行人通过国际承销人发售股票，境外存托银行代表境外投资者认购股票，并委托股票发售地的托管银行负责保管、管理股票。托管银行通常为存托银行的附属机构或代理行。②存托银行发售存托凭证。依据所认购的股票，通过承销人向其本国投资人或国际投资人发行代表该股票的存托凭证。每一单位存托凭证依发行价代表一定数量的股票，并将发售存托凭证所获得的资金用于支付认购股票的款项。③存托银行申请存托凭证上市。存托银行负责申请存托凭证在其所在国的证券交易所上市，负责办理存托凭证的注册和过户，同时向存托凭证投资者保证股票在其市场所在国的可流通性。④存托银行代表存托凭证投资人主张权利。存托银行代表存托凭证投资人通过托管银行向股票发行人主张权利、负责向股票发行人质询信息，并代向存托凭证持有人披露涉及股票发行人的信息和其他涉及存托凭证利益的信息，代向存托凭证持有人派发股息。⑤存托凭证注销过程。存托银行通常借助金融市场以回购要约方式向存托凭证持有人购回存托凭证，然后存托银行向股票经纪商出售股票，存托银行将购回的存托凭证注销后，将出售股票收入偿付存托凭证投资人。

拓展思考：

近年来，我国出现多家在海外上市的企业选择私有化进程从海外退市，然后再重新登陆中国大陆股票市场。这些企业选择这一历程的动机是什么？

专栏 9-1

欧洲隧道项目融资的经验

1986年2月，英国首相撒切尔夫人和法国总统密特朗就合作开发海峡隧道签署了"坎特伯雷条约"。该条约确定了欧洲隧道的基本框架，其中第一条明确规定，"海峡隧道连接将采用不得对政府资金或政府的财务或商务担保进行追索的融资方式"——这是撒切尔夫人能够接受该项目的基本点。该条约永远地关上了使用公共资金建设英吉利海峡隧道的大门，换句话说，只能使用私人资本建设、运营英吉利海峡隧道。

同年，英法两国政府发出建立海峡两边"固定连接"的招标公告。英国的海峡隧道集团和法国的法兰西芒什股份有限公司联合提出了用铁路班车运送旅客和汽车的三洞隧道方案，该方案因比其他3个投标方案简单易行而中标。英法两家公司建立了一个合伙制公司——欧洲隧道公司，所有收益和损失由英法两家公司平均分担。

在"坎特伯雷条约"的框架下，两国设立了一个政府间委员会（IGC），代表两国政府对欧洲隧道项目进行监督。政府间委员会下设一个安全局，其职责是就环境、运行和安全等问题选派专家对设计、规程、规范和施工进行评审和监督。

欧洲隧道公司估计需要47亿英镑建立该隧道系统，其中建筑成本为28亿英镑、其他成本为5亿英镑、价差预备费为5亿英镑、净融资成本为10亿英镑。为了满足上述的成本要求及应对可能的成本超支，欧洲隧道公司计划融资60亿英镑。融资结构为：股权为10亿英镑；债务为50亿英镑。

共15家大型私人企业作为发起人，于1986年9月共同出资4 700万英镑股权资本，其中英法两国企业各占一半。1986年10月，机构私募认购股权2.06亿英镑。欧洲投资银行作为财务协调员参与了该高速公路项目，这释放出欧洲支持欧洲隧道项目的至关重要的信号。1987年9月，220家银行参与并签署了银行辛迪加信贷协议，表明欧洲隧道项目得到了银行界的极大支持。银团向欧洲隧道项目贷款50亿英镑的协议签署于1987年10月。1987年11月，欧洲隧道公司正式公开发行股票2.2亿股，发行价格为3.6英镑，募集了7.7亿英镑。自此，欧洲隧道公司从合伙制公司变为股份有限公司。截至1994年末，欧洲隧道公司分7次采取各种方式募集到权益资本24.34亿英镑，还有部分必要时可动用的潜在权益资本2.7亿英镑。除了权益资本外，欧洲隧道公司还向5大银行为首的银行辛迪加先后举债91.47亿英镑。最终欧洲隧道于1994年投入运营。

资料来源：李明哲. 欧洲隧道项目融资的经验教训［J］. 技术经济，2013（10）.

【本章要点】

1. 国际融资泛指一个国家或地区内的政府部门、金融机构或企业与其他国家或地区的政府部门、金融机构或企业之间所进行的跨境资金融通活动。

2. 根据融资目的或用途不同,国际融资业务可以分为国际贸易融资、国际项目融资和一般国际信贷融资三大类。

3. 国际贸易融资是金融机构为进口方和出口方提供的与进出口贸易往来有关的融资业务。

4. 国际项目融资是指金融机构为特定的工程项目而向企业提供的跨境融资业务。

5. 一般国际信贷融资是指不属于贸易融资和项目融资的跨境融资,主要包括政府、金融机构、公司企业为解决资金短缺、调剂外汇余缺、弥补国际收支逆差、维持汇率稳定等需要进行的跨境融资。

【思考题】

1. 常见的短期国际贸易融资方式和中长期国际贸易融资方式各有哪些?
2. 国际信用证业务的基本操作流程是怎样的?银行在国际信用证业务中有哪些常见风险和对应措施?
3. 国际项目融资有哪些特点?
4. 国际融资方式中 ABS 方式有哪些优点?
5. 政府贷款与国际开发性金融机构贷款在性质上和操作上有哪些区别?
6. 国际债券融资和国际股票融资方式各有哪些优劣?

【技能案例】

山东中华发电项目融资

该项工程是我国迄今为止装机规模最大、结构最复杂、贷款额最高的 BOT 电力项目。曾被《欧洲货币》《项目融资》等多家全球著名金融杂志列为 1998 年度最佳项目融资计划。该项目总投资 168 亿元人民币,总装机规模 300 万千瓦。项目由山东省电力公司、山东国际信托投资公司、香港中华电力投资有限公司以及法国电力公司共同发起的中华发电有限公司承担。工程项目公司于 1997 年成立,1998 年开始运营,计划于 2004 年最终建成。公司合作经营期为 20 年,经营期结束后,电厂资产全部归中方所有。

中华发电有限公司是山东省电网中最大的发电企业之一,其销售对象是山东电力集团公司经营的山东电网。由于与山东电力的合作对公司的发展影响较大,在项目谈判期间,公司与山东电力签署了《运营购电协议》,协议保障了公司每年的最低售电量,并规定电价为成本分红价格,基本上确保了公司的收益。

中华发电项目运营较为成功,累计实现税后销售利润近 24 亿元人民币。出色的业绩当然与公司优良的管理结构,高素质的管理队伍,规范的经营分不开。

资料来源:编者根据道客巴巴网站《山东中华发电项目融资分析》摘编而成。

技能考核
通过此案例理解分析国际融资的作用。

【实训操作】

实训任务 查找有关我国商业银行提供的出口押汇和进口押汇业务案例,分析其区别与联系。

政策管理篇

第十章 国际储备

> **教学目标：**
> 1. 了解国际储备的基本含义、构成、来源和作用；
> 2. 了解国际储备规模与结构管理的基本内容；
> 3. 了解中国国际储备状况，对外汇储备规模和结构进行分析。

▶ 引导案例

全球央行囤积外汇储备

全球央行正在囤积外汇储备，新兴经济体的外汇储备在经过两年的大幅下滑后已经企稳。在全球最大的 30 个新兴市场中，有 2/3 的经济体去年外汇储备实现增长，其中以色列、越南和捷克共和国的外汇储备规模近期还创出历史新高。中国 2 月份外汇储备余额环比增长 69 亿美元，实现 8 个月以来的首次回升，重新站上 3 万亿美元大关。

即使是一些欧洲国家的央行也增加了自身的外汇储备规模。在欧洲，外汇储备的大幅增长通常与面临严重的全球性压力的时期相关。瑞士央行称，上个月其外汇储备猛增近 250 亿瑞士法郎（约合 246.3 亿美元），至 6 680 亿瑞士法郎，创 2014 年 12 月（瑞士取消瑞郎上限前一个月）以来最大增幅。瑞士外汇储备规模已超过瑞士整体国内生产总值（GDP）。而丹麦央行也加快了购买外汇的步伐。

外汇储备上升往往令投资者感到宽慰，因为这些数据显示了各个国家有能力应对对其外汇造成冲击的市场危机或经济衰退。对增长迅猛但不稳定的新兴市场而言，外汇储备尤其重要，此类储备通常用于支付进口商品和偿还外币债务。

Western Asset Management 新兴市场债务部门主管 Chia-Liang Lian 称，外部储备是主权国家防范危机和债务违约的一种保险形式。

但许多投资者和分析师担心，外汇储备囤积背后的原因是全球贸易和资本失衡，而如果出现政治和经济方面的扰动因素，这有可能导致全球市场易受到新危机的打击。

一些分析师预计，如果美联储不断推动利率走高，那么美元将迎来另一轮走强期，而这是一个潜在冲击因素。在去年年初全球市场掀起抛售热潮期间，强势美元加上发展中国家以美元计价的债务水平上升加剧了新兴市场资产的溃败。

不断增加的外汇储备总额也表明，央行官员们因担心全球经济形势正在增持美元，尽管投资者的看涨情绪已推动道·琼斯指数在今年连创纪录新高并突破 21 000 点关口。

美国和欧洲经济增速正在加快，分析人士称，如果美国总统特朗普（Donald Trump）推进公司税改革和放松监管的计划，美国经济有望实现更快速增长。新兴市场外汇储备的增加一定程度上归因于大宗商品价格上涨。大宗商品在发展中国家的出口中占据很大比例，去年大宗商品价格上涨了28%左右。此外，资本流入也提振了新兴市场国家的外汇储备水平。去年，不包括中国在内的新兴市场国家资本流入量增长近60%，达到1 920亿美元。国际货币基金组织（International Monetary Fund，IMF）的数据显示，2014年新兴市场外汇储备水平达到8万亿美元的峰值。之后，在新兴市场国家央行动用约1万亿美元外汇储备用于提振不断贬值的本国货币后，这些国家的外汇储备水平大幅下降。

不过，去年这种外储消耗势头暂停。据惠誉国际评级（Fitch Ratings）估计，去年，全球最大的30个新兴市场（不含中国）外汇储备水平企稳于3.9万亿美元。

在上个月外汇储备再度增长之前，中国一直是个例外。经济学家将2月份外储增长归因于政府为控制资本外流、阻止人民币兑美元走软以及提振国内低迷的经济信心而采取的全面举措。

资料来源：中国贸易促进网，http://www.tdb.org.cn/news/781820，2017-03-09.

思考：什么是外汇储备？外汇储备囤积的原因是什么？国际储备对一国有何作用？

第一节　国际储备概述

一、国际储备的含义

（一）什么是国际储备

国际储备（International Reserve）也称"官方储备"，是一国货币当局持有的，用于国际支付、弥补国际收支逆差和保持汇率稳定及可用于其他紧急支付的国际间普遍接受的所有流动资产的总称。

一国的国际储备一般可以划分为自有储备和借入储备。自有储备即狭义的国际储备，指由黄金储备、外汇储备、在国际货币基金组织的储备头寸和国际货币基金组织分配给成员国的特别提款权等四项组成。借入储备主要包括信贷协议、互惠信贷协议、本国商业银行的对外短期可兑换货币资产等。广义的国际储备包括了自有储备和借入储备，是货币当局实际直接有效控制的资产，体现了一国调节国际收支和稳定汇率的能力。

（二）国际储备的特征

作为国际储备资产，一般需要具有以下特征：

1. 官方持有。作为国际储备的资产必须是一国货币当局直接掌握并予以使用的。一般金融机构、企业和私人所持有的黄金、外汇等资产不能算作国际储备。

2. 自由兑换。作为国际储备的资产必须可以在国际间不受限制地自由兑付，与其他金融资产相交换。一国货币自由可兑换取决于该国货币在国际经济中的地位和作用。

3. 充分流动。作为国际储备的资产必须是随时都能够转移和转换的资产，如可以随时变现的有价证券、活期外汇存款等。

4. 普遍接受。即作为国际储备的资产，必须能够为世界各国普遍认同与接受、使用。

(三) 国际储备与国际清偿力

国际清偿力是一国政府在国际经济活动中能动用的一切国际支付手段的总和。按照国际货币资金组织的定义，国际清偿力除国际储备外还包括一国对外借款能力，不仅包括无条件的信贷部分，还包括有条件的信贷部分。

国际清偿力与国际储备相关，但又是不同的概念。国际清偿能力的概念要大于国际储备，国际清偿力是自有储备、借入储备总和。其中，自有储备是国际清偿力的主体，可以看成是狭义的国际清偿力；广义国际清偿力则是指国际收支融资的现实能力，即除国际储备外还包括一国从国外借入的外汇储备、该国商业银行的短期外汇资产和该国官方及私人拥有的中、长期外汇资产。所以，国际储备是一国具有的现实对外清偿能力，国际清偿能力则包括现有的对外清偿能力和潜在的对外清偿能力。

自有储备 = 货币性黄金 + 外汇储备 + 普通提款权 + 特别提款权
狭义的国际储备 = 狭义的国际清偿能力 = 自有储备
广义的国际储备 = 自有储备 + 借入储备 = 广义国际清偿力

二、国际储备的构成

目前，国际货币基金组织成员国的国际储备，一般分为四种类型：黄金储备、外汇储备、在国际货币基金组织的储备头寸和分配给成员国的尚未动用的特别提款权。

(一) 黄金储备

黄金储备（Gold Reserve）亦称"货币性黄金"，是指一国货币当局作为金融资产持有的黄金。黄金是世界货币，黄金的天然属性使其天然地成为国际储备资产。黄金一直是国际储备的主要来源之一，在国际金本位制和布雷顿森林体系时期，黄金是最理想的国际流通手段和国际储备资产，资本主义国家一直把黄金作为官方储备。随着以美元为中心的国际货币制度的建立，美元、英镑和西方其他自由兑换货币相继成为各国储备的主要对象，从而导致黄金在各国储备资产中所占的比重不断下降。1976年，牙买加体系阶段IMF推行"黄金非货币化"，黄金与国际货币制度和各国的货币脱钩，不再作为货币制度的基础，也不用于政府间的国际收支差额清算。此后黄金的地位进一步被削弱，黄金的地位与作用明显下降。

尽管黄金作为货币的职能已大大降低了，但黄金长期以来一直被人们认为是一种最后的支付手段，它的贵金属特征使它易于被人们所接受，各国货币当局仍可以在国际黄金市场较方便地通过出售黄金获得所需的外汇。所以，在国际货币基金组织统计和公布各成员国的国际储备时，仍然将黄金储备列入其中。据世界黄金协会公布的报告显示，截至2017年2月，全球官方黄金储备共计33 259.2吨，其中，欧元区（包括欧洲央行）共计10 786.0吨，占总外汇储备比重的 53.6%；央行售金协议（CBGA）签约国共计 11 951.8 吨，占总外汇储备比重的 29.7%。国际货币基金组织黄金储备为 2 814 吨，其他主要国家黄金储备情况见表 10-1。

表 10-1　　　　世界各国黄金储备排名榜 TOP10（2017 年 2 月）

排名	国家	黄金储备（吨）	黄金占外汇储备（%）
1	美国	8 133.5	73.8
2	德国	3 377.9	67.6
3	意大利	2 451.8	66.8
4	法国	2 435.8	61.5
5	中国	1 842.6	2.2
6	俄罗斯	1 615.2	15.2
7	瑞士	1 040.0	5.6
8	日本	765.2	2.3
9	荷兰	612.5	62.8
10	印度	557.8	5.7

资料来源：世界黄金协会（WGG）。

（二）外汇储备

外汇储备（Foreign Reserve）是一国货币当局持有的国际储备资产的外汇部分，其主要形式为国外银行存款和外国政府债券。外汇储备是当今国际储备中的主体，其资金数额超过所有其他类型的储备资产，在实际的国际支付中使用频率最高，规模最大。第二次世界大战前，英镑在储备货币中占有统治地位，战后美元占据主导地位。随着日本、西德等国家迅速崛起和布雷顿森林体系的崩溃，出现了储备货币多元化的格局，除了美元和英镑外，德国马克、日元、瑞士法郎、欧洲货币单位等都被用作储备货币。目前，主要的储备币种为美元、日元、欧元和英镑等，其中最主要的国际储备货币仍然是美元。

（三）在 IMF 的储备头寸

国际货币基金组织（IMF）的储备头寸（Reserve Position）指成员国在国际货币基金组织普通账户中可以自由提取和使用的资产，亦称普通提款权（General Drawing Rights）。当一国加入国际货币基金组织时必须向该组织入股基金，其数额的大小主要取决于该会员国在国际货币基金组织认缴的份额。成员国在国际货币基金组织缴纳的份额（即储备头寸）可以分成两个部分：一是成员国以储备资产（外汇和黄金）认缴其份额 25% 所形成的对国际货币基金组织的债权，这部分储备头寸称为"储备档贷款"；二是国际货币基金组织用去的本国货币持有量部分，这部分储备头寸称为"超储备档头寸"，占份额的 75%。

储备头寸是成员国在国际货币基金组织里的自动提款权，成员国可以无条件地提取以用于弥补国际收支逆差。一国若要使用其在国际货币基金组织的储备头寸，只需向基金组织提出要求，国际货币基金组织便会通过提供另一国的货币予以满足。提款的数额分为五个档次，每一个档次占其份额的25%，第一档次提款的条件最为宽松，只需申请国际货币基金组织便会予以满足，其余四档均为信用提款权，需要严格审批才可提取。

（四）特别提款权

特别提款权（Special Drawing Rights，SDR_S）是国际货币基金组织根据成员国份额分配的可以用于归还国际货币基金组织贷款和会员国政府之间偿付国际收支逆差的一种账面资产。

国际货币基金组织为弥补会员国际储备的不足，于1969年创设了这种国际统一储备资产和记账单位，亦称"纸黄金"。特别提款权是无偿分配给会员国的一种资金使用权利，是作为会员国原有的提款权即普通提款权的一种补充。当某一成员国在发生国际收支逆差时，可以动用特别提款权向基金组织指定的其他会员国换取可兑换货币，以弥补国际收支逆差或偿还基金组织的贷款。而各成员国在享有SDR_S提款便利的同时，必须承担两项义务：一是通过分配获得的SDR_S要支付利息；二是在IMF需要时，按其指定会员国接收SDR_S，并兑给相应的货币。

与其他储备资产相比，特别提款权有如下特点：（1）人为创造的账面资产，不具有内在价值；其价格是根据主要发达国家的货币汇率加权平均算出；（2）不以商品贸易及金融交易为基础，由基金组织按份额比例分配给各会员国，无须偿还；（3）只能由国际货币基金组织、国际清算银行以及国际货币基金组织各成员国政府持有，用途严格；（4）价值比较稳定。特别提款权创立初期，它的价值由含金量决定，规定35个"特别提款权"单位等于1盎司黄金，与美元等值。1974年，美元与黄金脱钩后改由16种货币加权平均计算，1981年起又改为按美元、联邦德国马克、日元、法国法郎和英镑五种货币定值，其中美元所占权数为42%，德国马克占19%，日元、法国法郎和英镑各占13%。1999年1月1日欧元启动后，德国马克和法国法郎变成等值的欧元。

> **知识窗**
>
> 自2016年10月1日起，人民币被认定为可自由使用的货币，并作为除美元、欧元、日元和英镑之外的第五种货币加入特别提款权货币篮子，每种货币的权重分别为美元41.73%，欧元30.93%，人民币10.92%，日元8.33%，英镑8.09%。

综上所述，黄金、外汇储备、储备头寸和特别提款权等构成一国的国际储备，其中外汇储备占绝大部分。从20世纪90年代以来，我国外汇储备的份额均在90%以上，其他部分相对稳定。

三、国际储备的来源

（一）收购黄金

一国货币当局可以从国内市场上收购黄金，也可以在国际金融市场上购买黄金，两者都将增加黄金的储备量，不同的是用本币在国内市场上购入黄金将增加国际储备总量，而用外币在国际黄金市场上购入黄金，只是改变国际储备的结构，并不增加国际储备总量。由于黄金产量有限且在国际贸易过程中使用价值不大，因此，黄金在各国国际储备中的比重一般比较稳定。

（二）国际收支顺差

国际收支顺差是国际储备的最主要来源。国际收支中经常项目差额与资本项目差额之和，反映在国际收支平衡表当中就是国际储备的变化额。国际收支中经常项目顺差表现为外币的流入，则必然形成国际储备的增加；国际收支中经常项目逆差，则必然使国际储备减少。国际资本流动规模巨大，当资本流入大于资本流出时，就形成资本项目顺差，成为国际储备的重要补充来源；反之，形成国际收支逆差，减少国际储备。

（三）中央银行干预外汇市场取得的外汇

中央银行干预外汇市场的结果也可取得一定的外汇，增加国际储备。当一国的货币汇率受供求的影响而上升时，该国中央银行往往会对外汇市场进行干预，抛售本币，购进外汇，从而增加了本国国际储备。当一国的货币汇率下浮时，该国中央银行就会购进本币，抛售其他硬货币，从而减少国际储备。

（四）国外借款

一国国际储备还可以通过从国际金融市场或国际金融机构借款来补充外汇储备。另外，储备货币发行国之间还可以通过互换货币协定来互相提供外汇储备。

（五）国际货币基金组织分配的储备头寸和特别提款权

这主要是指国际货币基金组织的成员国在国际货币基金组织中按认缴的份额可提取的储备资产。但是由于数量有限，加之各国一般无法主动增加其持有额，所以，这两部分的变化对一国国际储备供给的影响有限，不是国际储备的主要来源。

此外，储备资产收益和溢价等，也可以成为国际储备的来源。

四、国际储备的作用

一国必须保持适度的国际储备，从而调节国际收支，维持汇率的稳定，提高国家信用，而且适度的国际储备还可以增加国家经济收益。从全球角度看，国际储备促进了国际间商品流通，推动了世界经济的发展。

（一）弥补国际收支逆差

一国在国际经济交往中，不可避免地会发生国际收支不平衡。当一个国家在国际贸易中出现短时间、局部的国际收支逆差，货币当局首要选择就是动用国际储备来弥补此逆差，纠正国际收支困难。动用国际储备可以快速平衡国际贸易逆差的影响，既维护本国国际信誉，又可避免事后被迫采取的一些剧烈的经济紧缩政策对国内经济所产生的负面影响。但是，国际储备仅能起到一种缓冲作用，如果国际收支困难是长期的或根本性的，则动用国际储备并不能彻底解决问题，相反会导致国际储备枯竭。此时，对包括外汇储备在内的储备资产的动用，必须谨慎进行。

（二）维持本国汇率稳定

干预本国货币汇率是国际储备的重要作用。当一国货币汇率出现剧烈波动，尤其是投机因素引起的波动时，政府可动用储备来进行市场干预，甚至改变其波动的方向，使汇率稳定在所希望的水平上。1973年后，国际社会普遍采用浮动汇率制，汇率随行就市而波动频繁且幅度较大，因此各国为了本国的利益，都或主动或被动使用国际储备对本币汇率进行干预。在国际货币市场上，一国货币当局通过出售外币购入本币，可使本国货币汇率上升；或通过购入外币抛出本币，使本国货币汇率下浮。1985年，为进一步达到有效干预汇率波动，西方七个工业发达国家建立了对汇率的联合干预机制。许多国家还建立外汇平准基金，以保证干预外汇市场的资金需要。国际储备的有限决定了外汇市场干预只能对汇率产生短期影响。

（三）充当向外借款的信用保证

国际储备状况是一国金融实力和经济地位的重要标志，是债务国偿债的物质基础与可靠保证。充足的国际储备说明该国国际清偿力强，货币信用得到充分保证，也有助于提高国内外投资者对本国货币汇率稳定的信心，提高本国货币在国际间的信誉。反之，国际储备不足代表偿债能力弱，在国际资本市场的贷款和融资会变得困难。

第二节 国际储备管理

国际储备管理是指一国政府及货币当局根据一定时期内本国国际收支状况及经济发展的要求，对国际储备规模、结构及资产运用等方面所进行的调节和控制。近年来，随着国际储备规模的不断扩大，以及国际储备在国际经济活动中作用的加强，各国已愈来愈重视对国际储备的管理，并根据各国不同的具体情况，采取不同的管理措施。国际储备管理包括两个方面，即国际储备适度规模管理和国际储备资产结构管理。

一、国际储备的规模管理

（一）国际储备规模管理的意义

国际储备是一国调节国际收支逆差、稳定外汇市场的现实能力。随着布雷顿森林货币制度的崩溃和浮动汇率制的实行，国际储备管理问题对于各国货币当局或中央银行变得更为突出和重要了。国际储备规模过小，容易发生支付危机、经济脆弱，抵御金融冲击的能力下降，不利于一国经济的稳定增长；国际储备规模过大，容易造成资本闲置，通货膨胀压力增加，当外币贬值时本国储备资产损失增加。因国际储备规模失当对一国经济带来不利影响的例证比比皆是，如 20 世纪 90 年代末期，东南亚一些国家、地区因国际储备规模小，不具备对抗国际游资冲击的能力，而引发亚洲金融危机；又如我国台湾地区，由于国际储备过多，一直面临巨大的通货膨胀压力，同时经常受到外汇汇率波动的冲击，仅 1995 年春天的美元危机，台湾当局的外汇储备就损失近 20 亿美元。

国际储备规模管理是对国际储备规模进行有效的选择和确定，适度的国际储备规模应当既能满足国家经济增长和对外支付的需要，又可以避免国际储备规模过大造成的机会成本增加。一般情况下，货币当局通过对国际储备和本国 GDP、外债总额、月平均进口额情况进行比较分析，来调整国际储备规模。

（二）决定适度国际储备规模的因素

1. 经济发展目标。理论上讲，一国在经济高速增长时期，投资规模较大，进口数量也较大，此时对资金的需求往往比较旺盛，可以保持较少的国际储备，以便将一部分储备资产用于投资或消费。当一国的经济目标取向为维持经济稳定增长时，可适当增加国际储备的持有量。

2. 持有国际储备的机会成本。国际储备一般以存款等形式存放在外国银行，银行支付的存款利息是其主要收益途径。持有国际储备意味着减少了经济投入，客观上牺牲了用于国内经济发展的资源，造成潜在的投资收益减少形成持有国际储备的机会成本。具体表现为：使用国际储备进口国内急需的物质所带来的投资收益和经济增长，与国外银行存款所带来的利息收益差额形成国际储备的机会成本。国际储备过量将造成国内货币供给量的增加，形成过高通货膨胀的压力，这也构成储备的机会成本。国际储备需求取决于持有国际储备的机会成本和收益两者之间的均衡，当持有国际储备的机会成本高时，就应该减少储备持有量。

3. 汇率政策和汇率制度的选择。经济开放程度低的国家，对外汇的使用都要按计划或经过审批，使用外汇量受到限制，所以外汇储备的要求会较小；而对于经济开放程度较高的国家，则刚好相反。

国际储备的重要作用之一是干预外汇市场，维护汇率稳定。若一国实行固定汇率制，则为维护汇率波动界限，就需要持有较多国际储备以应对可能出现的巨额逆差或大规模的资本投机。而对于实行浮动汇率制的国家，对外汇市场汇率波动的干预较为灵活，只需保持适度外汇储备以防止汇率变动对本国经济造成伤害即可，这时，对国际储备的需求较低。

4. 进口额与国际收支差额。进口规模是影响国际收支进而影响储备需求的主要因素。进口规模大，需要的外汇资金多，出现贸易逆差的概率增加，需要有较多的外汇储备作为后盾。一般以年进口额为分母，以储备量为分子，采用比例法来测算一国的理论储备量。这个测算方法由美国耶鲁大学罗伯特·特里芬教授提出，其认为，一国国际储备合理规模约为该国年进口总额的 20%~51%，实施外汇管制的国家储备量可以少一点，不实行外汇管制的国家储备量可以多一点，对大多数国家储备量应占年进口总额的 30%~40%。

特里芬教授的比例法简单、易于操作，至今仍是国际社会研究储备量的最常用方法。但是，进口总额仅仅表示资金的一种单向流动，只有考虑到进出口收支差额，从资金的双向运动中把握对储备的实际需求，才能得出较为准确的储备需求水平。一般说来，如果一国持续国际收支顺差，则对国际储备的需求较小。如果一国国际收支经常出现逆差，则对国际储备的需求较大，相应地必须保持较高的国际储备。

5. 金融市场的发达程度。金融市场是一国获得储备资产的重要来源和渠道。货币当局可以通过市场操作进行国家干预,金融市场越发达,资金流动越快,对利率、汇率等调节政策的反应越灵敏,储备的需求也相应较小;货币当局也可以通过市场操作获得所需的黄金或外汇,增加储备量。发达的金融市场存在着将民间资金和社会资金转换为央行直接持有的机制,当金融市场越发达则这种转换机制越完善,对外汇储备的要求就越小,反之则越大。

6. 本国货币在国际货币体系中的地位。如果一国货币是国际储备货币,那么,该国就可以用本国货币来进行国际支付,从而无须保持过大的国际储备。第二次世界大战后,美元成为世界上最重要的储备货币,美国成为世界上最主要的储备货币发行国,因此,尽管美国的国民生产总值最大,开放程度和市场化极高,但其外汇的储备并非最多。

7. 国际货币合作状况。当一国政府存在良好的国际资本合作关系,签订较多的互惠信贷和备用信贷协议,则该国需要的自有储备数量就较少,反之,则储备数量需求较大。如果某国是国际货币基金组织成员国,则该国的国际储备中除了黄金和外汇储备外,还包括在基金组织的储备头寸和分配的特别提款权,从而增加了其国际储备的形式,可以缓解对外汇储备的需求,使外汇储备的持有量不必过多。

以上对国际储备规模的影响因素分析涵盖了政治因素、社会因素、经济因素等。一国在不同的发展阶段,面临着不同的国内外政治环境、社会环境和经济环境,所以对最适度国际储备规模的判定是不一样的,至今没有统一的判定标准。由于国际储备影响因素在不断变化,一国在确定国际储备水平时,通常采取确定储备的总量水平,并允许上下有一定比率的浮动,从而将储备水平控制在适宜程度以满足国家经济发展的需要。

> **知识窗**
>
> 国际货币基金组织(IMF)在 2011 年发布的实证性研究《衡量外汇储备适度性》中提出,对于实行汇率管理的国家,外汇储备的适度规模应为 10% 的进口、30% 的短期外债、15% 的证券投资和 10% 的广义货币(M2)总和的 100%~150%。

二、国际储备的结构管理

(一)国际储备结构管理的必要性

首先,20 世纪 70 年代以来,西方国家纷纷采用浮动汇率制,储备货币多元化局面形成,各种储备货币的汇率经常变动,硬通货与软通货经常易位,使国际储备面临汇率风险。其次,国际金融市场利率动荡不定,各种储备货币利率时高时低,影响国际储备收益率。最后,黄金市场价格波动频繁。因此,要求一国货币当局不断调整国际储备结构。

(二)国际储备结构管理的基本原则

1. 安全性,储备资产本身价值稳定可靠。国际储备安全性要求储备资产存放要保持低风险,不易遭受损失。汇率受利率以及政治、经济等偶发事件的影响很大,因此短期来看,应注意主要储备货币发行国家的利率动向,同时也应密切注视世界上"热点"地区事态的发展，避免储备货币贬值风险。长期来看，储备货币发行国的金融状况良好，经济发展趋势稳定，是选择储备货币的关键。此外，应该根据本国对外贸易的地区结构及其金融支付的需求作出选择，使外汇储备币种结构与国际支付所使用货币的结构相一致，以减少外币风险。

2. 流动性，储备资产须能够随时变现为现金。国际储备资产必须是随时能够动用的，当一国国际收支出现赤字时就可迅速动用予以弥补；或当外汇市场波动幅度过大，迅速用于干预外汇市场维持汇率稳定。储备资产的形态决定其流动性，一般来说，活期存款、现钞和汇票等资产的流动性最高，金银、债券等资产流动性弱。

3. 盈利性，储备资产在保值基础上有较高的盈利。在不同的时期，由于货币的名义利率和区域通胀水平的差异导致储备资产产生收益性差异。所以，一国货币当局在管理储备资产时，要使其储备资产在市场经济条件下不断创利增值，降低持有储备资产的机会成本。

以上三个基本原则在国际储备管理操作中往往是相互矛盾的，如黄金、债券的安全性较高，但流动性较差；活期存款的盈利性较小，但流动性较强；软币保值程度差，但盈利性较高，硬币的保值程度好，但盈利性较低。各国在储备资产的经营管理时，主要意图是满足国际支付需要，其次才是资产的增值需要，因此，在考虑储备资产的合理构成时要妥善处理好三个原则的矛盾关系，使得储备资产处于风险较小、收益较好的最佳组合。

（三）国际储备结构管理的内涵

国际储备结构管理是指一国货币当局对储备资产进行的最佳配置，使得黄金储备、外汇储备、在IMF的储备头寸（普通提款权）和特别提款权四部分储备资产持有量及构成比例之间保持合理，使储备资产能符合安全性、流动性和盈利性原则。由于普通提款权和特别提款权的数量都取决于各国向IMF缴纳的份额，不可随便更改，所以对国际储备结构管理主要是对黄金储备和外汇储备结构的管理。

1. 黄金与外汇之间的比例结构。虽然黄金储备在稳定国民经济、抑制通货膨胀、提高国际资信等方面有着特殊作用，但从全球范围上看，各国对黄金储备的管理方式倾向于采取保守的、数量稳定的黄金储备管理政策。其主要原因：第一，黄金储备不能像其他储备资产那样可以投资和生息，收益率从长期来看基本为零，而且还要支付保管费用。第二，国际黄金储备供不应求。第三，虽然国际黄金市场发达，但黄金储备的流动性差，且黄金价格的变动频繁对资产实际价值影响很大。

2. 外汇储备的币种选择。外汇储备本身所具备的流动性、安全性和盈利性均优于黄金储备，因此外汇储备在国际储备中所占的比例很高。外汇储备的结构管理主要是储备货币的币种结构选择，即合理确定各种储备货币在一国外汇储备中所占的比重。选择和确定外汇储备币种结构的基本原则为：

（1）采用多元化货币结构。多元化货币结构可以保护外汇储备资产的相对稳定，在不同货币汇率涨跌情况下，货币多元化结构使得外汇储备资产大体保持平衡，做到在一些货币贬值时遭受的损失能从另一些货币升值中得到补偿，提高外汇资产的保值和增值能力。布雷顿森林体系解体后，美元的国际地位虽有所下降，但由于各国国际结算仍以美元为主，美国的货币市场、证券市场发达，每年发行巨额短期国债，为其他国家投融资提供便利条件。因此，美元仍然是国际上主要的储备货币。除了美元储备外，各国还选择币值稳定，经济实力较强的欧元、日元等作为储备货币，以达到分散外汇风险，维持资产平衡或收益的目的。

(2) 判定储备货币的需求。储备货币币种和数量要与国际支付所需的币种和数量保持大体一致，即外汇储备币种结构与该国对外贸易支付所使用的货币结构、还本付息货币结构和干预外汇市场所需要的外汇结构保持一致，以降低外汇风险。一些储备货币发行国可以用本币弥补收支逆差，也会选择其他国家的货币作为本国的外汇储备，以随时满足干预外汇市场的需要。如美国会选择欧元、日元等作为储备资产，在美元对欧元或日元贬值时，抛出手中的欧元或日元资产，购入美元以维护汇率稳定。

(3) 注意储备货币的汇率和利率变动。一国货币当局应根据各种储备货币的汇率变动幅度进行选择，尽可能减少汇率变动大的货币储备，增加汇率变动小的货币储备。国际金融市场在受到外汇投机和政府干预的影响下，短期汇率变动频繁，变动趋势很难被预测，选择汇率波动幅度较小的货币资产可以减少汇率变动带来的贬值风险。尽可能选择硬币，并根据硬软货币的走势及时调整和重新安排币种结构。硬币的利率水平较低，持有硬币可避免汇率风险损失，但要损失一定的利息。所以在选择硬软币时，还需要权衡"利率风险"与"汇率风险"的得失。

3. 外汇储备资产形式的选择。外汇储备中除了对不同币种作出选择外，对同一种货币储备的不同资产形式也应该有所选择。根据流动性、安全性和盈利性，储备资产可分为三个层次：一级储备，即流动性最高，但收益性较低的资产，如纸币、活期存款、短期国库券和商业票据；二级储备，即流动性略差而盈利性较高的资产，如中长期债券；三级储备，即投资收益率一般较高，但流动性和风险性相对较大的资产，如公司债券、股票和衍生证券。一级储备资产由于流动性强，在国际支付和稳定汇率方面起着关键性作用，所以应保持充足性。二级储备变现能力强，在突发事件出现时起着一定兼顾保险、稳定、收益的作用。三级储备主要作用是，当国家储备已经满足平衡国际收支和经济稳定发展时，最大可能地增加储备收益。

第三节 中国的国际储备

国际储备对一国经济发挥着调节国际收支、保证对外支付能力、干预外汇市场、稳定本国货币汇率、增强综合国力与抵御风险、提高政府的信誉保障度等方面发挥着重大作用。

一、我国国际储备的基本状况

改革开放前，我国实行计划经济体制，没有建立与国际经济接轨的国际储备制度。自1980年4月17日，我国正式恢复了在 IMF 和世界银行的合法席位以后，我国国际储备资产和其他国家一样由黄金、外汇储备、在国际货币基金组织的储备头寸和特别提款权四部分构成。尽管近年来中国在国际货币基金组织的储备头寸以及特别提款权有所增加，但增加幅度不大，在国际储备中所占份额很小。因此，我国国际储备问题的重点应放在黄金储备和外汇储备上。

(一) 黄金储备

我国一直实行稳定的黄金储备政策，并依据国家黄金库存的增长状况以及对外经济贸易发展的需要逐步调整。1978~1980年我国的黄金储备规模为1 280万盎司，1981~2001年为1 267万盎司，2001年12月增加到1 608万盎司，2002年12月进一步增加为1 929万盎司，2009年增加到3 389万盎司，2015年9月达到5 493万盎司，2016年10月至今黄金储备一直维持在5 924万盎司的水平。我国黄金储备持续增长，但占国际储备总额的比重仍远低于发达国家的水平。

（二）外汇储备

1. 外汇储备统计口径发生变化。1992年之前，我国的外汇储备由国家外汇库存和中国银行外汇结存两部分组成。国际外汇库存是国家的对外债权，由国际收支经常项目顺差逐步累积而成，国家拥有所有权，可以无条件动用。而中国银行外汇结存是该行在国内外吸收的外汇存款，在国际金融市场上筹集的外汇资金与该行外汇资本金之和减去其外汇贷款和投资的余额，是该行的资本金和对外负债，国家不能无条件动用。按照国际惯例，商业银行的外汇库存应看成商业银行的外汇资金，不应该作为国际储备。

鉴于此，为更好地反映我国国际储备的实际规模，同时更好地适应国际金融市场的发展，尽快与国际通用的惯例接轨，1992年年底，我国对外汇储备统计口径进行了调整，外汇储备总额中不再计算中国银行外汇结存这部分。

2. 外汇储备规模增长迅速。外汇储备为我国国际储备资产的最主要的形式，自改革开放以来，我国外汇储备数量增长迅猛，并呈现出明显的阶段性特征（表10-2）。

第一阶段为外汇储备的艰难积累期（1978~1993年）。新中国成立初期，外汇储备极为匮乏。1978年，我国国家外汇库存只有1.67亿美元，1980年，我国恢复在IMF和世界银行的合法席位后才开始编制国际收支平衡表，当年我国外汇储备是负12.96亿美元。1981年开始，外汇储备不断增加。但一波三折，1984年通货膨胀加剧，进口猛增，出口下降，外汇储备连续减少。为此，1989年和1990年人民币汇率两次下调，贬值近40%，有力推动了出口。1990年达到110.93亿美元，1993年增长到211.99亿美元。

第二阶段为外汇储备的迅速增长期（1994~2014年）。1994年推进外汇体制改革，人民币大幅贬值，同时实行外汇结售汇制度。1996年，外汇储备增加到1 050亿美元。1998年，受亚洲金融危机的影响，人民币不贬值政策使出口遭受压力。但随后，外汇储备增加更加迅猛。我国加入世贸组织的2001年，外储超过2 000亿美元。2006年，中国外汇储备突破万亿美元，超过日本成为世界第一。2009年4月末外汇储备首次突破两万亿美元，2011年3月末突破3万亿美元，2014年，中国的外汇储备达到历史峰值，超过3.8万亿美元。

第三阶段为外汇储备的战略减持期（2015~2016年）。我国外汇储备在2014年达到峰值后开始"掉头"，2015年，我国外汇储备急剧减少了5 126.56亿美元，这也是有史以来最大的降幅，占全球外汇储备的比重也显著下降了3个百分点。2016年，外汇储备下降的趋势更加明显，年底降至30 105.17亿美元，截至2017年1月底，我国外汇储备规模为29 982.04亿美元，连续七个月"缩水"，并自2011年2月以来首次跌破"3万亿"关口。

总体而言，随着我国经济的快速发展，国际收支顺差增加，人民币升值预期加强，大量游资涌入，外汇储备保持了快速增长态势。目前，外汇储备已成为我国国际储备的绝对主体，约占总国际储备额的97%。中国97%的储备资产为外汇储备，约占全球外汇储备的29%。

我国外汇储备主要来源于国际收支顺差，以2014年底国际收支来看，经常项目顺差2 138

亿美元、资本和金融项目逆差 960 亿美元，外汇储备资产增加 1 188 亿美元。可见，在外汇储备的来源中，主要是国际收支顺差，尤其是经常项目顺差占比较大，造成结构不平衡。

在我国的外汇储备中，美元占到绝大多数，据估计，我国外汇储备中美元约占 70%，欧元和英镑约占 20%，日元约占 10%。这种以美元为主的外汇储备币种格局主要由国际储备体系、我国的贸易结构和资本流动等因素的影响所决定。从国际贸易和国际资本流动所使用的结算货币来看，美元是最主要的支付和计价货币，现阶段，美国、欧元区、日本、韩国等目前是我国最主要的贸易伙伴，相应地，美元、欧元、日元等也自然会在我国外汇储备币种构成中占重要的地位。在资本流动上，对我国投资的国家和地区中大多以美元来进行投资，这也是我国外汇储备中美元独大的一个原因所在。

表 10-2　　　　　　　1978 年以来我国历年外汇储备及增长情况　　　　单位：亿美元

年份	外汇储备	环比增速（%）	年份	外汇储备	环比增速（%）	年份	外汇储备	环比增速（%）
1978	1.67	—	1991	217.12	95.73	2004	6 099.32	51.25
1979	8.40	402.99	1992	194.43	-10.45	2005	8 188.32	34.25
1980	-12.96	-254.29	1993	211.99	9.03	2006	10 663.44	30.23
1981	27.08	-308.95	1994	516.20	143.50	2007	15 282.49	43.32
1982	69.86	157.98	1995	735.97	42.57	2008	19 460.30	27.34
1983	89.01	27.41	1996	1 050.49	42.74	2009	23 991.52	23.28
1984	82.20	-7.65	1997	1 398.90	33.17	2010	28 473.38	18.68
1985	26.44	-67.83	1998	1 449.59	3.62	2011	31 811.48	11.72
1986	20.72	-21.63	1999	1 546.75	6.70	2012	33 115.89	4.10
1987	29.23	41.07	2000	1 655.74	7.05	2013	38 213.15	15.39
1988	33.72	15.36	2001	2 121.65	28.14	2014	38 430.18	0.57
1989	55.50	64.59	2002	2 864.07	34.99	2015	33 303.62	-13.34
1990	110.93	99.87	2003	4 032.51	40.80	2016	30 105.17	-9.60

资料来源：根据中国人民银行数据整理。

二、我国国际储备的规模管理

改革开放初期，我国国际储备严重缺乏，不能满足经济运行的需要。在 20 世纪 80 年代中期，我国国际储备曾经一度减少，经过多年努力，目前我国国际储备总量超过日本居世界第一位。随着中国国际地位不断提高和对外贸易不断发展，外汇储备额在未来较长时间内将保持快速增长趋势。

（一）我国国际储备保持较大规模的必要性

1. 我国对外贸易存在着外贸依存度高、出口粗放、商品结构不合理和贸易摩擦不断等问题。解决问题的关键之一是保持中等偏高的国际储备水平以满足贸易支付的需要。

2. 近年来,中国经济高速发展吸引大量的国外资本流入,特别是其中的游资、热钱更会对我国经济产生重大影响。因此,充足的外汇储备在维持我国经济平稳、社会稳定方面起着关键性作用。

3. 2005 年,我国深化汇率制度改革,实行了以市场供求为基础参考"一篮子"货币对人民币汇率进行管理和调节的浮动汇率制。随着中国经济改革进程,将逐步实现人民币资本项目可兑换,在客观上需要有充分的储备用以应付随时可能发生的兑换要求,维持外汇市场和汇率的相对稳定。

(二) 国际储备规模过大的负面影响

但国际储备也不宜过多,过多的国际储备虽然有较强的平衡国际收支的能力和抑制外汇市场波动的功能,但对经济的负面影响也是相当严重的。具体表现在以下几个方面:

1. 外汇储备额过大,增加人民币升值压力,削弱我国产品的国际竞争力。在现有的人民币汇率制度下,如果央行没有有效的资产来对冲过多的外汇占款,外汇储备的迅速增加会推动人民币不断升值。近年来,外资和热钱流入中国,人民币面临巨大升值压力。由于现阶段对外贸易仍是拉动中国经济增长主要动力,产品出口竞争力的弱化会直接影响到国民经济增长速度,影响中国经济的可持续性发展,所以人民币目前不宜大幅升值。

2. 外汇储备额过大,增加通货膨胀压力,影响经济发展。外汇储备增加导致央行的外汇占款增加,基础货币投放规模亦相应扩大,再通过货币乘数效应,形成货币供应量大幅度增长,从而造成通货膨胀,对宏观经济运行造成不利影响。央行为了缓解通货膨胀压力而采取经常性的"对冲"操作,降低货币政策的独立性,且央行每年还要支付一笔不菲的利息成本,所以,"对冲"只能说在一定程度有效,不能从根本上解决问题。

3. 外汇储备额过大,意味着储备资产机会成本增加。在借入大量外债的同时持有巨额外汇储备,等于将外汇存于外国银行让外国人使用,而我们却以高利率形式向外国借款,造成宝贵资源的低效率使用。进入 21 世纪以来,全球主要经济体进入低利率周期,国际金融市场投资收益率也处于低迷期,造成了我国外汇储备的投资收益降低。同时,持有外汇储备增加表示放弃更多的实际资源使用,从而将丧失这些资源投入所形成的国内经济增速提高,由此凸现了我国高额外汇储备的成本。

此外,外汇储备额过大还有其他一些负面影响,如增加储备资产管理风险,增加外债负担,造成储备资产的流动性减弱;存在长期的贸易顺差,引起有关国家的不满甚至报复;失去获取国际金融组织低息贷款的权利等。因此,不能低估国际储备过高的负面影响,应积极寻求对策以减少外汇储备过高造成的负面效益。

三、我国国际储备的结构管理

(一) 我国国际储备的结构问题

近两年,我国在黄金储备、IMF 储备头寸以及特别提款权的全球份额均有所增加,但增加的幅度不大。外汇储备增减是造成我国国际储备资产总额变动的主要原因,因此,我国储

备资产结构管理的重点是外汇储备的结构管理。现阶段,我国国际储备结构问题主要表现在:

1. 储备资产结构不平衡。储备资产中外汇资产占绝大部分,黄金储备比重很小,造成我国储备资产的抗汇率风险能力低,储备资产的保值能力差。2007年,始于美国的次贷危机引发了全球金融海啸,造成国际黄金期货价格大幅上涨和同期美元大幅贬值,这直接导致我国储备资产价值的缩水。另外,国际黄金市场价格和石油期货价格存在一定的联动关系,而我国是一个石油进口和消费大国,较小的黄金储备不利于我国的经济安全。

2. 外汇资产的币种结构单一。根据美国财政部和国际货币基金组织(IMF)最新的数据,我国外汇储备有约70%是以美元资产形式持有的,包括美国国债、住房抵押贷款担保证券和公司债券等,因此,我国外汇储备主要承担美元贬值风险(图10-1)。据估算,在美国次贷危机全面爆发后一年半内,美元对人民币累计贬值幅度约9%,若以1.9万亿美元的外汇储备计算,仅此汇率风险一项的损失就高达1 800亿美元左右。

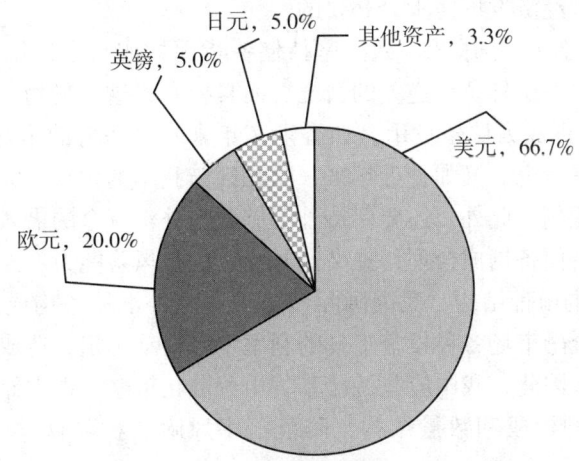

图10-1 中国外汇储备币种结构

资料来源:美国财政部和IMF。

3. 重要商品储备增长速度偏慢。重要商品储备并未列入国际储备范畴,但从国际储备发展趋势看,主要发达国家都在增加重要商品储备,以实现储备资产的多元化。石油、有色金属等重要商品是一国经济建设的必需品,增加重要商品的储备不仅有利于推动经济增长和发展,也有利于储备资产的保值增值。我国的重要商品储备起步较晚,储备水平偏低。如石油,美国石油储备约9 400万吨,日本约4 000万吨,德国约2 600万吨,分别相当于本国56天、92天和76天的石油净进口量,而我国2006年之前石油储备基本上为空白。随着我国经济持续快速发展和社会不断进步,石油消费不断增加,石油进口数量逐年增大,石油的对外依存度也将进一步提高,石油安全供应形势不容乐观。

(二) 我国国际储备的结构管理

合理配置我国的国际储备资产,保证储备资产作用的最大限度发挥是国际储备结构管理的重要问题。在坚持储备资产安全性、流动性、盈利性三条原则前提下,应不断优化我国国际储备结构。

1. 国际储备构成多样化。作为储备货币,黄金始终是美国等发达国家最为重要的储备资产。截至 2017 年 2 月，黄金占主要发达国家外汇储备的比例分别为：美国 73.8%，德国 67.6%，意大利 66.8%，法国 61.5%。中国外汇储备黄金只占 2.2%，与发达国家形成鲜明对比。由于黄金具有很强的抗风险能力，充足的黄金储备，有利于中国资本项目的进一步开放。同时，黄金储备对人民币起到巨大的增信作用，从而有利于人民币国际化的推进。而人民币国际化发展，使中国的对外交易更多地使用人民币，也能够降低对外汇储备的依赖。因此，我国应有计划地逐步增加黄金储备。

石油、有色金属等是国民经济发展中不可或缺的资源，且大多数是不可再生的。随着经济的深入发展和国际竞争的日趋激烈，对这些重要商品的储备就提高到国家战略的高度，关乎国家经济安全。2016 年，我国原油对外依存度高达 65.4%，未来，受资源限制，我国石油对外依存度将进一步提高，石油安全供应形势不容乐观，建立国家石油储备体系刻不容缓。目前，我国外汇储备非常充裕，完全有条件利用外汇储备建立国家石油及其他贵金属的战略储备，其对于我国经济发展是十分必要的。

2. 保持储备构成与用汇需求相一致。坚持储备货币构成与进口用汇、偿付外债的要求相一致的原则。不仅要考虑外贸顺逆差的情况，而且要考虑这些货物、资金或外商来源国家（地区）的货币是否可以成为储备货币。如香港多年来一直坚持港币与美元联系汇率制度，故港币应按美元储备来考虑。又如，近年来，欧元区与我国的贸易额大大增加，所以我国应适当增加欧元的储备比例。此外，还要保持外汇储备与外汇资金的借入、使用和偿还货币币种相一致的原则，保持储备构成合理，提高储备资产的抗风险能力。

3. 调整储备货币的币种结构。我国国际储备主要由外汇储备构成，汇率波动风险将不可避免。同时，国际金融市场各种投资工具的利率水平变动不定，造成我国持有的国际储备资产的收益发生增减。因此，我国应坚持储备货币分散化策略，根据储备货币未来的价值变化，及时调整货币币种构成和数量结构，防范汇率风险，获取收益保持储备资产价值的稳定。

专栏 10-1

理性看待中国外汇储备规模的变化

一、外汇储备规模变化是宏观经济稳健运行的结果

1992 年党的十四大确定了建立社会主义市场经济体制的改革目标，2001 年我国成功加入世界贸易组织，为我国经济社会快速发展注入了强大动力。2008 年国际金融危机以来，随着国内外环境和条件的变化，我国经济发展进入新常态，外汇储备规模在长期增长后出现了高位回调。但总体来看，目前我国外汇储备充足，规模仍处于合理区间。

我国外汇储备规模连续多年保持全球首位。随着社会主义市场经济体制的建立和对外开放战略的不断深化，我国顺应世界经济发展大势，主动参与国际分工与合作，在不断扩大对外开放过程中实现了国民经济连续多年快速增长，对外贸易、利用外资和对外投资规模迅速扩大，国际收支持续出现顺差。这一时期，我国外汇储备规模从 1992 年初的 217 亿美元，攀升到 2014 年 6 月的历史峰值 3.99 万亿美元。根据统计，截至 2017

年3月末，全球外汇储备规模排名前10位的国家（地区）依次为中国、日本、瑞士、沙特、中国台湾、中国香港、巴西、韩国、印度和俄罗斯。其中，我国外汇储备规模约占全球外汇储备规模的28%，远远高于其他国家。

我国外汇储备规模变化具有明显的阶段性特征。进入21世纪以来，我国外汇储备经历了两个发展阶段。第一个阶段是2000~2013年，伴随着国际资本高强度流入新兴经济体，我国外汇储备快速增长，从2000年初的1 547亿美元，迅速攀升至2013年末的3.82万亿美元，年均增幅在26%以上。第二个阶段是2014年以来，伴随着国际资本开始从新兴经济体流出，我国外汇储备在2014年6月份达到历史峰值后出现回落。

我国外汇储备十分充裕。一国持有多少外汇储备算是合理，国际上并没有公认的衡量标准。20世纪50~60年代，最广泛使用的外汇储备充足率指标是覆盖3~6个月的进口；后来，外汇储备功能需求拓展到防范债务偿付能力不足，广泛使用的充足率标准变成覆盖100%的短期债务。2011年以来，国际货币基金组织结合各国危机防范的资金需求，提出了外汇储备充足性的综合标准。外汇储备规模是一个连续变量，受多种因素影响始终处于动态变化之中，因此对其合理水平的衡量需要综合考虑一国的宏观经济条件、经济开放程度、利用外资和国际融资能力、经济金融体系的成熟程度等多方面因素。就我国而言，当前无论采用何种标准来衡量，我国外汇储备都是相当充裕的，能够满足国家经济金融发展的需求。

二、外汇储备对促进国民经济发展发挥了重要作用

外汇储备是我国宏观经济稳健运行的重要保障。目前，我国实行以市场供求为基础、参考"一篮子"货币进行调节、有管理的浮动汇率制度。作为宏观经济运行的重要稳定器，外汇储备在维持国际支付能力、防范金融风险、抵御危机冲击等方面发挥了重要作用。在全球流动性宽裕时，市场主体出售多余的外汇资金，推动外汇储备规模增长。在全球流动性紧缩时，市场主体增持外汇资产、减少境外负债的行为，导致外汇储备规模下降。外汇储备实际上发挥了"蓄水池"作用，避免了跨境资金大进大出脱离经济基本面，为经济结构调整和产业转型升级争取了宝贵的时间。充裕的外汇储备也为我国成功抵御1997年亚洲金融危机和2008年国际金融危机等严重外部冲击，起到了定海神针的作用，有力维护了国家经济金融安全。

外汇储备很好地服务了对外开放战略大局。在新的发展阶段，习近平总书记强调必须坚持开放发展，着力实现合作共赢。外汇管理部门紧紧围绕国家对外开放战略，站在统筹国内国际两个大局的高度，按照"依法合规、有偿使用、提高效益、有效监管"的原则，拓展外汇储备多元化运用，为中国和世界经济发展提供了大量资金支持。近年来，开辟、拓宽了包括委托贷款、股权注资等各类渠道，向商业银行、政策性银行等金融机构和实体经济部门提供外汇资金，形成权责清晰、目标明确、层次丰富、产品多样的外汇储备运用机制，着重支持"一带一路"建设、国际产能和装备制造合作、企业"走出去"、重点领域进出口等领域，切实服务实体经济发展。在世界经济复苏步伐缓慢、经济全球化和贸易全球化面临严峻挑战的今天，外汇储备多元化运用不仅有利于我国企业用好"两个市场、两种资源"，更有利于中国与世界有机结合，促进国际经济合作。

合理运用外汇储备实现了"藏汇于民"。近年来，面对市场主体的购汇需求和持汇意愿，外汇管理部门坚持深化外汇管理改革，不断释放政策红利，切实提升汇兑便利程度，在一定程度上推动了外汇储备"藏汇于民"。从持有主体看，目前我国已形成了外汇储备、中投公司、社保基金、金融机构和企业等多种形式的对外投资主体，外汇持有主体的多元化取得了显著进展。从2014年第二季度到2016年末，我国国际投资头寸表的外汇储备下降约1万亿美元，居民对外净资产提高约0.9万亿美元，两者基本对应，这是"藏汇于民"的直接体现。从私人部门看，这一时期"藏汇于民"主要是用来满足境内居民的对外直接投资、偿还外债、旅游和留学等用汇需求。从官方部门看，在央行资产方外汇储备下降的同时，负债方也会相应下降，"藏汇于民"并没有改变央行资产负债表的"复式平衡"。从横向比较看，截至2016年第三季度，我国外汇储备资产在对外资产中的占比在主要发展中国家中位于合理中游水平。从纵向比较看，截至2016年末，我国对外资产中民间部门持有占比首次过半，为2004年公布国际投资头寸数据以来的最高水平；外汇储备资产占比为48%，比2009年末下降近20个百分点。这反映出我国对外经济金融交往正在从以官方部门对外投资为主，转为官方部门与民间部门对外投资并驾齐驱。

需要强调的是，中国无意通过货币贬值提升竞争力，既没有这样的意愿，也没有这样的需要。央行向市场提供外汇流动性，防止了汇率超调和"羊群效应"，维护了市场稳定。中国努力在提高汇率灵活性和保持汇率稳定之间求得平衡的做法对国际社会是有利的，有效避免了人民币汇率无序调整的负面溢出效应和主要货币的竞争性贬值。

三、用好外汇储备，服务改革开放和国际经济合作

外汇储备规模将在波动中逐步趋于稳定。经济金融变量从来都不是线性变化的，而是在周期中波动和发展的，外汇储备规模变动也具有一定的周期性。虽然目前外部环境依然存在较多不确定性，但长远来看，我国经济金融基本面稳中向好，预计跨境资本流动将进一步向均衡收敛。第一，我国经济仍然处于中高速增长区间，随着供给侧结构性改革不断推进，未来经济发展会更有质量、更有效率。我国经济基本面仍将支持人民币在全球货币体系中的稳定地位，人民币汇率将在合理均衡水平上保持基本稳定。第二，国内对外债务去杠杆化进程基本完成，我国企业利用外债已在2016年第二季度开始回升。第三，我国经常账户顺差保持在合理水平。根据国际货币基金组织预测，我国经常账户在未来五年中将继续保持顺差，构成稳定的外汇供给。第四，随着人民币加入特别提款权和我国金融市场改革、开放、发展不断深化，人民币资产将成为全球金融资产配置中的重要组成部分，吸引境外投资者投资我国境内市场，金融账户的外汇供给将稳健提升。第五，国际金融市场上货币和资产价格盈亏互补的表现，加上我国外汇储备的多元化布局，将会带来较好的分散化效果，从而有利于外汇储备规模保持平稳。综合来看，未来我国外汇储备规模将在波动中逐步趋于稳定。

继续优化外汇储备稳定国际收支的重要功能。稳中求进工作总基调是我们党治国理政的重要原则，也是做好经济工作的方法论。外汇管理部门要按照宏观政策要稳的政策思路，全面做好稳增长各项工作，为经济平稳健康发展和社会和谐稳定创造良好的外部

环境。在复杂多变的内外部经济金融环境下，外汇储备需要逐步回归维持国际收支平衡的基本功能。这是解决我国经济发展中的主要矛盾和突出问题、保障宏观经济稳健运行的必然要求。

外汇储备管理和运用以服务中国和世界经济发展为己任。自觉把外汇储备管理和运用放在党和国家工作大局中去谋划，更好地把国内发展与对外开放统一起来，把中国发展与世界发展联系起来，促进共同发展。围绕党中央、国务院各项工作部署，按照稳中求进工作总基调，勇于担当，措施有力，统筹协调外汇储备多元化运用，将资金重点运用于保障"一带一路"、国际产能和装备制造合作等战略领域，积极促进中国与其他国家共同发展、共同繁荣。

不断提升我国外汇储备经营管理水平。继续坚持安全、流动、保值、增值原则，对外汇储备进行审慎、规范、专业的投资运作，优化并动态调整投资组合和投资策略，尊重国际市场规则和惯例，维护和促进国际金融市场的稳定与发展。

资料来源：潘功胜. 理性看待中国外汇储备规模的变化［J］. 求是，2017（13）.

【本章要点】

1. 国际储备是一国货币当局持有的，用于国际支付，弥补国际收支逆差和保持汇率稳定，以及可用于其他紧急支付的国际间普遍接受的所有流动资产的总称。它具有官方持有、自由兑换、充分流动、普遍接受的特征。国际清偿力除国际储备外还包括一国对外借款能力，不仅包括无条件的信贷部分，还包括有条件的信贷部分。

2. 一国的国际储备主要由四种形式的资产构成：黄金储备、外汇储备、IMF储备头寸、IMF特别提款权。黄金收购、国际收支顺差、中央银行干预外汇市场取得的外汇是国际储备的主要来源。

3. 国际储备有维持国际支付的能力，调节国际收支不平衡，干预汇率，充当向外借款的信用保证。

4. 国际储备管理包括规模管理和结构管理。一国在不同的历史时期，应根据国内外经济、社会、政治环境变化来管理国际储备规模，保证国际储备的安全性、流动性、盈利性。

5. 近年来，我国外汇储备增长迅速，我国国际储备有保持较大规模的必要性，也要警惕外汇储备规模过大的风险。

6. 现阶段，我国国际储备结构问题主要表现在：国际储备资产结构不合理、币种结构管理相对单一、重要商品储备增长速度偏慢。我国外汇储备管理应注重：保持储备构成与用汇需求相一致、储备货币的构成多样化、调整储备货币的币种结构。

【思考题】

1. 国际储备有哪几种形式？
2. 一国为什么要保持一定数量的国际储备？
3. 一国国际储备需求的主要决定因素是什么？
4. 国际储备结构管理主要包括哪几个层次的管理？
5. 我国现阶段国际储备规模与结构管理方面存在哪些主要问题？

【技能案例】

我国外汇储备在 2007 年 1 月份已经低于 3 万亿美元。尽管外汇管理部门重申，无须特别看重所谓的"整数关口"。但是，一个问题依然被各界关心：到底应该持有多少外汇储备才算够用？

衡量外储够用或者充足与否，全球尚没有统一的度量标准。目前广泛使用的有两种指标，一种是重点关注基础清偿能力的传统指标；另一种是国际货币基金组织（IMF）提出的综合衡量外储充足性指标。

传统外储充足性衡量指标主要包括两项：一是进口覆盖，该指标反映在遭受冲击情况下进口可维持的时间，国际贸易是最基础的国际经济活动，应予以最优先保障，充足水平要求外储足够应付 3 个月的进口；二是短期债务覆盖，用来衡量一国在危机时的外债偿还能力，充足水平要求外储能 100% 偿还一年内到期的短期外债。而国际货币基金组织提出的外汇储备充足性评价新标准，既考虑进口支付、短债偿还的需要，又考虑外来证券投资和直接投资的汇出需要，同时兼顾了境内主体资产多元化的需求。

资料来源：马先震. 到底拥有多少外汇储备才够用 [N]. 经济日报，2017 - 02 - 09.

技能考核

根据传统的衡量指标和 IMF 评价标准，查找相关数据资料，评价我国外汇储备规模，并进一步考查外汇储备与人民币汇率的关系。

【实训操作】

2014 年 6 月至 2017 年 1 月，中国外汇储备由 39 932 亿美元下降至 29 982 亿美元，缩水了 25%。一些官员学者认为，外汇储备快速缩水是"藏汇于民"的结果，但中国社科院学部委员余永定与他的世界经济与政治研究所团队提出，尽管不排除"藏汇于民"的成分，外储缩水在很大程度上是套利、套汇交易获利平仓，沽空平盘和资本外逃的结果。当央行为维持汇率稳定，大规模动用外汇储备之际，"中国外汇储备过多，干预外汇市场的过程中将外汇储备用掉是好事"一时成为主流观点。

资料来源：摘自财经，记者：王延春 https://www.myzaker.com/article/58ee4f921bc8e0a96c000015/.

实训任务 根据以上背景资料讨论：外汇储备在两年间下降将近 1 万亿美元的原因是什么？是否是"藏汇于民"？"保外汇储备还是保汇率"是伪命题吗？中国目前外汇储备是否过多？如果过多，应该如何合理使用外汇储备？

第十一章 国际资本流动

> **教学目标：**
> 1. 掌握国际资本流动、国际借贷、国际经济援助等相关概念；
> 2. 掌握外债概念、债务偿还能力指标；
> 3. 理解国际资本流动的原因与影响因素；
> 4. 理解外债管理原则；
> 5. 理解国际债务危机的成因和影响；
> 6. 了解新兴市场国家资本外流的经济影响。

▶ 引导案例

美联储（Fed）将于 2015 年 9 月 15 日举行议息会议，在保持利率不变接近 7 年之后，他们可能会在此次会议上决定加息，这自然引发了新兴市场的担忧。在今年大宗商品价格和汇率下跌之前，新兴市场资产因 2013 年中期和 2014 年初美联储表露出可能退出货币刺激政策的意向而出现了两次"削减恐慌"（taper tantrum）。

世界银行（World Bank）首席经济学家考希克·巴苏（Kaushik Basu）表示，美联储过早加息可能会重创整个新兴市场，导致破坏稳定的资本外流进一步加剧。面对美联储可能加息以及本国货币将进一步被压低，各国央行表现各异，反映出它们的经济状况和可信度。美联储加息将加剧中国的资本外流问题：中国央行金融研究所的姚余栋认为美国可能加息是造成中国金融市场动荡的罪魁祸首，并称美联储应推迟加息。巴西和土耳其的央行已经面临一个艰难使命：在经济正在步入衰退之际收紧货币政策、挤掉通胀。汇率进一步下跌和资本进一步外流，将让它们的任务更加艰巨，可能延长它们保持从紧政策的时间。

资料来源：艾伦·贝蒂. 新兴市场不惧美联储加息［EB/OL］. http：//www.ftchinese.com/story/001063924?archive，2015 - 09 - 14.

思考： 美联储加息对新兴市场、金融市场和资本流动会产生怎样的影响？

第一节 国际资本流动概述

一、国际资本流动的概念

国际资本流动是指资本在各国（或地区）之间，以及与国际金融组织之间的移动,即资本的跨国界、跨地区流动,主要反映在一国国际收支平衡表的资本与金融账户中。

国际资本流动以盈利或平衡国际收支为目的,以使用权转让为特征。国际资本流动、国际资金流动和国际资本输出入是相互关联又相互区别的概念。国际资本流动与资金流动区别在于:资本流动是可逆转的双向性资本转移,如投资或借贷资本的流出将引起投资本金和收益、贷款本金和利息的返还;资金流动则是不可逆的单项资金转移,如投资收益的支付。国际资本流动与国际资本输入的区别在于:后者仅包含以黄金、外汇等弥补国际收支逆差的资本流动。

国际资本流动与国际收支关系十分密切。首先,国际资本流动形成一国国际收支的内容之一,一国在一定时期国际资本流动的情况反映在国际收支平衡表中的资本与金融账户,资本流入属于该国的收入项目,计入国际收支平衡表的贷方或用"+"来表示,资本流出属于该国的支出项目,计入国际收支平衡表的借方或用"-"来表示。其次,通过控制国际资本流动的规模、方向可以达到调节国际收支的目的。

二、国际资本流动的分类

(一) 短期国际资本流动

1. 短期国际资本流动的概念。短期国际资本流动是指期限为 1 年或 1 年以内资本的流入与流出。一般都借助于有关信用工具如短期政府债券、商业票据、银行承兑汇票、银行活期存款凭单、大额可转让定期存单等来进行。其资本流量大、流动频繁、复杂多变,可以迅速和直接影响一国货币供应量。

2. 短期国际资本流动的形式。金德尔伯格将短期资本流动按照投资者的动机分为贸易性资本流动、金融性资本流动、保值性资本流动和投机资本流动四种形式。(1) 贸易资本流动又称"贸易资金融通",是由国际贸易引起的国际资本流动。指国际间因贸易往来进行货款结算和融通资金而引起的货币资本在国际间的转移。(2) 金融性资本流动指各国经营外汇业务的银行金融机构,由于相互之间的资金往来而引起的资本在国际间的转移,包括套汇、套利、掉期、头寸调拨以及同业拆放等形式,主要为金融机构相互调剂资金余缺服务。(3) 保值性资本流动又称"资本外逃",其流动动机是为了保证资本的安全性和盈利性。(4) 投机性资本流动指投机者为了赚取利润,利用国际市场上汇率、利率及黄金、证券等价格波动,通过低进高出或买空卖空等方式而引起的资本在国际间的转移。通常被称为"游资"或"热钱"。

(二) 长期资本流动

1. 长期资本流动的概念。长期国际资本流动是指期限在 1 年以上的资本流入与流出。它是国际资本流动的重要方式。它与短期资本流动一样,也分为政府和私人的长期资本流动。长期国际资本流动形成的基本条件是各国拥有的相对优势,如所有权优势、区位优势等,而长期国际资本流动的动机则是多样化的,包括利润驱动、生产要素驱动、市场驱动以及政治性投机等。

2. 长期资本流动的形式。其基本形式可包括直接投资、证券投资、国际借贷和国际经济援助等。

（1）直接投资，是指投资者直接在境外工矿、商业和金融服务业等领域进行投资，并取得投资企业的部分或全部管理控制权的一种活动。其主要的表现形式是投资者在境外开办独资企业、合资企业和合作企业。

（2）证券投资。

①证券投资的概念。它是指投资者在国际证券市场上购买外币等有价证券的一种投资方式，属于间接投资。证券投资的主要形式，主要包括股票投资（不包括控股权的股票投资）和债券投资等有价证券投资。

②证券投资的特点。证券投资是金融资本的国际转移；证券投资的目的在于凭股票、债券等获得股息、债息，对企业一般没有直接的管理控制权；证券投资必须有健全的国际证券市场，证券可随时买卖与转让；证券投资涉及债权债务关系，即证券市场的筹资方所发行的债券便构成外债。

（3）国际借贷。

①国际借贷的概念。它是指各国政府、国际金融机构和外国银行等单方面向外国政府或外国公司企业以及相互间提供的中长期贷款。国际借贷的主要特点是：单纯的借贷货币资本在国际间的转移，不像直接投资那样，在他国设立企业实体或收购企业股权，也不像证券投资那样，发行与买卖证券。利息及有关费用是国际贷款的收益，贷款风险主要由借款者承担。

②国际借贷的形式。它主要有国际金融机构贷款、政府贷款和国际银行贷款。国际金融机构贷款是指全球性的和区域性的国际金融机构，对其成员国提供的各种贷款，全球性国际金融机构主要指国际货币基金组织和世界银行、国际金融协会和国际金融公司。政府贷款是指各国政府或政府机构之间以财政资金提供的贷款，该贷款一般都有优惠条件和具有援助的性质。国际银行贷款是指国际上的商业银行所提供的中长期贷款，分为双边贷款和银团贷款两大类。双边银行贷款是指国际商业银行对外国银行、企业、政府所提供的贷款；银团贷款又称辛迪加贷款，是由获准经营贷款业务的一家或数家银行牵头，多家银行与非银行金融机构参加而组成的银行集团采用同一贷款协议，按商定的期限和条件向同一借款人提供融资的贷款方式。

（4）国际经济援助。

①国际经济援助的概念。它是指有关国家经济组织对发展中国家的赠与和提供的优惠贷款，亦是长期国际资本流动的一个组成部分。第二次世界大战后初期，典型的国际经济援助是1947～1950年美国实行的援助欧洲复兴的马歇尔计划。

②国际经济援助的形式。官方开发援助是国际经济援助的主要形式，包括双边援助和多边援助两类。

③国际经济援助机构。国际经济援助机构主要是国际经济和国际金融组织，如世界银行集团、亚洲开发银行、联合国农业发展基金会、欧盟的欧洲发展基金、阿拉伯经济社会开发基金等。商议援助问题的国际性机构，主要指联合国贸易发展会议（其成员国与IMF等接近）、经合组织的开发援助委员会等。

三、国际资本流动的原因与影响因素

(一) 宏观因素

1. 经济全球化趋势的加强。按照国际货币基金组织的含义,经济全球化是跨国商品和服务交易、国际资本流动规模和形式的增加,以及技术的广泛传播使世界各国经济的相互依赖性增强。国际资本流动是经济全球化的重要内容,同时也是经济全球化最有力的推动力量,经济全球化又为国际资本流动提供了发展的基础环境。

2. 各国和地区政策的调整。如金融管制或自由化政策、提供融资便利、税收优惠、风险担保、研发费用等,对资本流动会产生强有力的推动或阻碍作用。以资本管制政策为例,资本管制与国际资本流动具有负相关关系,资本自由化与国家资本流动具有正相关关系。

3. 技术通信手段的现代化。科技革命促进了生产力的发展,交通、通信的现代化和管理的计算机化为大规模的国际资本流动提供了必要的物质条件。表 11-1 说明国际资本大规模流动已不存在技术障碍。

表 11-1　　　　　通信费用和计算机价格的变动 (1960~2000 年)　　　　　单位:美元

年份	纽约到伦敦的 3 分钟通信费 (按 2000 年美元不变价计算)	计算机基金辅助设备的实际价格 (2000 年为基础)
1960	60.42	1 869 004
1970	41.61	199 983
1980	6.32	27 938
1990	4.37	7 275
2000	0.40	1 000

资料来源:IMF: World Economics Outlook, May 1997, Table 11, Updated to 2000, U.S. Commerce Department, Bureau of Economic Analysis.

(二) 微观因素

微观因素是投资者为了自身的利益和发展进行对外投资的动机,主要包括:

1. 利用国际间的汇率和收益率差异,谋求高利润。利润决定金融资产的收益率,汇率的高低可以改变资本的供求,为了保值增值,国际间收益率差异将造成资本在国际间的流动。

2. 寻求稳定的资源供应和利用廉价资源降低成本。跨国公司全球范围内整合资源,进行国际化分工。

3. 避开关税和非贸易壁垒,克服贸易限制和障碍。企业通过向第三国或进口国直接投资,在第三国生产再出口到进口国或者在进口国当地生产,以避开进口国贸易限制和壁垒。

4. 获得微观经济效益。当企业的发展受到国内市场容量的限制而难以达到规模经济效益时，企业可通过对外直接投资，将其相对闲置的生产力转移到国外，提高生产效率，实现规模经济效益。

四、国际资本流动的经济影响

1. 短期国际资本流动的影响。在国际贸易中，买卖双方提供的短期资金融通，如预付货款、延期付款及票据贴现等，都有利于国际贸易双方获得资金便利，从而有利于国际贸易的顺利进行。当一国存在长期性国际收支不平衡时，则投机性和保值性短期资本流动会加剧该国的国际收支失衡状态。短期资本流动会加剧国际金融市场动荡，造成汇率大起大落，投机更加盛行。

2. 长期国际资本流动的影响。加速世界经济的国际化，生产国际化、市场国际化和资本国际化，是世界经济国际化的主要标志。第二次世界大战后，国际资本流动已经形成一个趋势，特别是国际资本流动的外部环境与内部条件不断改善，如国际金融市场的建立与完善、先进的通信技术的发明与运用、新金融主体的诞生与金融业务的创新，以及知识的累积、思维的变化等，这些都使国际资本流动规模扩大，流动速度加快，影响更广泛。而其所创造的雄厚的物质基础，又反过来推动生产国际化与市场国际化，使世界经济在更广的空间、更高的水平上获得发展。

第二节 外债管理

一、利用外债的适度规模

（一）外债的含义

1. 国际上外债的含义。根据国际金融组织的定义，外债指在任何给定的时刻，一国居民所欠非本国居民的、已使用而尚未清偿的、以本国货币或外国货币为核算单位的、具有契约性偿还义务的全部债务。要注意以下几个方面：（1）外债的当事双方具有境内外的债权债务关系。（2）具有契约性偿还义务的债务才构成外债。（3）已使用而尚未清偿的债务是指外债余额，对已签订借款协议但尚未提款使用的金额和使用完毕已还本付息的金额，不能算作外债。

2. 我国的外债定义。中国的外债指中国境内的机关、团体、企事业单位、金融机构或者其他机构对中国境外的国际金融组织、外国政府、金融机构、企业或者其他机构用外国货币承担的具有契约性偿还义务的全部债务。中国外债的界定与国际外债定义的差异为：（1）借款形式为货币。换句话说，以实物形式构成的债务不算外债。（2）由于目前人民币在国际上不能自由兑换，所以，规定了外债的币种是外币而非本币。（3）外汇担保只有在实际履行偿还义务时才构成外债，否则应视为或有债务，不包括在外债统计监测范围内。

（二）债务偿还能力指标

1. 负债率。一国当年外债余额与国民生产总值（GNP）比率。负债比率＝当年外债余额/国民生产总值，一般不超过10%，其表示依赖外债程度。

2. 债务率。一国当年外债余额占当年商品和劳务出口收入的比率。债务比率＝外债余额/出口外汇收入，一般不超过100%，表明日后举债能力。

3. 偿债率。债务国还本付息总额占出口收入的比重。偿债比率＝外债还本付息额/出口外汇收入，一般不超过20%，表明还债能力。

4. 短期债务比率。外债余额中1年和1年以下的短期债务所占的比重，不超过25%。

首先，上述指标所显示的是过去的情况，并不包括将来形势的发展；对未来形势发展缺乏预见性是偿债率和其他类似比率或指标先天缺乏的。其次，以出口收入为基础的偿债率只显示了国际收支一个方面，并没有考虑到国家进口商品和劳务的因素，也没有包含国际储备状况，而这些都是影响一国国际支付能力的重要因素。如果一国的偿债率超过20%，但是外汇储备充足，人均国民收入水平较高，今后经济发展速度快，外债偿还也不会出现问题。最后，能否持续地、有保证地借入外债，也是判断外债偿还出不出问题的因素之一。因此，将一国外债偿还能力局限于外汇收入来衡量显然是有局限性的。

（三）外债规模管理

外债规模管理是指在一定时期内，确定举借外债的数量界限，即适当的外债规模。在一定时期内，如果外债规模增长过快，超过我国对外债的偿付能力和对外债的消化吸收能力，则有可能出现负效益。一方面会增加还债的经济负担，甚至引发偿债危机，从而影响我国对外信誉和筹资融资能力；另一方面则会造成外汇资金的闲置与浪费，增加筹资成本和风险。但借款过少，又会使国内一部分生产资源不能及时转化为生产力，从而影响经济发展。

一般而言，外债规模主要受三方面因素影响：一是经济增长对外债的需求；二是国际资本市场的可供量；三是本国对外债的承受能力。对外债的承受能力是确定外债规模最重要的因素。借款不仅要看需要，更要看可能。因此，加强外债规模的控制，必须通过科学的定性、定量分析，寻找最佳规模的数量界限。

二、我国的外债管理

外债管理是指一国或地区对外部债务实行有集合系统的组织管理，以达到降低外债成本、保持适度外债规模，从而确保按期还本付息的目标。我国外债管理部门为国家外汇管理局和国家发展和改革委员会。国家外汇管理局根据国家确定的方针、政策和利用国外贷款计划，行使管理外债的职能，国家发展和改革委员会负责编制利用国外贷款计划。

（一）我国外债管理基本原则

我国外债管理的基本原则是：（1）总量适度。借债规模要和国内资金的配套能力、偿债能力以及对资金需求相适用。按照世界银行建议，我国外债指标的安全线为15%的偿债率、20%的负债率和75%的债务率。（2）结构合理。主要体现为外债的种类结构、利率结构、期限结构和币种结构多方面要合理搭配。（3）注重效率。通过借、用、还三个环节的良性循环，实现外债经济效益和社会效益的统一，要把外债投资项目自身创汇偿债币种调整到占偿债总额的80%以上，以达到出口创汇和偿还外债平衡有余。（4）保证偿还。按照中央统借统还、自借自还的方式确定偿债责任制，做到"随借随还"，确保对外信誉。

(二) 我国外债现状

2016年末中国负债率为13%，债务率为65%，偿债率为6%，短期外债和外汇储备比为29%，以上各项外债风险指标均在国际公认的安全线以内，中国外债风险总体可控。

1. 外债期限结构分析。截至2016年12月末，中国全口径外债余额为98 551亿元人民币（等值14 207亿美元，不包括香港特区、澳门特区和台湾地区对外负债，下同）。从期限结构看，中长期外债余额占39%；短期外债余额占61%。短期外债余额中，与贸易有关的信贷占47.5%。从数据中可以看出，我国短期债务占绝对支配地位，超过国际警戒线25%，这不利于我国长期经济建设资金的稳定需要，不利于时间上根据国情对还债资金进行调剂，降低外债风险。

2. 从机构部门看，广义政府债务余额为8 598亿元人民币（等值1 239亿美元），占9%；中央银行债务余额为3 847亿元人民币（等值555亿美元），占4%；银行债务余额为41 912亿元人民币（等值6 042亿美元），占42%；其他部门债务余额为29 669亿元人民币（等值4 277亿美元），占30%；直接投资公司间贷款债务余额为14 524亿元人民币（等值2 094亿美元），占15%。

3. 从债务工具看，贷款余额为22 505亿元人民币（等值3 244亿美元），占23%；贸易信贷与预付款余额为19 999亿元人民币（等值2 883亿美元），占20%；货币与存款余额为21 587亿元人民币（等值3 112亿美元），占22%；债务证券余额为15 962亿元人民币（等值2 301亿美元），占16%；特别提款权（SDR）分配为652亿元人民币（等值94亿美元），占1%；直接投资公司间贷款余额为14 524亿元人民币（等值2 094亿美元），占15%；其他债务负债余额为3 322亿元人民币（等值479亿美元），占3%。

4. 目前，我国外债主要由美元、日元、欧元、港币、英镑等10余种货币构成。从币种结构看，本币外债余额为33 831亿元人民币（等值4 877亿美元），占34%；外币外债余额（含SDR分配）为64 720亿元人民币（等值9 330亿美元），占66%。在外币登记外债余额中，美元债务占82%，欧元债务占7%，日元债务占3%。

(三) 完善外债管理方法

完善外债的管理方法包括：（1）根据国内外经济形势的变化，加强对外债的宏观管理，做到短期债务和长期债务搭配合理，比例恰当；（2）区分外债清偿力与流动性，力求外债种类结构、利率结构、期限结合和币种结构适当；（3）严格控制外债流入，保持适度的外债规模，对外债要实行检测和预警；（4）明确借入外债的目的，对外债用途要实施监控，提高使用效率；（5）完善外债信息披露，加强对隐性外债的管理。

第三节 国际债务危机与新兴市场国家的资本外逃

一、国际债务危机产生的原因

由于资金的使用与偿还之间存在时间差异，所以国际资本流动内在蕴含了发生资金偿还困难即债务危机的可能性。20世纪80年代,以拉美国家为首的发展中国家的债务危机曾给世界各国的宏观经济发展和运行带来严重的冲击。1982年8月12日,墨西哥通知外国金融官员,该国不能按照原计划偿付800亿美元的外债,进而提出向外国政府和中央银行寻求贷款援助,从欧洲银行借入大量外债的波兰以及解体前的苏联等独联体国家的问题同样严重,非洲许多国家的债务虽然借自官方机构或政府如国际货币基金组织和世界银行,也没能如期偿还。到1986年底,有40个国家遇到了严重的债务问题,造成世界性的债务危机爆发。

> 国际债务危机(International Debt Crisis)是指债务国因经济困难或其他原因而不能按期如额地偿还债务本息,致使债权国与债务国之间的债权债务关系不能如期了结,并影响债权国与债务国各自正常经济活动与世界经济的正常发展。

1. 国际债务危机产生的内因。发展中国家债务危机爆发有着深刻的内因和外因,具体来看,其内因主要有以下四方面:

(1)盲目借取外债,不切实际地追求高速经济增长,致使外债规模膨胀。20世纪70年代石油价格的上涨,使大量石油美元进入欧洲货币市场,发展中国家以非常低的利率借入,使拉美国家对国际金融市场过分乐观,急于发展自己的经济,试图以最快的速度进入发达国家的行列,因而大量举债。据统计,巴西在1981~1985年的发展计划中,投资总额为3720亿美元,而其中的57.5%打算靠筹借外债。

(2)国内经济政策失误,持续实行扩张性的财政和货币政策。由于拉美国家实行持续扩张性经济政策,其通胀率显著偏高,通胀率最低的委内瑞拉也达到19.3%。恶性通胀对经济增长的影响是灾难性的,外债偿还自然就比较困难。没有低通胀这样一个较为宽松的经济环境,任何其他方面的经济调整与改革就难以取得实效。

(3)债务管理不善,所借外债没有得到妥善管理和高效利用。首先,在实行进口替代工业化时期,拉美国家限制外国直接投资涉足国内许多工业部门,主要依靠对外举债解决资金短缺以发展国内工业,导致对出口的忽视,从而为外债的偿还带来困难;其次,这些发展中国家存在着非常严重的资金外逃现象,难以充分利用资金;再次,大量外债被用于非生产性开支,如弥补国际收支赤字和财政赤字以及军事开支;最后,即使是用于生产领域的外债,也主要投入国营企业,这些企业大多管理不善、效益低下,难以形成稳定的偿债资金来源。

(4)外债结构不合理,对外债缺乏宏观上统一的管理和控制。商业贷款比重过大,外债币种过于集中,期限结构不合理。

2. 国际债务危机产生的外因。需要指出的是,除了发展中国家自身的内因之外,外部国际经济环境的变化也会对债务危机的形成和恶化起到推波助澜的作用。这些外因具体表现在:

(1)两次石油危机的冲击,以发达国家为主导的世界经济衰退。1973年世界经济受到第一次石油危机的冲击,西方发达国家普遍经济低迷,因而强化了贸易保护主义。发展中国家出口受到严重损害,国际收支恶化,只能通过举债弥补。20世纪80年代初,第二次石油危机进一步加剧了世界经济衰退,西方国家通过贷款利率、贸易比价等渠道向发展中国家转嫁其经济危机,加大了拉美国家的经常项目收支逆差,使之举债规模不断扩大。

(2) 国际金融市场上美元利率和汇率的上浮。20 世纪 80 年代早期，工业化国家的反通胀政策引起了国际利率的迅速增加，发展中国家面临的贷款名义利率与实际利率的变动情况详见表 11-2。同时，发展中国家的外债一般以外币计价，以美元为主，美元汇率升值与利率上升双重因素使其原有债务的实际利率大幅提高，利息偿还很快占许多国家出口价值的 30% 以上，债务偿还出现困难。

表 11-2　　　　　　　　发展中国家的债务利率变动情况　　　　　　　　单位：%

年份	名义 LIBOR	实际 LIBOR	年份	名义 LIBOR	实际 LIBOR
1972	5.4	-3.5	1979	12.0	-7.4
1973	9.3	-17.5	1980	14.2	-5.8
1974	11.2	-29.4	1981	16.5	19.9
1975	7.6	14.1	1982	13.3	27.5
1976	6.1	-1.8	1983	9.8	17.4
1977	6.4	-3.8	1984	11.2	8.4
1978	8.3	12.5	1985	8.6	9.3

资料来源：姜波克. 国际金融（第三版）[M]. 上海：复旦大学出版社，2001：297.

(3) 国际商业银行贷款政策的失误。用花旗银行前总裁沃尔特·里斯顿（Walter Wriston）的话来说："国家永远不会破产的"，这正是大多数商业银行发放贷款时的主导思想。而发展中国家的外债主要是主权贷款，导致各银行自由地对外贷款，而没有采取借贷限额等限制风险的措施。相反，主要银行不断大量增加对发展中国家的贷款，如花旗银行到 1982 年底向发展中国家的所有贷款占其总资本的 176.5%。

二、国际债务危机的影响

（一）大幅缩减国内投资规模

1. 为了还本付息的需要，债务国必须大幅度压缩进口以获得相当数额的外贸盈余。因此，为经济发展和结构调整所需的材料、技术和设备等的进口必然受到严重抑制，从而造成生产企业投资的萎缩，甚至正常的生产活动都难以维持。

2. 债务危机的爆发使债务国的国际资信大大降低，进入国际资本市场筹资的渠道受阻，不仅难以借到条件优惠的借款，甚至条件苛刻的贷款也不易借到。同时，国际投资者也会视危机爆发国为高风险地，减少对该国的直接投资。外部资金流入的减少，使债务国无法筹措到充足的建设资金。

3. 危机爆发后国内资金的持有者对国内经济前景持悲观态度，也会纷纷抽回国内投资，这不仅加重了国家的债务负担，也使国内投资资金减少，无法维持促进经济发展应有的投资规模。

（二）加剧国内通货膨胀

债务危机爆发后，流入债务国的资金大量减少，为偿债流出的资金却越来越多。资金的流出，实际上就是货物的流出，因为债务国的偿债资金主要是依靠扩大出口和压缩进口来实现的。一方面，由于投资的缩减，企业的生产能力也受到影响，产品难以同时满足国内需求与出口的需要。为还本付息，国家将出口置于国内需求之上。另一方面，进口商品中一些基本消费品也大幅减少，当国内市场的货物供应量减少到不能满足基本要求，以至发生供应危机时，通货膨胀就不可避免。此外，在资金巨额净流出、头寸短缺的情况下，债务国政府往往还会采取扩大国内公债发行规模和提高银行储蓄利率等办法来筹措资金。但筹措到的资金相当大一部分是被政府用于从民间购买外币偿还外债，必然造成国内市场货币流通量增多。在这种情况下，通货膨胀不可避免。

（三）经济增长减慢或停滞

为制止资金外流，控制通货膨胀，政府会大幅提高利率，使银根进一步收紧，而为偿债需兑换大量的外汇，又使得本币大幅贬值，企业的进口成本急剧升高。资金的缺乏及生产成本的上升，使企业的正常生产活动受到严重影响，甚至破产、倒闭。投资下降，进口减少，虽然有助于消除经济缺口，但生产的下降势必影响出口的增长。出口若不能加速增长，就无法创造足够的外汇偿还外债，国家的债务负担也就难以减轻。这些都使国家经济增长放慢，甚至会出现较大幅度的倒退。例如，20 世纪 80 年代拉丁美洲爆发债务危机后，其经济基本上在原地踏步。整个 80 年代，拉丁美洲国内生产总值累积增长 12.4%，而人均增长 -9.6%。

三、解决国际债务危机的措施

在缓解或解决国际债务危机方面，除已有的各种方案之外，还有三项因素至关重要：(1) 有利的国际经济环境，其内涵包括增加国际贸易制度的开放程度和降低发展中国家的实际筹资成本；(2) 债务国作出有力而持续的调整努力，其内涵包括促进国内宏观经济的稳定以及经济结构的合理化，并从根本上提高外债的使用效益；(3) 提供充分的外部资金流量额，扭转债务国资金向债权国倒流的趋势，这就要求发掘新的融资渠道，以促进直接投资和证券投资。

四、新兴市场国家的资本外逃

国际资本的大幅流出，导致新兴市场国家汇率下跌，进而引发进一步资本外逃。资本流出与本币贬值交互作用、不断恶化。如此相互作用，使汇率贬值与资本外逃不断升级，国际收支情况持续恶化。根据国际货币基金组织统计，2008～2012 年累计流入新兴市场国家的国际资本近 4 万亿美元，而自 2013 年 6～7 月短期国际资本开始加速撤离新兴市场国家，仅 2013 年流出额就达 1 万亿美元，资本流出规模史无前例。

为捍卫本币官方汇率，新兴市场国家通常加大了对本国外汇市场的干预，动用外汇储备向外汇市场投放美元。外汇市场干预增多，外汇储备迅速下降。如阿根廷 2013 年经常账户出现较大的逆差，为缓解本币贬值压力，阿根廷中央银行开始在外汇市场上进行干预，导致阿根廷外汇储备急剧缩水，由 2010 年 9 月末的 500 亿美元以上降至 2013 年末的 300 亿美元左右。又如在 2014 年之前的 10 个月内，俄罗斯央行为支持卢布汇率、干预外汇市场，外汇储备下降了 705 亿美元。

金融资产价格下跌，违约风险上升。在市场预期作用下，本币债券投资者和对冲基金等机构投资者加快抛售逃离，进一步加大了本币贬值和资产价格下跌的压力，新兴市场国家股票市场、债券市场频现剧烈震荡。2013 年 5~9 月，MSCI（Morgan Stanley Capital International）新兴市场指数跌幅超过 10%。2014 年 1~2 月，新兴市场国家股市平均下跌 7.5%，其中俄罗斯、巴西股票市场跌幅超过 7%，土耳其、印度股市跌幅达到 5%。而受本币债券抛售等因素影响，同期新兴市场国家国债价格全线下跌、国债收益率不断上扬。如印度 10 年期国债收益率已经超过 9%，印度尼西亚 10 年期国债收益率也创下 12 年来新高。此外，主要新兴市场国家信用违约互换（CDS）均呈现大幅上涨，反映出违约风险上升，这也将进一步增加新兴市场国家从国际金融市场筹资的难度与成本。

新兴市场国家为应对资本外逃和汇率贬值，大多采取连续加息和资本管制政策措施。如 2013 年后，受乌克兰战争和国内能源经济低迷影响，俄罗斯经济增长乏力，卢布贬值并引发资本外逃，俄罗斯曾连续 6 次加息。但在国内经济增速本已回落的情况下加息会进一步抑制投资与消费，加剧经济下滑，进一步加剧资本外逃。学者以新兴市场国家为样本的研究表明政府对于资本流出的管制是无效的，资本管制要达到预期效果，只有在宏观经济基本面相当强健、金融汇率制度安排非常健全而且资本账户管制相当完善的情况下才有可能有效。

专栏 11-1

欧洲主权债务危机的根源

2009 年 10 月，希腊新任首相乔治·帕潘德里欧宣布，其前任隐瞒了大量的财政赤字，随即引发市场恐慌。截至同年 12 月，三大评级机构纷纷下调了希腊的主权债务评级，投资者在抛售希腊国债的同时，爱尔兰、葡萄牙、西班牙等国的主权债券收益率也大幅上升，欧洲债务危机全面爆发。2011 年 6 月，意大利政府债务问题使危机再度升级。这场危机不像美国次贷危机那样一开始就来势汹汹，但在其缓慢的进展过程中，随着产生危机国家的增多与问题的不断浮现，加之评级机构不时的评级下调行为，成为牵动全球经济神经的重要事件。政府失职、过度举债、制度缺陷等问题的累积效应最终导致了这场危机的爆发。在欧元区 17 国中，以葡萄牙、爱尔兰、意大利、希腊与西班牙等五个国家（以下简称"PIIGS 五国"）的债务问题最为严重。

政府部门与私人部门的长期过度负债行为，是造成这场危机的直接原因。除西班牙与葡萄牙在 20 世纪 90 年代经历了净储蓄盈余外，PIIGS 五国在 1980~2009 年均处于负债投资状态。长期的负债投资导致了巨额政府财政赤字。欧盟《稳定与增长公约》规定，政府财政赤字不应超过国内生产总值的3%，而在危机形成与爆发初期的2007~2009年，政府赤字数额急剧增加。以希腊为例，从2001年加入欧元区到2008年危机爆发前夕，希腊年平均债务赤字达到了5%，而同期欧元区数据仅为2%；希腊的经常项目赤字年均为9%，同期欧元区数据仅为1%。2009年，希腊外债占GDP比例已高达115%，这个习惯于透支未来的国家已经逐渐失去了继续借贷的资本。这些问题在PIIGS五国中普遍存在。

随着欧洲区域一体化的日渐深入，以希腊、葡萄牙为代表的一些经济发展水平较低的国家，在工资、社会福利、失业救济等方面逐渐向德国、法国等发达国家看齐，支出水平超出国内产出的部分越来越大。由于工资及各种社会福利在上涨之后难以向下调整，即存在所谓的"黏性"，导致政府与私人部门的负债比率节节攀升。

西班牙和爱尔兰债务问题的成因与希腊略有不同。这两个国家受到次贷危机的影响，房地产市场迅速萧条，国内银行体系出现大量坏账，最终形成银行业危机。而政府在救助银行业的过程中，举债与偿债的能力均出现了问题。

此时，已经背负巨额债务的五国政府，其进一步借贷的能力已大不如前，政府信用已经不能令投资者安心充当债权人的角色。投资者一般将6%作为主权债务危机的一个警戒值，一旦超过这一水平，该国将面临主权债务危机。意大利的债务问题在PIIGS五国中前景相对乐观，但目前其10年期国债的收益率水平已接近6%。除意大利之外，PIIGS五国2009年的政府赤字均已经数倍于3%的警戒值。当巨额的政府预算赤字不能用新发债务的方式进行弥补时，债务危机就会不可避免地爆发。

PIIGS五国经历如此严重的危机，动作迟缓、不作为或乱开"药方"的五国政府难辞其咎。虽然五国政府在危机前与危机中的表现不尽相同，但其失职行为是危机的重要助推因素。

首先，为了追逐短期利益，在大选与民意调查中取悦民众，政府采用"愚民政策"，采取了"饮鸩止渴"的行为。例如，希腊政府在2009年之前隐瞒了大量的财政亏空。

其次，一些政府试图通过各种途径逃避欧盟委员会与欧洲央行的监管处罚。德国、法国等经济发展"龙头"曾是这方面的负面典型，而其他国家也随之纷纷效仿。

再次，以爱尔兰、西班牙为代表的一些国家政府放任国内经济泡沫膨胀，一旦泡沫破灭，又动用大量的纳税人财富去救助虚拟经济，导致经济结构人为扭曲。

最后，政府首脑过于畏首畏尾，不敢采取果断措施将危机扼杀于"萌芽状态"。例如，意大利政府在2009年赤字达到5.3%时没有采取果断行动，而是一味拖延，导致了目前危机升级的局面。

欧元区的制度缺陷在本次危机中也有所显现。首先，根据欧元区的制度设计，各成员国没有货币发行权，也不具备独立的货币政策，欧洲央行负责整个区域的货币发行与货币政策实施。在欧洲经济一体化进程中，统一的货币使区域内的国家享受到了很多好处，在经济景气阶段，这种安排促进了区域内外的贸易发展，降低了宏观交易成本。然而，在风暴来临时，陷入危机的国家无法因地制宜地执行货币政策，进而无法通过本币贬值来缩小债务规模和增加本国出口产品的国际竞争力，只能通过紧缩财政、提高税收等压缩总需求的办法增加偿债资金来源，这使原本就不景气的经济状况雪上加霜。冰岛总统近日指出，冰岛之所以能够从破产的深渊中快速反弹，就是因为政府和央行能够以自己的货币贬值，来推动本国产品出口，这是任何欧元区国家无法享受的"政策福利"。而英国政府也多次重申不会加入欧元区。

资料来源：姚秋. 欧洲债务危机：起源、影响及展望 [J]. 银行家, 2011 (8).

【本章要点】

1. 国际资本流动是指资本在各国（或地区）之间，以及与国际金融组织之间的移动，即资本的跨国界、跨地区流动，主要反映在一国国际收支平衡表的资本与金融账户中。

2. 国际资本流动按时间划分，分为短期国际资本流动和长期国际资本流动两大类。

3. 国际直接投资是一国的投资者跨国投入资本或其他生产要素，以获取或控制相应的企业经营管理权为核心，以获得利润或稀缺生产要素为目的的投资活动。新设、并购是主要的国际直接投资方式。

4. 外债指在任何给定的时刻，一国居民所欠非本国居民的、已使用而尚未清偿的、以本国货币或外国货币为核算单位的、具有契约性偿还义务的全部债务。

5. 国际债务危机产生的内因包括盲目举借外债、国内经济政策失误、债务管理不善和外债结构不合理。

【思考题】

1. 国际资本流动的原因是什么？对经济产生什么影响？
2. 国际债务危机产生的原因，新兴市场国家如何应对国际债务危机？
3. 衡量债务偿还能力的指标有哪些？
4. 谈谈我国外债管理的原则与方法。
5. 2014年俄罗斯央行预计本国外逃资本高达1 280亿美元，引发俄罗斯资本外逃的原因是什么？

【技能案例】

报告称今年中国海外投资规模有望实现双位数增长

安永会计师事务所日前在北京发布《勇拓海外：制造大国的全球梦——中国海外投资展望2016》报告指出，2016年中国海外投资有望持续10%以上的高速增长，投资规模再创历史新高。

报告指出，随着"走出去"政策持续推进和"一带一路"建设、"中国制造2025"等国家战略的逐步落实，中国海外投资将在未来5年保持迅猛增长势头。其中，高铁、核电等高端装备制造将成为企业向高端转型和海外扩张的重点。

安永负责人周昭媚表示，"十三五"规划聚焦创新驱动、全方位开放发展等议题，"我们相信未来会有更多中国企业继续出海，中国资本的全球布局将进一步多地域纵深发展，加速产业升级和国际产能合作。此外，中国企业海外并购呈现出高端化、多元化趋势，在获取高附加值技术和营销网络的同时,也能增强企业自身的国际竞争力"。

数据显示,2015 年中国经济增速为 6.9%,但同期中国对外直接投资猛增 13.3%,创下 1 395.3 亿美元的历史新高。过去 5 年,中国对外直接投资年复合增长率高达 16.9%。尽管目前全球经济复苏态势仍不明朗,中国对外投资热度却始终不减。

周昭媚认为,中国企业转型升级、提高国际竞争力的内在需求是此轮对外投资热潮的直接原因。下一步,发展中国"智"造、打造中国品牌、提升中国服务将是引领中国制造"走出去"的新方向。中国不断壮大的对外投资有望成为驱动本国经济增长、加速全球化的新动力。

资料来源:陈颐. 报告称今年中国海外投资规模有望实现双位数增长 [N]. 经济日报,2016-04-26.

技能考核

根据所学知识,分析中国为什么要发展海外投资?海外投资对中国国内经济有何影响?

【实训操作】

实训任务 据有关专家预测人民币完全自由兑换至少需要 5~10 年时间,但我国近年来正在努力扩大人民币在亚洲的使用范围。通过收集资料,介绍人民币兑换的进程,开展小组讨论,分析人民币的完全自由兑换对中国的国际资本流动和对中国公司企业投融资的影响。

第十二章 开放经济下的宏观经济政策

> **教学目标：**
> 1. 了解开放经济下内外均衡冲突的含义以及宏观经济政策的种类；
> 2. 掌握丁伯根法则、有效市场分类原则和斯旺图形的基本原理；
> 3. 熟悉蒙代尔—弗莱明模型的分析框架，掌握不同汇率制度下，国际资本流动对货币政策和财政政策有效性的影响。

▶ 引导案例

2016年各国货币政策一览

中国：多工具调整流动性。2016年中国央行降准一次，降息零次，多次逆回购，SLF、MLF多工具释放流动性操作。2016年2月29日，中国人民银行发布消息，自2016年3月1日起，普遍下调金融机构人民币存款准备金率0.5个百分点，这也是2016年的第一次且唯一的一次降准。

美国：美联储再次加息。12月，美联储加息靴子落地，12月会议如期加息25个基点，为一年来首次加息、十年来第二次加息。美联储预计未来前景光明，因此会继续加息。官员们预计2017年底时联邦基金利率中值升至1.4%，2018年底时到2.1%，2019年底时到2.9%。这意味着美联储预计未来三年，每年都会加息三次。明年加息三次，比9月会议时预计的加息两次要快。与以往一样，美联储依然强调未来将缓慢加息。美联储表示，货币环境仍然是非常宽松的，将推动劳动力市场进一步活跃、通胀朝着2%目标前进。

欧元区：维稳三大利率。在欧洲央行12月8日宣布的最新货币政策决议中，欧洲央行将存款利率维持在-0.40%，主要再融资利率维持在零，边际借贷机制利率维持在0.25%不变；决定延长QE计划至2017年12月，其中800亿欧元/月的购债规模将维持至2017年3月，但从明年4月起购债规模将降至600亿欧元/月。

英国：维持基准利率不变。上个月的英国退欧公投引爆了全世界，英国本身也迎来了一系列的改变，从前英国首相卡梅伦宣布辞去英国首相职务，英国央行行长卡尼口头宣称将进一步降息来刺激经济发展，英国退欧的影响正在持续发酵中。2016年12月15日英国中央银行决定维持央行基准利率0.25%不变。此次英国央行对进一步实施宽松货币政策的表态有所转变，该行在声明中强调通胀率高企的压力，认为通胀将高于当前设定的2%目标。此表态令市场认为央行降息的态度有所软化。英镑兑美元汇率日前跌至31年来低点，并推升本地通胀率。

日本：下调超额准备金利率。今年1月29日，日本央行意外宣布使用负利率，引入三级利率体系，将金融机构存放在日本央行的部分超额准备金存款利率从之前的0.1%降至-0.1%，下调超额准备金利率20基点，维持基础货币增长80万亿日元不变。与此同时，日本央行还表示如有必要将进一步降低负利率。

澳大利亚：维持最低水平不变。12月6日中午11：30澳洲联储公布了12月利率决议。澳洲联储12月维持利率于1.50%的历史最低水平不变，澳洲联储表示，全球经济增长低于平均水平，澳元升值可能令经济调整复杂化。在基础设施和地产建设增长的支持下，澳大利亚经济形势已经回稳，不过经济增长面临的中期风险仍在。维持政策不变，与CPI将随着时间的推移而达标相一致。预计通胀将在一段时间内维持在低位。

资料来源：浩瀚财经传媒，2016-12-12。

思考： 各国政府在不同的经济环境下会采取不同的货币政策，除此以外，它们还有哪些政策工具？这些政策工具是否都能发挥效果？如何选择与搭配这些政策工具？

第一节 开放经济下的宏观经济政策目标与政策工具

一、内部均衡与外部均衡

开放经济下的宏观经济目标必须兼顾内外均衡。内部均衡（Inter Balance）指的是稳定物价与充分就业，外部均衡（External Balance）则是指国际收支平衡。内外均衡目标的同时实现是各国宏观经济调控追求的理想目标。然而，在实际经济运行过程中，内外均衡目标难以同时实现。

1951年，英国经济学家詹姆斯·米德在其名著《国际收支》中最早提出了固定汇率制下的内外均衡冲突问题，这被称为"米德冲突"。即在汇率固定不变时，政府只能主要运用影响社会总需求的政策来调节内外均衡，在开放经济运行的特定区间便会出现内外均衡难以兼顾的情形。

在开放经济条件下，经济可能面临的内外经济状况组合见表12-1。

表12-1　　　　　　固定汇率制度下内外均衡的一致与冲突

	内部经济状况	外部经济状况	内外均衡搭配状况
1	失业/经济衰退	国际收支逆差	矛盾
2	失业/经济衰退	国际收支顺差	一致
3	通货膨胀	国际收支逆差	一致
4	通货膨胀	国际收支顺差	矛盾

在表 12-1 中，当失业与顺差并存时，政府可以采取扩张性的财政与货币政策，扩大总需求。一方面，刺激经济增长，从而增加就业机会；另一方面，增加进口，降低利率水平促进资本流出，减少国际收支顺差。当通货膨胀与逆差并存时，政府可以采取紧缩性的财政与货币政策。一方面降低总需求，稳定物价；另一方面减少进口，提高利率吸引资本流入，从而解决国际收支逆差。

但是当失业与逆差并存，通胀与顺差并存时，单一的支出调整政策无法促使内外均衡目标同时实现。例如，在通胀与顺差并存时，若考虑支出增加政策平衡国际收支，就会加剧国内通货膨胀程度；若以支出减少政策稳定国内物价水平，则会进一步扩大国际收支的顺差规模。在失业与逆差并存时，政策当局也必然陷入同样的两难境地。此时在内外均衡目标之间出现了不可调和的冲突：政府在调节市场总需求以期实现内（外）部均衡目标时，可能干扰和破坏外（部）经济状况，这种情况就是米德冲突。

二、开放经济下的宏观政策工具

（一）支出变更政策

支出变更政策（Expenditure-Changing Policy）也称为支出增减政策、支出调整政策，是旨在调控社会总需求规模的政策。政府通过实施财政货币政策直接影响总需求或总支出水平，从而调节内部均衡，同时，总支出的变化又会通过边际进口倾向和利率机制来影响国际收支，从而影响外部均衡。

财政政策是政府通过改变政府支出和税收进而影响总需求的政策。政策工具包括财政收入政策、财政支出政策、公债政策。

货币政策是指一国中央银行通过改变货币供给影响利率进而影响总需求的政策。政策工具主要包括公开市场操作、存款准备金和再贴现。

（二）支出转换政策

支出转换政策（Expenditure-Switching Policy）旨在改变总需求的结构，指通过影响本国贸易商品的国际竞争力，改变支出构成，而使本国收入相对于支出增加的政策。其实质是在总需求的内部进行结构性的调整，使得总需求的构成在国内吸收与净出口之间保持恰当的比例，主要包括汇率政策和直接管制政策两种。狭义的支出转换政策则专指汇率政策。

汇率政策主要通过确定汇率制度和改变汇率水平来影响进出口，使支出在国内商品和进口商品之间转换，以调节国际收支。

直接管制政策包括关税政策、进出口配额等贸易管制政策和外汇兑换管制、汇率管制和资本流动管制等金融管制政策，通过这些政策改变国内外商品的相对可获得性来达到支出转换的目的。

直接管制和汇率政策不同之处在于：直接管制属于择类性控制工具，针对特定的国际收支项目，而汇率政策属于全面性控制工具，作用于所有国际收支项目。

第二节 开放经济下的政策配合理论

一、开放经济下的宏观政策工具搭配原理

(一) 丁伯根法则（Tinbergen's Rule）

为解决内外均衡的冲突问题，经济学家进行了大量的研究。其中基础性的工作由荷兰的经济学家丁伯根给出，其理论精髓被总结在"丁伯根法则"中。

1952年，诺贝尔经济学奖获得者荷兰经济学家丁伯根提出将政策目标和政策工具联系在一起的正式模型，指出要实现N种独立的政策目标，至少需要相互独立的N种有效的政策工具。

我们用一个简单的线性框架进行分析，假定只存在两个目标T_1、T_2与两种工具I_1、I_2，政策调控追求的T_1和T_2的最佳水平为T_1^*和T_2^*。令目标是工具的线性函数，即：

$$T_1 = \alpha_1 I_1 + \alpha_2 I_2 \tag{12-1}$$
$$T_2 = b_1 I_1 + b_2 I_2 \tag{12-2}$$

在这一情况下，只要决策者能够控制两种工具，每种工具对目标的影响是独立的，决策者就能通过政策工具的配合达到理想的目标水平。

从数学上看，只要$\alpha_1/b_1 \neq \alpha_2/b_2$（即两个政策工具线性无关），就可以求解出达到最佳的目标水平T_1和T_2时所需要的I_1和I_2的水平，即：

$$I_1 = (b_2 T_1^* - \alpha_2 T_2^*)/(\alpha_1 b_2 - b_1 \alpha_2) \tag{12-3}$$
$$I_2 = (\alpha_1 T_2^* - b_1 T_1^*)/(\alpha_1 b_2 - b_1 \alpha_2) \tag{12-4}$$

当$\alpha_1/b_1 = \alpha_2/b_2$时，这意味着两种工具对这两个政策目标有着相同的影响，也就是说，决策者只有一个独立的工具而试图实现两个目标，这是不可能成功的。

将这一结论进行推广，如果一个经济具有线性结构，决策者有N个目标，只要有至少N个与线性无关的政策工具，就可以实现这N个目标。对于开放经济而言，这一结论具有鲜明的政策含义：只运用支出增减政策，通过调节支出总量的途径同时实现内外均衡目标是不够的，必须寻找新的政策工具并进行合理配合。

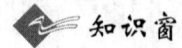知识窗

简·丁伯根

简·丁伯根（Jan Tinbergen, 1903~1994），出生于荷兰海牙，被誉为经济计量学模式建造者之父，他发展了动态模型来分析经济进程。1969年被授予诺贝尔经济科学奖。简·丁伯根教授对西方经济学的贡献主要是创建或参与创建了现代动态经济学、经济计量学、经验宏观经济学、发展计划的理论以及国际经济合作和一体化的政策和理论。

(二) 蒙代尔的有效市场分类原则

丁伯根法则的局限在于假定各种政策工具可以供决策当局集中控制,从而通过各种工具的紧密配合实现政策目标,没有明确指出每种工具有无必要在调控中侧重于某一目标的实现,这与现实情况不尽相符。蒙代尔于20世纪60年代提出的关于政策指派的有效市场分类原则弥补了这一缺陷。

蒙代尔对于政策调控的研究基于的前提是政策工具的决策机构分散化和信息不完全,例如,货币政策隶属于中央银行的权限,财政政策则由财政部门掌管;如果决策者并不能紧密协调这些政策,而是独立地进行决策,就不能实现最佳的政策目标,此时,丁伯根法则失效。蒙代尔得出的结论是:如果每一工具被合理地指派给一个目标,并且在该目标偏离其最佳水平时按规则进行调控,那么在分散决策的情况下仍有可能实现最佳调控目标。

据此,蒙代尔进一步提出"有效市场分类原则":每一目标应当指派给对这一目标有着相对最大的影响力,因而在影响政策目标上有相对优势的政策工具。如果政策工具指派不当,经济可能会产生波动并距离均衡目标越来越远。蒙代尔在分析财政政策和货币政策影响内外均衡的不同效果的基础上,提出以财政政策实现内部均衡目标、以货币政策实现外部均衡目标的指派方案。

"有效市场分类原则"所揭示的将每一种政策工具分配在其最有影响力的目标上的理论,为开放经济条件下的内外均衡调节指明了基本方向。这一原则成为后续理论研究和政策运用的基本准则,由此而引发的关于政策目标与政策工具合理配置的有关研究,不仅再次拓展了关于政府政策效应的理论分析,而且也极大地便利了现实中的政策操作,为实际的政策运用提供了一种基本准则。

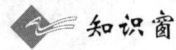知识窗

罗伯特·蒙代尔

罗伯特·蒙代尔(Robert A. Mundell),1932年出生于加拿大,现为哥伦比亚大学教授。1999年获得诺贝尔经济学奖,是"最优货币区理论"的奠基人,被誉为"欧元之父"。蒙代尔教授是国际货币制度、宏观经济政策管理、汇率制度、转型经济和货币史方面的权威,超过50家大学颁授其荣誉教授和荣誉博士头衔,亦曾担任多个国际机构及组织的顾问,包括联合国、国际货币基金会、世界银行、欧洲委员会、美国联邦储备局、美国财政部等。

蒙代尔教授对经济学的伟大贡献:一是开放条件下宏观稳定政策的理论(蒙代尔—弗莱明模型);二是最优货币区域理论。

蒙代尔教授敏锐地观察到,从20世纪60年代至今,世界经济发展中的一个显著特点就是随着世界经济一体化与全球化的发展,产品、服务,尤其是资本可以通过贸易和投资大规模地跨国界流动。在一个更为开放的经济体系中,一国的货币主权和财政政策效果更多地受到外部世界的制约,宏观调控能力下降。经济学越来越难以对经济前景进行预测,一个重要原因就是传统的宏观经济学和微观经济学在经济全球化条件下面临新的挑战。

二、政策搭配的运用

(一) 斯旺图形

1955年,澳大利亚经济学家特雷弗·斯旺(T. Swan)根据丁伯根法则对开放经济的宏观调控进行分析,提出用支出变更政策和支出转换政策的搭配来解决内外均衡的冲突,即"斯旺图形",见图12-1。

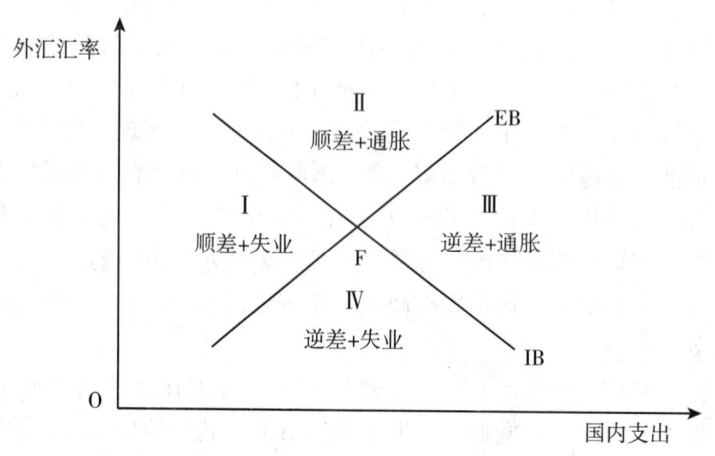

图12-1 斯旺图形

图12-1中,纵轴表示外汇汇率,代表支出转换政策,从下往上表示外汇汇率上升,本币贬值;反之,从上往下表示外汇汇率下降,本币升值。横轴表示消费、投资和政府购买所衡量的国内支出,代表支出变更政策。

IB线表示使国内经济实现物价稳定、充分就业的实际汇率和国内支出的组合,称为内部均衡曲线。IB曲线的斜率为负,因为当本币升值时,本国出口下降,进口增加,通过外贸乘数使本国国民收入下降,失业增加,为维持内部平衡,要增加国内支出以增加国内收入和就业。在IB曲线的左边,表明在既定的汇率下,国内支出小于维持内部均衡所需水平,有失业压力;同理,在IB曲线的右边,国内支出高于维持内部均衡所需水平,有通货膨胀压力。

EB线表示使经常项目收支平衡时的实际汇率和国内支出的组合,称为外部均衡曲线。EB曲线的斜率为正,因为当本币升值时,出口减少,进口增加,经常项目逆差,要维持外部均衡需要减少国内支出以减少进口。在EB线的左边,表示国内支出小于维持外部均衡所需水平,国际收支顺差;右边则代表国际收支逆差。

如图12-1,IB与EB的交点F表示内外均衡同时实现,这是一国的理想状态。而内外失衡分成四个区域,第Ⅰ区域表示顺差+失业,第Ⅱ区域表示顺差+通胀,第Ⅲ区域表示逆差+通胀,第Ⅳ区域表示逆差+失业。

根据丁伯根法则,政府要达到内外均衡两个目标,就需要相互独立的两种政策工具——支出变更政策和支出转换政策。只采取一种政策,不可能同时实现内外均衡。以区域Ⅰ为例，当一国处于国际收支顺差，内部失业的状况，若仅采取支出转换政策，会相互冲突。为了实现内部均衡，本币应该贬值以减少进口，增加出口，通过外贸乘数的作用增加国民收入，增加就业；而为了实现外部均衡，本币应该升值，以增加进口，减少出口。若仅采取支出变更政策，虽然内外均衡的实现均要求扩张性的财政货币政策，但如果该国国际收支顺差相对于国内失业程度较轻，则在国内失业还没有完全消除时，国际收支可能已经恢复平衡了。若为了实现内部均衡继续实行扩张性的支出变更政策，国际收支就会出现新的不平衡——逆差。相反，如果国内失业的程度较轻，则在国际收支还未恢复平衡时，国内失业已经消除了，若为了恢复国际收支平衡继续实行扩张性的支出变更政策，国内经济将出现新的不平衡——通货膨胀。在区域Ⅱ、Ⅲ、Ⅳ存在类似的困难，总之，仅仅使用一种政策，必将导致一国内部均衡和外部均衡目标的冲突，这就是米德冲突。

斯旺注意到，由于支出变更政策和支出转换政策作用的对象不同，调节的机制存在差异，发挥作用效力的力度和时间不一，产生的负面效应也不一样。因此，他认为，两种政策工具应该合理搭配，而搭配的关键在于政策效力，应该按照效力最大化、代价最小的原则来分配政策工具的作用目标。具体地，就是要根据内部均衡和外部均衡曲线的相对位置来决定政策的搭配方式。

若外部均衡曲线的斜率小于内部均衡曲线斜率的绝对值，则表明支出转换政策即汇率政策对外部均衡有较大的影响力，支出变更政策即财政货币政策对内部平衡有较大的影响力，应以汇率政策实现外部均衡，支出变更政策实现内部均衡，否则会距离内外均衡的目标越来越远。

如图12-2，假定一国经济处于 a 点，即国内通胀和国际收支顺差并存，根据斯旺理论，应以支出转换政策实现外部均衡，支出变更政策实现内部均衡，这样开放经济将沿着实线箭头方向运动，逐渐向 F 点收敛，最终实现内外经济同时均衡的目标。如果以支出转换政策实现内部均衡，支出变更政策实现外部均衡，则开放经济将沿着虚线箭头方向运动，加快远离 F 点，导致更加严重的内外经济失衡。

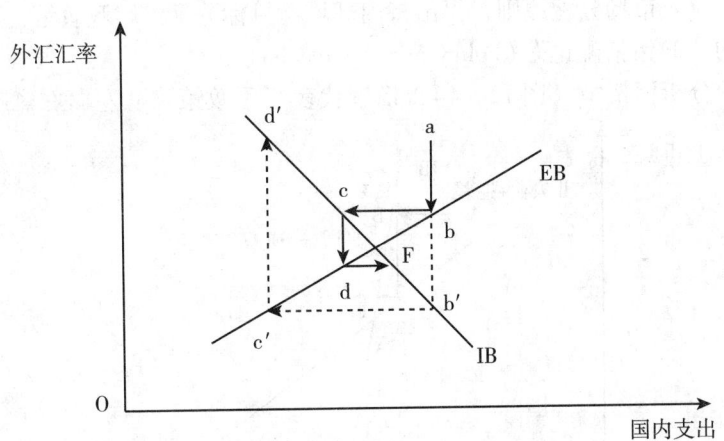

图12-2 财政货币政策对内、汇率政策对外

若外部均衡曲线的斜率大于内部均衡曲线斜率的绝对值，则表明支出转换政策即汇率政策对内部均衡有较大的影响力，支出变更政策即财政货币政策对外部平衡有较大的影响力，

应以汇率政策实现内部均衡,支出变更政策实现外部均衡,否则会距离内外均衡的目标越来越远。

如图12-3,假定一国经济处于 a 点,即国内通胀和国际收支逆差并存,根据支出转换政策实现内部均衡,支出变更政策实现外部均衡的原则,这样开放经济将沿着实线箭头方向运动,逐渐向 F 点收敛,最终实现内外经济同时均衡的目标。如果以支出转换政策实现外部均衡,支出变更政策实现内部均衡,则开放经济将远离 F 点,导致更加严重的内外经济失衡。

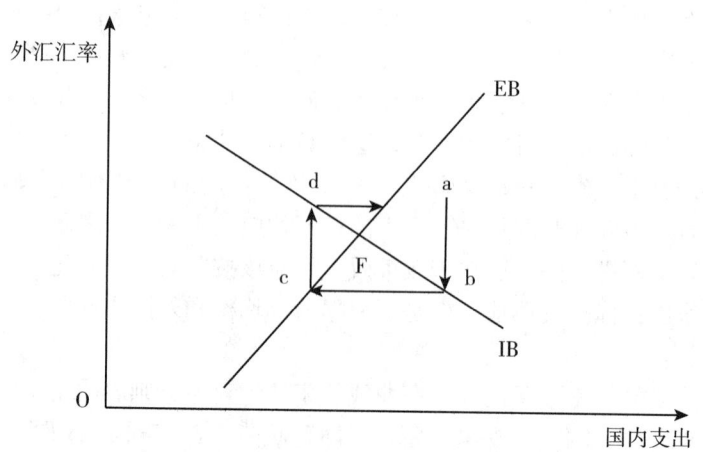

图 12-3 汇率政策对内、财政货币政策对外

斯旺模型从理论上阐明了浮动汇率制度下政策搭配的作用机理,具有较高的理论价值。但是斯旺没有考虑资本流动对汇率和国内支出的影响,与现实不符;且通常情况下,决策当局很难准确知道内外均衡曲线的相对位置,使得政策搭配原则的可行性不佳。

(二) 蒙代尔政策搭配理论

蒙代尔根据有效市场分配原则,得出将内部均衡目标分配给财政政策,外部均衡目标分配给货币政策的"政策搭配论"(Policy Mix Approach)。

在蒙代尔的分析框架中(图12-4),横轴代表货币政策,从左向右意味着预算逐步增

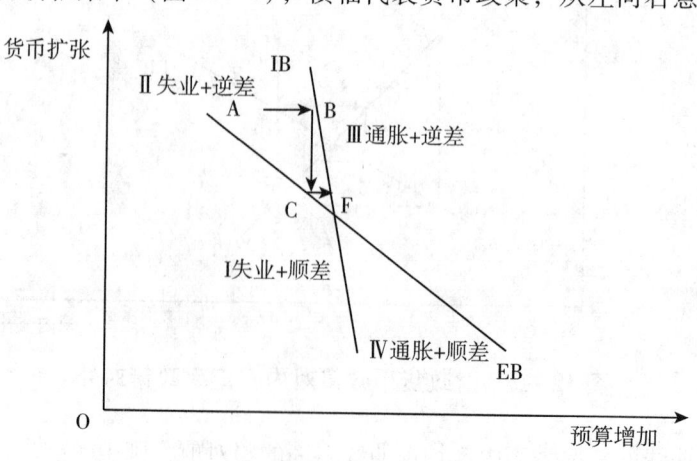

图 12-4 固定汇率下的政策配合

加,财政政策越来越有扩张性,纵轴代表货币政策,从下至上表示增加货币供给或降低利率。IB 曲线为国内均衡轨迹,表示实现内部均衡的财政政策和货币政策的各种组合。IB 线的右边表示扩张的财政政策造成通货膨胀,左边表示紧缩的财政政策造成失业。在 IB 线的右边,为了恢复内部均衡必须减少货币供给,提高利率,实行紧缩的货币政策,所以 IB 线向右下方倾斜,斜率为负。EB 曲线为外部均衡轨迹,表示实现外部均衡的财政政策和货币政策的各种组合。EB 线的右边表示扩张的货币政策造成逆差,左边表示紧缩的货币政策造成顺差。在 EB 线的右边,为了恢复内部均衡必须减少财政支出,实行紧缩的财政政策,所以 EB 线向右下方倾斜,斜率为负。由于蒙代尔认为财政政策对国内经济增长、就业等内部经济变量的影响更大,而货币政策对国际收支影响更大,所以 IB 线比 EB 线更陡峭。F 点为 IB 和 EB 曲线的交叉点,即内外均衡点。

图 12-4 中,A 点说明一国处于内部失业与外部逆差状态,这时采用扩张性的财政政策解决失业问题,使经济移至 B 点(内部平衡,外部逆差),再使用紧缩性的货币政策,将经济移至 C 点(内部平衡,内部失业),如此反复配合使用扩张性的财政政策和紧缩性的货币政策,最终使经济收敛于 F 点(表 12-2)。如果在 A 点处使用紧缩性的财政政策解决逆差问题,使用扩张性的货币政策解决失业问题,则会使经济越来越偏离 F 点。

表 12-2　　　　　　　　　　蒙代尔的政策配合理论

经济状态	财政政策	货币政策
失业 + 顺差	扩张	扩张
通胀 + 顺差	紧缩	扩张
通胀 + 逆差	紧缩	紧缩
失业 + 逆差	扩张	紧缩

专栏 12-1

如何解决中国经济内外不平衡的牛鼻子

"富的更富,穷的更穷"这种不公平的收入分配方式,催生了"贫富悬殊—内需不足—出口导向"这一恶性循环。我们把它称为"铁三角"。

具体讲,贫富悬殊导致内需不足,内需不足导致对出口导向的依赖,而出口导向导致更加严重的贫富悬殊和内需不足。三者环环相扣,催生出许多经济问题。它大规模地制造贫困,大规模地制造内需不足,大规模地制造财富外流,大规模地制造流动性过剩,大规模地制造房地产泡沫,最后大规模地制造通货膨胀。不仅如此,由于出口导向产业主要集中在世界产业链的底部,所以,它还大规模地制造了低水平的数量扩张。

中国经济的这个"铁三角",也可从经济学上得到解释。根据宏观经济学,我们可以得出这样一个公式:

$$贸易余额 = GDP - 消费 - 投资 - 政府支出$$

这个公式的经济学含义非常简单。一个国家的贸易状况由消费、投资和政府支出决定。当这三者的总和大于 GDP 的时候,上述等式的右边就是一个负数,该国家就出现贸易赤字;反之,当消费、投资和政府支出小于 GDP 的时候,这个国家就出现大量贸易盈余。

从经济理论来讲,直接或间接的收入分配不公导致了内需不足,相当于强制性地将本来属于中下层的蛋糕中的一部分,挤压出来变成少数人的财富,形成财富集中,变成经济总体中的过度储蓄。这种过度的储蓄,流向了国外,变成贸易盈余。这就形成了我们所说的"铁三角"。

要解决当前中国的许多问题,必须破解这个"铁三角";要破解这个"铁三角",必须解决贫富悬殊问题;要解决贫富悬殊问题,必须实现社会公正;而要实现社会公正,必须下决心解决收入分配不公。

这是解决中国经济内外不平衡的牛鼻子。

资料来源:黄树东. 中国,你要警惕 [M]. 北京:中国人民大学出版社,2011.

第三节 蒙代尔—弗莱明模型

长期以来,蒙代尔—弗莱明模型是开放经济下宏观分析的基本框架,通常简称 IS-LM-BP 模型。该模型重点研究在不同的汇率制度下和不同的资本流动条件下货币政策和财政政策的效果。

一、IS 曲线、LM 曲线和 BP 曲线

蒙代尔—弗莱明基本分析由三条曲线构成:IS 曲线、LM 曲线和 BP 曲线(图 12-5)。

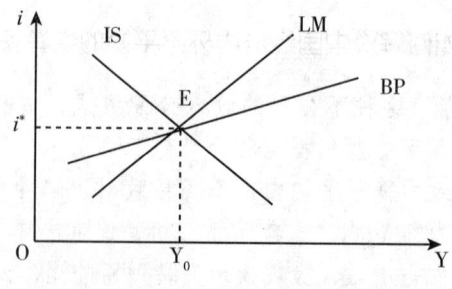

图 12-5 IS、LM 和 BP 曲线

IS 曲线代表产品市场的均衡,即产品市场上总供给等于总需求。在无政府部门的开放经济条件下实现均衡的条件为:

$$I + X = S + M \tag{12-5}$$

其中，I（投资）与利率负相关；X（出口）和利率以及本国国民收入无关，是一外生变量，取决于外国的国民收入；S（储蓄）、M（进口）都和本国的国民收入正相关。当利率下降时，投资增加，国民收入提高，从而使得储蓄和进口增加。因此，IS 曲线向右下方倾斜，斜率为负。在 IS 曲线的右方，投资小于储蓄；在 IS 曲线的左方，投资大于储蓄。政府可以通过财政政策使 IS 曲线移动。扩张性的财政政策使其右移，紧缩性的财政政策使其左移。由于贸易差额（净出口）是总需求的一部分，因此，净出口增加可以使 IS 曲线右移，净出口减少可以使 IS 曲线左移。

LM 曲线代表货币市场均衡，即货币供给等于货币需求。在开放经济下，货币市场的均衡条件为：

$$\frac{Ms}{P} = L_1(Y) + L_2(i) \tag{12-6}$$

等号左边为实际货币供给，是由中央银行决定的外生变量，货币需求由交易需求 L_1 和投机性需求 L_2 决定，前者与国民收入正相关，后者与利率负相关。当国民收入增加时，交易性货币需求随之增加，在货币供给不变的情况下，利率必须上涨使投机性货币需求下降，抵消因国民收入增加的货币需求。因此，LM 曲线向右上方倾斜，斜率为正。在 LM 曲线的右方，货币需求大于货币供给；在 LM 曲线的左方，货币需求小于货币供给。政府可以通过货币政策使 LM 曲线移动。扩张性的货币政策（国内信贷扩张或外汇储备增加）使其右移，紧缩性的货币政策（国内信贷减少或外汇储备减少）使其左移。

BP 曲线代表国际收支平衡。国际收支平衡即经常账户差额和资本与金融账户差额之和为零。国际收支处于平衡状态时，增加国民收入，经常账户的逆差必将随之增加，为维持国际收支平衡，必须提高利率，以增加资本与金融账户顺差。因此，BP 曲线向右上方倾斜，斜率为正。BP 曲线右方，贸易盈余小于资本流出额，外汇市场供小于求，国际收支逆差；BP 曲线左方，贸易盈余大于资本流出额，外汇市场供过于求，国际收支顺差。国际短期资本的流动对利率变化越敏感，BP 曲线越平坦。当资本完全自由流动时，BP 曲线便成为一条水平线。由于 BP 曲线是在汇率保持不变的假定下绘制的，如果本币贬值，将使 BP 曲线下移，因为本币贬值改善了经常项目，此时须降低利率，以减少资本流动使国际收支平衡。同理，本币升值将使 BP 曲线上移。

LM 曲线与 BP 曲线的斜率都为正，这两条曲线的相对位置将由国内外资金对利率的敏感程度决定。若资本流动的利率弹性大于货币需求的利率弹性，则 BP 较 LM 更加平坦；反之，则 BP 较 LM 更加陡峭。

IS、LM、BP 三条曲线相交于一点，代表着产品市场、货币市场和国际收支同时达到均衡，即内外均衡同时得以实现。但 IS、LM、BP 三条曲线相交所决定的均衡收入不一定是充分就业条件下的收入，需要政府采用宏观经济政策进行调节。

二、小国的蒙代尔—弗莱明模型

小国的蒙代尔—弗莱明模型也是基本的蒙代尔—弗莱明模型。假设本国是一个小国，且资本能够自由流动。本国利率与外国利率相等，BP 线是一条水平线。因为，当本国利率高于外国利率时,资本流入会导致国际收支顺差;当本国利率低于外国利率时,资本流出会导致国际收支逆差。所以,只有当本国利率与外国利率相等时,国际收支才能平衡,即 BP 线在本国利率与外国利率相等处形成一条水平线。

(一) 浮动汇率制下货币政策的效果

假定一国经济的初始状态为产品市场、货币市场和外汇市场的一般均衡点 A,但 A 点处的产出水平 Y_0 低于充分就业时的产出水平 Y_f(图 12-6)。为了解决失业问题,政府实行扩张的货币政策,推动 LM 曲线向右移动至 LM′,本国利率低于外国利率,导致资本流出,国际收支逆差。国际收支逆差造成本币贬值,该国净出口增加,导致 IS 曲线右移,直至移动到 IS′,本国利率再次恢复到外国利率水平,最终在 C 点处重新达到内外均衡。

上述分析说明,在资本完全流动的小国模型中,浮动汇率制下的扩张性货币政策对利率无影响,但会使本币贬值、本国贸易收支改善、国民收入增加。因此,货币政策是有效的。

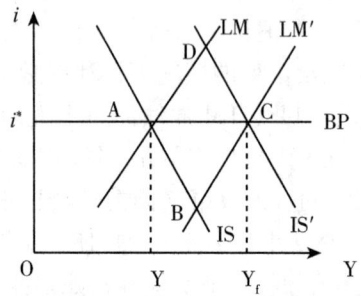

图 12-6 浮动汇率制下小国的货币政策

(二) 浮动汇率制下财政政策的效果

在浮动汇率制和资本完全流动的条件下,扩张性的财政政策使 IS 曲线右移到 IS′,此时,利率暂时上升,如 LM 曲线与 IS′曲线的交点 B 所示(图 12-7)。利率上升引起资本大量流入,本币升值,导致净出口减少,从而推动 IS′曲线向左移动,只有移回至 IS,本国利率和外国利率才会相等,才能重新达到内外均衡状态。

上述分析说明,在浮动汇率制下,扩张性财政政策对利率和国民收入无影响,但会使本币升值、本国贸易收支恶化。因此,财政政策是无效的。

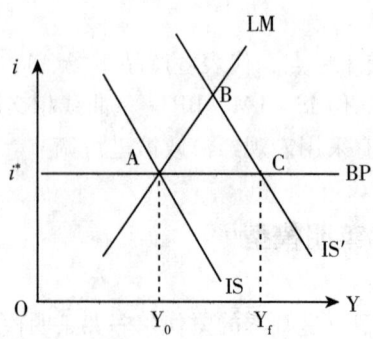

图 12-7 浮动汇率制下小国的财政政策

(三) 固定汇率制下货币政策的效果

下面以扩张性货币政策为例,说明固定汇率制下货币政策的效果。图 12-8 中,政府通过扩张性的货币政策使 LM 右移到 LM′,利率暂时下降,如 LM′曲线与 IS 曲线的交点 B 所示。利率下降引起资本外流,由于该国实行固定汇率制,当市场对外汇需求增加时,政府当局必定抛售外汇储备同时回收本币以维持汇率稳定,这将导致货币供应量的减少,LM′曲线又向左移回至 LM,回到初始均衡点 A。

可见,在小国模型中,当资本完全流动时,固定汇率制下的扩张性货币政策对利率和国民收入无影响,但会使外汇储备减少。因此,货币政策是无效的。

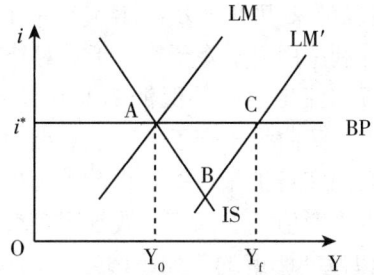

图 12-8 固定汇率制下小国的货币政策

(四) 固定汇率制下财政政策的效果

如果采用扩张性的财政政策,则使 IS 曲线右移到 IS′,此时,利率上升,如 LM 曲线与 IS′曲线的交点 B 所示 (图 12-9)。利率上升引起资本大量流入,市场对本币需求增加,政府当局必须回收外币抛售本币以维持汇率稳定,导致货币供给增加,LM 曲线右移至 LM′,最终在 C 点实现内外均衡。

上述分析说明,在固定汇率制下,扩张性财政政策对利率无影响,但会使外汇储备增加、国民收入增加,因此,财政政策是有效的。

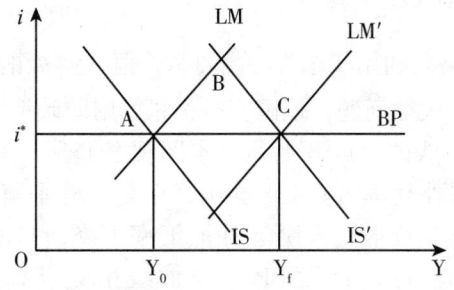

图 12-9 固定汇率制下小国的财政政策

三、大国的蒙代尔—弗莱明模型

以上分析的小国模型中,利率是既定的,但是对于像美国这样的大国并不合适,因为大国的财政政策和货币政策不仅能暂时地改变本国利率，而且能影响外国利率。具体而言，大国实行扩张性的货币政策会使本国利率下跌，大量资本流出，其规模足以使外国货币供给增加和外国利率下降；而扩张性的财政政策使本国利率上升，大量资本流入，从而使外国货币供给减少和外国利率上升。在均衡状态下，本国利率和外国利率相等，但是处于一个新的水平。

（一）浮动汇率制下货币政策的效果

图 12-10 中，大国经济的初始状态为均衡点 A，但 A 点处的产出水平 Y_0 低于充分就业时的产出水平 Y_f，为了解决失业问题，该国实行扩张的货币政策，使 LM_1 右移到 LM_2。本国利率下降，如 IS_1 曲线与 LM_2 曲线的交点 B 所示。本国利率下降，一方面，引起资本流出、国外货币供给增加，从而使国外利率由 i_1 下降至 i_2，于是对外平衡线 BP_1 下移到 BP_2 的位置；另一方面，浮动汇率制度下，资本流出引起外汇汇率上升，本国净出口增加，IS_1 曲线向右移到 IS_2 的位置。IS_2、LM_2、BP_2 三条曲线相交于 C 点，C 点为大国新的内外均衡点。

因此，在浮动汇率制下，大国实行扩张性的货币政策可以导致外国利率下降，从而本国利率出现持久性下降。同时使本币贬值、本国贸易收支得到改善、国民收入增加，但由于大国模型的均衡点处于 D 点，所以改变幅度均不如小国。

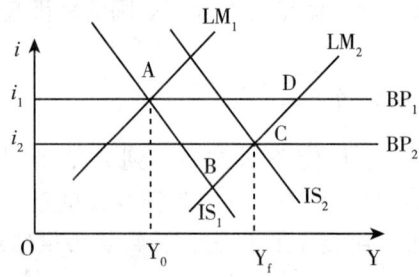

图 12-10 浮动汇率制下大国的货币政策

（二）浮动汇率制下财政政策的效果

图 12-11 中，大国经济的初始状态为均衡点 A，但 A 点处的产出水平 Y_0 低于充分就业时的产出水平 Y_f，为了解决失业问题，该国实行扩张的财政政策，使 IS_1 右移到 IS_2，本国利率上升，如 IS_2 曲线与 LM 曲线的交点 B 所示。本国利率上升，一方面，引起资本流入、国外货币供给减少，从而使国外利率由 i_1 上升至 i_2，于是对外平衡线 BP_1 上移到 BP_2 的位置；另一方面，浮动汇率制度下，资本流入引起外汇汇率下降，本币升值，本国净出口减少，IS_2 曲线向右移到 IS_3 的位置。IS_2、LM、BP_2 三条曲线相交于 C 点，C 点为大国的内外均衡点。

因此，在浮动汇率制下，大国实行扩张性的财政政策可以导致外国利率上升，从而本国利率出现持久性上升；同时本币升值、本国贸易收支恶化，但升值和恶化程度不如小国的情况；而国民收入有所增加。

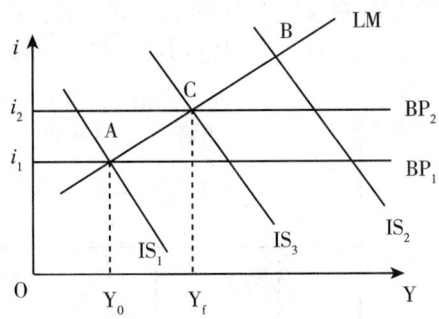

图 12-11　浮动汇率制下大国的财政政策

(三) 固定汇率制下货币政策的效果

图 12-12 中，大国经济的初始状态为均衡点 A，但 A 点处的产出水平 Y_0 低于充分就业时的产出水平 Y_f，为了解决失业问题，该国实行扩张的货币政策，使 LM_1 右移到 LM_2。本国利率下降，如 IS_1 曲线与 LM_2 曲线的交点 B 所示。本国利率下降，一方面，引起资本流出、国外货币供给增加，从而使国外利率由 i_1 下降至 i_2，于是对外平衡线 BP_1 下移到 BP_2 的位置；另一方面，固定汇率制度下，资本流出引起外汇需求上升，为维持固定汇率制，政府要动用外汇储备干预外汇市场，外汇储备的减少使 LM_2 曲线向左移到 LM_3 的位置。IS、LM_3、BP_2 三条曲线相交于 C 点，C 点为新的内外均衡点。

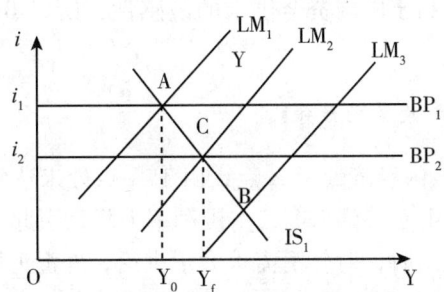

图 12-12　固定汇率制下大国的货币政策

因此，在固定汇率制下，大国实行扩张性的货币政策可以导致外国利率下降，从而本国利率出现持久性下降。同时使国民收入增加、外汇储备减少，但是减少的幅度不如小国案例。

(四) 固定汇率制下财政政策的效果

图 12-13 中，大国经济的初始状态为均衡点 A，但 A 点处的产出水平 Y_0 低于充分就业时的产出水平 Y_f，为了解决失业问题，该国实行扩张的财政政策，使 IS_1 右移到 IS_2。本国利率上升，如 IS_2 曲线与 LM_1 曲线的交点 B 所示。本国利率上升，一方面，引起资本流入、国外货币供给减少，从而使国外利率由 i_1 上升至 i_2，于是对外平衡线 BP_1 上移到 BP_2 的位置；另一方面，固定汇率制度下，资本流入引起市场对本币需求增加，政府当局维持汇率稳定抛

售本币,增加外汇储备,导致 LM_1 曲线向右移到 LM_2 的位置。IS_2、LM_2、BP_2 三条曲线相交于 C 点,C 点为大国的内外均衡点。而在小国模型中,最终均衡点为 D 点。

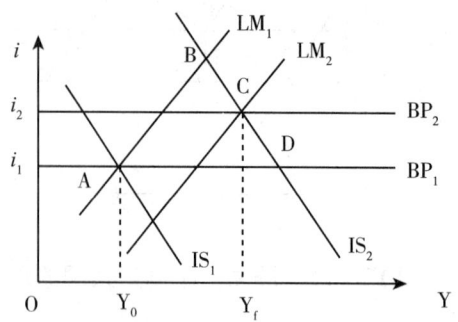

图 12-13　固定汇率制下大国的财政政策

因此,在固定汇率制下,大国实行扩张性的财政政策可以导致外国利率上升,从而本国利率出现持久性上升;同时本币外汇储备增加,国民收入增加,但增加程度小于小国的情形。

四、资本不完全流动下的蒙代尔—弗莱明模型

在资本不完全流动下,BP 曲线是一条向右上方倾斜的曲线,斜率为正。通常情况下,国际资本流动的利率敏感性高于国内资金供求的敏感性,所以 BP 曲线的斜率要小于 LM 曲线的斜率。

(一) 浮动汇率制下货币政策的效果

图 12-14 中,设期初该国经济处于 A 点,由于 A 点处未达到充分就业状态,于是政府实行扩张的货币政策,使 LM_1 右移到 LM_2,本国利率下降,引起资本外流,由于该国实行浮动汇率制度,本国资金净流出时,对外汇需求大于供给,外汇汇率上升。外汇汇率上升,一方面,使得 BP_1 下移到 BP_2 的位置;另一方面,使本国净出口增加,IS_1 曲线向右移到 IS_2 的位置。B 点为新的内外均衡点。

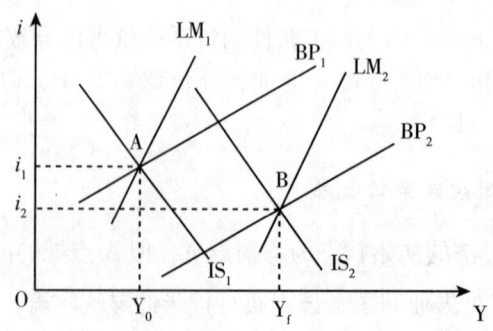

图 12-14　浮动汇率制、资本不完全流动情况下的货币政策

可见,在浮动汇率制下如果资金不完全流动,扩张性的货币政策将使本国利率下降、本

币汇率下降、本国收入增加。因此，货币政策是有效的。

(二) 浮动汇率制下财政政策的效果

图 12-15 中，设期初该国经济处于 A 点，由于 A 点处未达到充分就业状态，于是政府实行扩张的财政政策，使 IS_1 右移到 IS_2，本国利率上升，引起资本流入，由于该国实行浮动汇率制度，本国资金净流入时，对外汇需求小于供给，外汇汇率下降。外汇汇率下降，一方面，使得 BP_1 上移到 BP_2 的位置；另一方面，使本国净出口减少，IS_2 曲线向左移到 IS_3 的位置。C 点为新的内外均衡点。

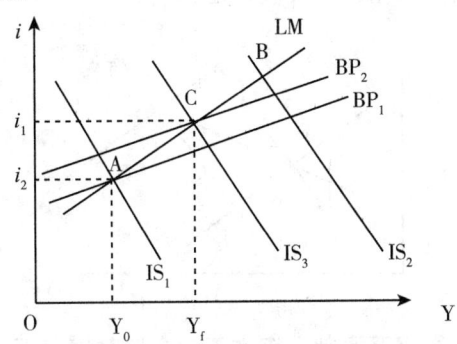

图 12-15　浮动汇率制、资本不完全流动情况下的财政政策

可见，在浮动汇率制下如果资金不完全流动，扩张性的财政政策将使本国利率上升、本币汇率上升、本国收入增加。因此，财政政策是有效的。

(三) 固定汇率制下货币政策的效果

图 12-16 中，设期初该国经济处于 A 点，由于 A 点处未达到充分就业状态，于是政府实行扩张的货币政策，使 LM_1 右移到 LM_2，本国利率下降，引起资本外流，国际收支恶化。由于该国实行固定汇率制度，本国资金净流出时，对外汇需求大于供给，为维持固定汇率制，政府要动用外汇储备干预外汇市场，外汇储备的减少使 LM_2 曲线向左移到 LM_1 的位置。

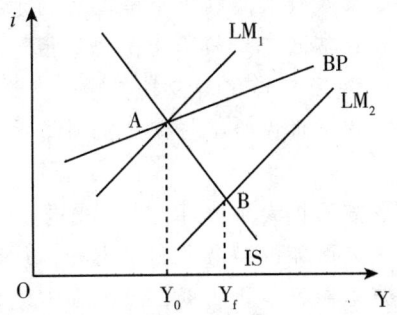

图 12-16　固定汇率制、资本不完全流动情况下的货币政策

可见，在固定汇率制下如果资金不完全流动，扩张性货币政策的长期效应是使得外汇储备减少、收入和利率状况不变。因此，货币政策是无效的。

(四) 固定汇率制下财政政策的效果

图 12-17 中,设期初该国经济处于 A 点,由于 A 点处未达到充分就业状态,于是政府实行扩张的财政政策,使 IS_1 右移到 IS_2,本国利率上升,引起资本流入,国际收支出现顺差,市场对本币需求增加,政府当局为维持汇率稳定抛售本币,增加外汇储备,导致 LM_1 曲线向右移到 LM_2 的位置。B 点为新的内外均衡点。

可见,在固定汇率制下如果资金不完全流动,扩张性的财政政策将使本国利率上升、外汇储备增加、本国收入增加。因此,财政政策是有效的。

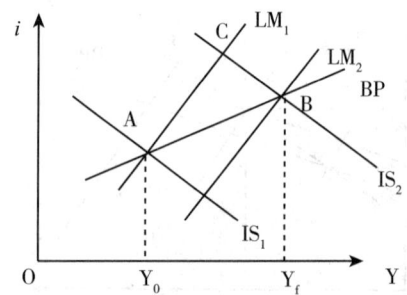

图 12-17　固定汇率制、资本不完全流动情况下的财政政策

专栏 12-2

固定汇率制度下的财政、货币政策

总体来看,固定汇率制度下,开放小国的货币政策效力微弱,不是实现内外均衡的最佳选择;财政政策却成为各国经济发展的主要依靠力量。特别是在中央银行实行非冲销政策时,货币政策完全失效;而财政政策的产出效应得到放大,并且跨境资本流动程度越高,政策效果越好。

究其原因,扩张性货币政策导致名义利率下降,有利于扩大私人投资支出,提高本国收入并带动进口增加,导致经常账户差额恶化;利率相对降低也有利于资本流出而限制了资本流入,引起资本和金融账户恶化,造成国际收支逆差。如果不采取冲销政策,则为维持固定汇率而减少的国内货币供给必将彻底抵消货币扩张对实际产出水平的政策效果。

而扩张性的财政政策,一方面扩大了政府支出、提高了本国收入,并带动进口增加,导致经常账户差额恶化;另一方面却引起名义利率上升,从而有利于资本流入而不利于资本流出,使资本和金融账户差额改善。所以,跨国资本流动程度越高,扩张性财政政策引致的资本流入规模越大,改善国际收支差额的效果也就越突出。于是,在不采取冲销政策时,因大量资本流入而导致的国内货币扩张自然进一步放大了财政政策的产出效应。

资料来源:陈雨露. 国际金融(第五版)[M]. 北京:中国人民大学出版社,2016.

第十二章 开放经济下的宏观经济政策

【本章要点】

1. 内部均衡是指物价稳定与充分就业，外部均衡是指国际收支均衡。内部均衡与外部均衡的目标之间可能会发生"米德冲突"。

2. 开放经济下的宏观政策工具包括支出变更政策与支出转换政策，前者主要指财政政策和货币政策，后者主要指汇率政策。

3. 内外均衡调节时有两个原则，即丁伯根原则和有效市场分类原则。斯旺研究的是浮动汇率制下的政策配合，提出用支出变更政策和支出转换政策的搭配来解决内外均衡的冲突，蒙代尔研究的是固定汇率制下的政策配合，要求以财政政策实现内部均衡，以货币政策实现外部均衡。

4. 小国的MF模型说明在浮动汇率制下，货币政策是富有效力的；在固定汇率制下，财政政策是富有效力的。同时，在浮动汇率制下的财政政策和固定汇率制下的货币政策缺乏效力。

5. 大国与小国相比，浮动汇率制下的货币政策和固定汇率制下的财政政策效力有所减弱；但浮动汇率制下的财政政策和固定汇率制下的货币政策都有一定效力。其原因在于大国是利率价格的制定者，而小国只是利率价格的接受者。

6. 在资本不完全流动情况下，BP曲线向右上方倾斜，从而使分析的结论发生变化。

【思考题】

1. 开放经济体拥有哪些宏观经济政策？较封闭经济情形有何不同？
2. 米德冲突出现在什么情况下？
3. 斯旺研究的是什么汇率制度下的政策配合？其政策配合的原则是什么？
4. 简述蒙代尔的政策搭配理论。
5. 以小国为例，分析不同汇率制度下的财政政策和货币政策对国民收入的影响。
6. 大国的MF模型与基本的MF模型得出的结论有何不同？
7. 资本不完全流动下的结论与大国模型得出的结论有何不同？

【技能案例】

格林斯潘批评美量化宽松政策　美联储理事反驳

美联储前主席阿兰·格林斯潘7月1日表示，除了压低美元汇率帮助美国出口部门之外，美联储此前出台的两轮量化宽松计划对刺激美国经济并没有明显效果。不过，他的这番表态当日遭到了美国圣路易斯联储总裁布拉德的反驳。

格林斯潘表示，没有确凿证据表明，美联储向美国金融体系注入的巨额流动性从根本上发挥了作用，注资"几乎没有增加贷款也没有刺激经济"。他指出，除了通过明显影响美元汇率提振出口部门对外扩张之外，"我没有看到任何效果，不仅是第二轮量化宽松政策（QE2），QE1也是如此"。基于这一判断，格林斯潘表示，如果QE3面世，他会感到惊讶。

对于格林斯潘的上述批评，布拉德在当天晚些时候作出了反驳。他说，QE2"发挥了实际作用"，帮助美国经济避免了陷入"日本式的"一轮温和通货紧缩过程。

布拉德强调，QE2 在金融市场上的真实效果就像联邦公开市场委员会大幅降息一样，导致实际利率水平下跌。他认为，"QE2 的经验表明，即使在利率水平接近于零的条件下，仍可实施重大宽松货币政策"。

资料来源：高健. 格林斯潘批评美量化宽松政策　美联储理事反驳 [N]. 中国证券报，2011 - 07 - 04.

技能考核

运用蒙代尔—弗莱明模型分析美国实施和退出量化宽松政策的效果，及其对他国经济的影响。

【实训操作】

实训任务　本章主要分析资本完全流动和不完全流动时的宏观经济政策效应，试按此分析框架对不同汇率制度下资本完全不流动时的货币政策和财政政策效应进行分析。

第十三章 国际金融组织

> **教学目标：**
> 1. 了解国际货币基金组织的宗旨及其组织机构；
> 2. 了解世界银行集团的组成及其宗旨；
> 3. 熟悉国际货币基金组织和世界银行贷款的资金来源和主要业务；
> 4. 明确各主要国际金融机构之间的关系。

▶ 引导案例

基金组织通过债务减免和新融资支持利比里亚

为了在利比里亚经过14年毁灭性的内战之后支持该国的经济恢复，基金组织采取重大行动，宣布了一系列措施，通过债务减免和新融资向这个非洲最贫穷的国家之一提供支持。

过去两年，利比里亚政府推行了重大改革来重建该国经济和减少贫穷。基金组织一直在支持为重建利比里亚经济进行努力。自埃伦·约翰逊－瑟利夫总统于2006年初就任以来，基金组织迅速地与新政府商定了一项改革规划。这项目标远大的规划得到了切实执行，但执行过程并不容易。利比里亚能力薄弱，很多规划的措施所需时间超过预期。

3月14日，利比里亚采取了又一个重大步骤来使饱经战乱的国家重新融入全球经济，清偿了该国自20世纪80年代以来积累的8.88亿美元的长期拖欠债务，并实现了与基金组织之间财政关系的正常化。

基金组织执董会作出响应，商定：

- 恢复利比里亚在基金组织的投票权和相关权利，并恢复该国使用基金组织普通资金的资格。
- 提供总额为9.25亿美元的财政援助，其中包括在减贫与增长贷款下作出一项3.91亿美元的三年安排，并在中期安排下作出一项5.61亿美元的安排，用以支持利比里亚政府2008~2010年的经济规划。
- 开始与其他债权人一道向利比里亚提供债务减免，这项措施包括了截至2007年6月底该国47亿美元未清偿债务中的至少44亿美元。

自从和平协定签署以来，基金组织在财政和货币政策、金融部门改革和统计方面对利比里亚提供了大量技术援助。事实上，利比里亚当前是基金组织在撒哈拉以南非洲所提供技术援助的第三大受援国。

现在，随着利比里亚与基金组织关系的正常化，基金组织能够出面提供大量的债务减免和融资，以支持一项应有助于调动捐助界提供更多财政援助的规划。

资料来源：国际货币基金组织官网，http://www.imf.org。

思考：从该案例可看出，IMF 的主要业务活动和作用是什么？

国际金融机构泛指从事国际融资业务、协调国际金融关系、加强国际金融合作、维持国际货币及信用体系正常运作的超国家机构，是国际金融制度发展的必然产物。

国际金融机构分为两大类：一是全球性金融机构，如国际货币基金组织和世界银行集团；二是区域性金融机构。它又分为两种：一种是联合国附属的区域性金融机构，如亚洲开发银行、泛美开发银行、非洲开发银行等；另一种是真正意义上的地区性金融机构，如欧洲投资银行、阿拉伯货币基金组织、伊斯兰开发银行、国际投资银行、加勒比开发银行等。

知识窗

国际金融机构的主要业务是给其成员国提供用于进行工业、农业等项目建设的优惠性贷款。不同机构的贷款条件是不同的，但都具有援助性质；使用贷款采购物资则更多要求采用国际招标方式。历史上最早建立的国际金融组织是 20 世纪 30 年代成立的国际清算银行。第二次世界大战后，由于国际金融领域的动荡混乱严重阻碍了国际贸易的发展和世界经济的稳定，为了协调各国之间的货币金融关系，加强国际金融合作，各种不同形式的国际金融机构纷纷建立。

第一节 全球性国际金融组织

第二次世界大战末期，为了结束国际货币金融领域的动荡混乱局面，西方主要国家牵头组织筹建国际金融组织。1944 年 7 月召开的布雷顿森林会议达成《国际货币基金协定》和《国际复兴开发银行协定》，此两协定于 1945 年 12 月 27 日生效。由此建立起全球性的国际金融组织——国际货币基金组织和世界银行集团。

一、国际货币基金组织

（一）国际货币基金组织的宗旨

国际货币基金组织（International Monetary Fund，IMF）是联合国管理和协调国际金融关系的专门机构。1944 年 7 月，在美国新罕布什尔州的布雷顿森林，44 个国家的代表举行了联合与联盟国家国际货币金融会议，签订了《布雷顿森林协定》，决定成立国际货币基金组织与国际复兴开发银行。随后，根据会议通过的《国际货币基金组织协定》，1946 年 3 月国际货币基金组织正式成立，总部设在华盛顿。1947 年 3 月开始办理放款业务。截至 2008 年 4 月，国际货币基金组织已有 185 个成员国家或地区。

《国际货币基金组织协定》明确了该组织的宗旨是：

1. 设立一个永久性的就国际货币问题进行磋商与合作的常设机构，促进国际货币合作；

2. 促进国际贸易的扩大与平衡发展，借此提高就业和实际收入水平，开发成员国的生产性资源，以此作为经济政策的主要目标；

3. 促进汇率的稳定，在成员国之间保持有秩序的汇率安排，避免竞争性的货币贬值；

4. 协助成员国建立经常性交易的多边支付制度，消除妨碍世界贸易发展的外汇管制；

5. 在有适当保证的条件下，向成员国提供临时性的资金融通，使其有信心且利用此机会纠正国际收支的失衡，而不采取危害本国或国际经济的措施；

6. 缩短成员国国际收支不平衡的时间，减轻不平衡的程度。

根据上述宗旨，国际货币基金组织目前负有3项职能：第一，确立一套有关成员国的汇率政策，与经常项目有关的支付以及货币可兑换性问题的行为准则并实施监督。第二，在成员国纠正或避免其国际收支失调时，向其提供短期信用帮助。第三，为成员国在国际货币问题上进行协商提供场所。

IMF成立以来，已对《国际货币基金组织协定》作过三次修改，但这些宗旨并没有改变。由此可见，半个世纪以来虽然世界经济与政治格局发生了巨大的变化，但是国际货币合作的重要性并未随时间的推移而减弱。相反，随着成员国的不断增加、各国经济依赖性的不断增强以及国际金融危机的时常爆发，这种国际货币、汇率政策的合作与协调将显得更加重要。随着各种新情况的出现与复杂化，IMF本身的改革也势在必行。

（二）国际货币基金组织的组织机构

IMF由理事会、执行董事会、总裁和众多业务职能机构组成。

理事会（Board of Covernors）是国际货币基金组织的最高决策机构，由会员国各选派1名理事和副理事组成。理事一般由各国财政部部长或中央银行行长担任。理事会每年秋季召开定期会议，决定国际货币基金组织和国际货币体系的重大问题，如批准接纳新会员国、调整基金份额、修改基金协议等。

理事会下设执行董事会（Board of Executive Directors），负责日常行政工作及处理日常业务。执行董事会设24名执行董事，拥有基金组织份额最多的6个国家（美国、英国、法国、日本、德国、沙特阿拉伯各派出1名，中国、俄罗斯为单独选区，也各自单独派出1名，其余国家和地区分为16个选区，每个选区选派1名）。

总裁由执行董事会推选，总管IMF的日常工作，是最高行政领导人，同时兼任执行董事会主席。总裁平时并无投票权，只有在执行董事会进行表决双方票数相等时，才可投决定性的一票。总裁任期5年，下设副总裁1人，协助总裁工作。

国际货币基金组织另外还有2个机构：一个是"临时委员会"，负责有关国际货币体系的管理和改革问题；另一个是与世界银行一起共同设立的"发展委员会"，专门研究和讨论向发展中国家提供援助、转移实际资源的问题。这两个委员会都是部长级委员会，每年举行2~4次会议，讨论有关国际货币体系和开发援助的重大事项。由于这两个委员会的成员级别高，又来自主要国家，所以在大多数情况下，委员会的决议就等于理事会的决议。

> **知识窗**
>
> 1999年9月，国际货币基金组织决定改"临时委员会"为"国际货币和金融委员会"，该委员会于2000年4月16日举行了首届会议。

国际货币基金组织的业务机构,是在执行董事会下设的业务部门。有行政、研究、法律、会计、秘书等16个部门,分别负责开展日常业务工作。另外,国际货币基金组织在巴黎、日内瓦等地设有办事处。

国际货币基金组织的每一个成员国都有250票基本投票权,此外,每缴纳10万美元增加1票投票权。按《国际货币基金组织协定》的规定,特别重大问题须经全体成员国投票,获得85%的同意才能通过并使决议生效。由于美国一直占有高比例的基金份额,目前为17.09%,因此美国便拥有了所谓的"少数否决权",凡不经美国同意的问题或事项都无法予以实施。针对这种状况,西欧工业国和发展中国家分别建立了"十国集团"和"二十四国集团"来与之相抗衡,这两个集团的投票权也超过了15%,因此它们的集体行动也能构成对重大提案的否决权。

(三)国际货币基金组织的资金来源

1. 份额。这构成基金组织资金的基本来源。根据《国际货币基金协定》,会员国必须向基金组织缴纳一定份额的基金。1975年以前,会员国份额的25%是以黄金缴纳,1976年牙买加会议以后,IMF废除了黄金条款,这25%的份额改以特别提款权或可自由兑换货币缴纳。份额的75%可以用本币缴纳,即以本国货币缴纳存放于本国中央银行,但在IMF需要时可以随时动用。各会员国认缴份额的大小,由基金理事会决定,主要综合考虑会员国的国民收入、黄金与外汇储备、平均进出口额及其变化率以及出口额占GNP的比重等多方面的因素。根据基金组织的规定,对各会员国的份额,每隔5年重新审定和调整一次。份额的单位原为美元,后改以特别提款权计算。

IMF最初创立时各会员国认缴的份额总值为76亿美元,此后随着会员国的不断增加及份额的不断调整,份额总数不断提高。2016年1月26日,满足了落实第14次份额总检查商定增资的各项条件,这样,IMF189个成员国的联合份额从2 385亿特别提款权(约合3 340亿美元)增至4 770亿特别提款权(约合6 680亿美元)。约6%的份额向有活力的新兴市场和发展中国家转移,目前,IMF份额最大的10个成员国中有4个新兴市场和发展中国家:中国、印度、俄罗斯和巴西;有4个最大的欧洲国家:法国、德国、意大利和英国。最大的份额国家是美国,其次是日本。

基金组织的份额

现行份额公式是以下变量的加权平均值,即GDP(权重为50%)、开放度(30%)、经济波动性(15%),以及国际储备(5%)。这里的GDP是通过基于市场汇率计算的GDP(权重为60%)和基于购买力平价计算的GDP(权重为40%)的混合变量计算的。公式还包括一个"压缩因子",用来缩小成员国计算份额的离散程度。

份额认缴是基金组织资金的核心。成员国的份额决定了其向基金组织出资的最高限额和投票权,并关系到其可从基金组织获得贷款的限额。

资料来源:国际货币基金组织官网,http://www.imf.org。

2. 借款。这是基金组织另一项重要的资金来源,但借款总额有限度规定,一般不得超过基金份额总量的 50%～60%。IMF 可以通过与成员国协商,向成员国借入资金,作为对成员国提供资金融通的来源。它可以选择任何货币和任何来源寻求所需款项,不仅可以向官方机构借款,也可以向私人组织借款,包括商业银行借款。

3. 信托基金。这是一项新的特殊的资金来源。1976 年国际货币基金决定,在市场出售一部分成员国原来缴纳的黄金,以其所得利润作为信托基金,向最贫穷的一些成员国提供信贷。

(四) 国际货币基金组织的主要业务活动

1. 汇率监督与政策协调。汇率监督的目的在于在各成员国之间保持有秩序的汇兑安排,促进汇率体系的稳定,消除不利于国际贸易发展的外汇限制,避免成员国操纵汇率或以歧视性汇率政策谋取不公平的竞争利益。

国际货币基金组织对成员国汇率政策的监督可在多边基础上和个别国家基础上进行。多边基础上的监督主要是分析主要工业国家国际收支和汇率政策的相互作用,并估价这些政策在多大程度上能促进一个健康的世界经济环境。在个别国家基础上的监督,主要是通过检查成员国的汇率政策是否与《国际货币基金组织协定》第 4 条规定的义务相一致。它要求所有成员国将其汇率安排的变动迅速通知国际货币基金组织,方便其进行持续不断的监督。

根据《基金组织协定》第 4 条第 3 款,汇率监督有三个主要的指导原则:(1) 成员国不得操纵汇率以阻碍国际收支平衡的调节或谋取对其他成员国不公平的比较优势。(2) 如由于对付该国货币汇率短期变动而造成的混乱时,国际货币基金组织可命令成员国干预该国的外汇市场。(3) 在实施干预政策时应适当考虑其他成员国的利益。

为了能够履行监督会员国汇率政策的责任,了解会员国的经济发展状况和采取的政策措施,以便及时向会员国提出有关的政策建议和劝告,基金组织与会员国要经常进行磋商与协调。从 20 世纪 80 年代以来,基金组织都把协调会员国经济政策和货币政策作为年会的主要议题。

2. 国际储备创造。针对国际储备不足和多边支付的需要,国际货币基金组织在 1969 年年会上通过了设立"特别提款权"的正式方案,并于 1970 年 1 月开始分配特别提款权。分配是按照国际货币基金组织成员国所缴纳份额的同一比例进行。作为国际储备的一部分,特别提款权可用于向其他会员国偿付国际收支逆差,以及偿还国际货币基金组织的贷款。特别提款权按美元、德国马克、法国法郎、日元及英镑加权平均定值,定值篮子中的货币名单及权重每 5 年进行一次调整。

3. 金融贷款。这是国际货币基金组织最主要的业务活动。贷款的对象仅以会员国政府为限,贷款用途限于国际收支的调节,贷款以"购买—回购"的方式取得,即以等值的本币获得外汇贷款,偿还时以外汇购回本币,贷款以特别提款权计算本息。主要的贷款类型如下:

(1) 普通贷款,又被称为普通提款权。该项贷款是国际货币基金组织最基本的贷款方式,期限为 3～5 年,年贷款额度最高为成员国缴纳份额的 125%。其中,申请贷款额不超过 25% 的部分,被称为储备部分贷款,成员国可以自由提用,不需要经过特殊的批准。另外 100% 的贷款部分分为 4 个档次,每档均为 25%。贷款的档次越高,条件越严格。经国际货币基金组织审核批准后，可一次性全额提取，也可按借款国与国际货币基金组织达成的备用安排分段提取。

（2）补偿与应急贷款。1963年设立出口波动补偿贷款，该项贷款期限为3~5年，是针对因出口下降而产生国际收支困难的成员国（特别是初级产品出口国）提供的，贷款的最高额度为成员国缴纳份额的100%。1989年1月IMF以"补偿与应急贷款"取代出口波动补偿贷款，贷款最高额度为份额的120%。贷款条件是借款国出口收入下降或谷物进口支出增加应是暂时性的，而且是会员国本身无法控制的原因造成的，同时借款国必须同意与IMF合作执行国际收支的调整计划。

（3）缓冲库存贷款。这是1969年6月设立的一种专项贷款，用于帮助初级产品出口国建立缓冲库存，以稳定产品市场价格，减少价格波动对国际收支的不利影响。贷款期限为3~5年，贷款的最高额度不超过成员国缴纳份额的50%。

（4）石油贷款。这是1974年6月国际货币基金组织为帮助会员克服因石油涨价引起的国际收支困难而设立的临时性专项信贷，贷款期限为3~7年，贷款最高额度最初为会员国缴纳份额的75%（1975年提高到125%）。其资金来源主要是向产油国和发达国家的借款，到1976年5月全部发放完毕。

（5）中期贷款，又称扩展贷款。这是国际货币基金组织1974年9月为帮助会员国克服长期国际收支逆差的困难而设立的专项贷款。IMF确认申请国的国际收支出现严重失衡，确实需要比普通贷款的期限更长才能解决时提供该项贷款，但是借款的成员国必须提呈贷款期内国际收支的改进计划，并每年向国际货币基金组织汇报有关工作进展的详细情况和实现目标的政策措施。贷款期限为4~10年，贷款最高限额为借款会员国缴纳份额的140%。

（6）信托基金贷款。设立于1976年1月，是国际货币基会组织以出卖黄金所得利润建立的一笔信托基金，按优惠条件向低收入发展中国家提供的专项信贷。取得贷款的条件是：第一期为1973年人均国民收入不超过300 SDRs，第二期为1975年人均国民收入不超过520美元（合444.19 SDRs）。同时申请贷款国的国际收支、货币储备和其他发展情况经IMF审核，证实确有资金需要且又具有调整国际收支的适当计划。每个借款国可获得的贷款限额相当于其份额的55.5%，贷款利率仅为0.5%，期限为10年。两期接受贷款的国家共120个。

（7）补充贷款，又称维特芬贷款。这是1977年国际货币基金组织为弥补普通贷款和中期贷款的不足，解决成员国巨额和持续的国际收支逆差设立的一项专用信贷。其资金来源主要由石油生产国与发达国家提供，贷款期限为0.5~7年，备用安排期为1~3年。1981年4月已全部发放完毕。

（8）扩大贷款。在补充贷款的发放完成后，同年5月国际货币基金组织以同样条件对那些份额少而经济面临严重困难，需要大规模调整的，而且出现持续性巨额国际收支逆差的会员国提供的一项贷款。

（9）结构调整贷款。这是1986年3月国际货币基金组织为了帮助低收入发展中国家解决长期性国际收支不平衡而进行经济结构调整所设立的贷款项目。其资金来源为信托基金贷款的还款及国际货币基金组织的利息收入与对外借款。其贷款条件较为优惠，期限最长可达10年，利率为0.5%~1%，贷款额度主要取决于借款国与基金组织的合作态度及其为改善经济结构所作的努力，最高可达份额的70%。1987年12月IMF又设立扩大的结构调整贷款，资金来源于会员国的捐款，贷款最高额度增加到份额的250%。

（10）制度转型贷款。这是1993年4月国际货币基金组织面向苏联和东欧国家设立的专项贷款，旨在帮助这些国家克服由计划经济向市场经济转变过程中出现的国际收支困难，以及其他同这些国家有传统的以计划价格为基础的贸易和支付关系的国家克服因贸易价格基础变化所引起的国际收支困难。贷款期限为4~10年，贷款最高限额为会员国缴纳份额的50%。此项贷款的获得与否及其额度的多少主要取决于借款国与基金组织的合作态度及其为其经济转型所作出的切实有效的努力。

国际货币基金组织要求借款国在规定期限内归还所借贷款，逾期6个月以上仍未偿还的资金被视为拖欠，将受到处罚。

除上述各项贷款外，国际货币基金组织还设置在突发情况下的紧急贷款机制。这一机制可以保证当会员国国际收支账户出现危机或受到威胁可能引发危机时，国际货币基金组织能够立即作出反应，迅速进行相应的贷款安排，以使危机尽快得到解决。

4. 技术援助与培训。国际货币基金组织负责对成员国进行技术培训、咨询等，帮助成员国政府发展健全的决策制度和经济政策工具。为提高成员国专业人员素质，定期对有关人员进行培训；根据各国经济、金融发展状况，货币组织通过派出代表团的形式，对有关成员国提高国际收支、财政、货币、银行、外汇、外贸和统计等各方面进行业务咨询及技术援助；另外，还编辑、出版反映世界经济、国际金融的专题刊物，寄发各成员国，加强成员国间的交流。

（五）国际货币基金组织贷款的特点

1. 贷款对象限于成员国政府，IMF也同成员国的财政部、中央银行及类似的财政金融机构保持往来；
2. 贷款用途只限于解决短期性的国际收支不平衡，用于贸易和非贸易的经常项目的支付；
3. 贷款期限限于短期，属短期贷款；
4. 贷款额度是按各成员国的份额及规定的各类贷款的最高可贷比例，确定其最高贷款总额；
5. 贷款方式是根据经磋商同意的计划，由借款成员国使用本国货币向基金组织购买其他成员国的等值货币（或特别提款权），偿还时，用特别提款权或IMF指定的货币买回过去借用时使用的本国货币（一般称为购回）。

国际货币基金组织发放贷款的条件比较严格，贷款国必须向基金组织阐明其为改善国际收支状况而采取的政策措施，并受基金组织的监督，以保证实施。

（六）我国与国际货币基金组织的关系

我国是国际货币基金组织创立国之一，1980年以前，这一席位被台湾当局占据。1980年4月17日，基金组织恢复了中华人民共和国在基金组织的合法席位。我国在基金组织执行董事会中拥有一个单独选区，有权选举自己的执行董事。中国人民银行是国务院授权主管基金组织事务的机构，人行行长和主管国际业务的副行长任基金组织的正副理事。

1980年9月，基金组织将中国份额从5.5亿特别提款权增加到12亿特别提款权。11

月，中国份额又随基金组织的普遍增资而进一步增加到 18 亿特别提款权，在基金组织内的排名为第 8 位。2001 年 2 月，我国再次获特别增资，份额提高到 63.692 亿特别提款权，投票权占基金组织总投票权的比重提高到 2.95%。2006 年 9 月，国际货币基金理事会批准中国缴纳的份额上升为 80.901 亿特别提款权，相应地，中国在基金组织的份额占比上升至 3.72%，投票权升至 3.65%，位居第六。2010 年国际货币基金组织通过改革方案，中国份额占比升至 6.39%，投票权占比升至 6.07%，跃居第三位，仅次于美国和日本。

我国从基金组织中共获得三笔贷款，累计 13.53 亿特别提款权。1980 年中国向基金组织借入 4.5 亿的第一档信用贷款和 3.05 亿信托基金贷款，1986 年，中国又借入 5.97725 亿特别提款权的第一档信用贷款，这三笔贷款分别于 1983 年、1990 年、1991 年全部还清。这些贷款对我国弥补国际收支的不平衡和经济结构的调整都起到了积极作用。

近年来，中国与基金组织间的技术援助合作迅速发展。自 1990 年以来，基金组织以代表团访问、研讨班、专家访问、官员培训等形式对中国提供了技术援助。技术援助侧重的宏观经济领域包括：财政政策和税收征管；商业和中央银行立法；货币工具和同业市场的建立；对外经常项目可兑换和统一的外汇市场以及经济和金融统计。

同时，我国也积极配合基金组织的工作，为世界经济的稳定和繁荣作出努力。如在亚洲金融危机中，我国通过国际货币基金组织以及双边渠道，向国际货币基金组织提供了 40 多亿美元的支持。为帮助发展中国家更好地应对金融危机，2009 年 9 月 2 日，我国率先和基金组织签订协议，认购价值 500 亿美元的债券。

知识窗

IMF 重点关注三项重要工作

经济监督。针对成员国实施有助于实现其宏观经济稳定进而加快经济增长并缓解贫困的政策向成员国提出建议。

贷款。临时向成员国提供融资，以帮助其应对国际收支问题，包括当其发现因对外支付超过外汇收入而出现的外汇短缺的状况。

能力建设。应各成员国的请求，提供技术援助和培训，以帮助其建立实施稳健的经济政策所需的专长和制度。IMF 总部设在美国华盛顿特区，并且在世界各地设有办事处，体现了其全球活动范围以及与成员国的密切联系。

二、世界银行集团

世界银行集团（World Bank Group）是若干全球性金融机构的总称。目前由世界银行本身即国际复兴开发银行（International Bank for Reconstruction and Development，IBRD）、国际开发协会（International Development Association，IDA）、国际金融公司（International Finance corporation，IFC）、多边投资担保机构（Multinational Investment Guarantee Agency，MIGA）和解决投资纠纷国际中心（International Center for Settlement of Investment Disputes，ICSID）等五个机构组成。世界银行集团的主要职能是促进成员国经济长期发展，协调南北关系和稳

定世界经济秩序等。下面对世界银行、国际开发协会和国际金融公司这三个主要机构作具体分析。

(一) 世界银行

1. 世界银行的宗旨与职能。世界银行是1944年7月布雷顿森林会议后，与国际货币基金组织同时产生的两个国际性金融机构之一，也是联合国属下的一个专门机构。世界银行于1945年12月正式宣告成立，1946年6月开始办理业务，1947年11月成为联合国的专门机构。该行的成员国必须是IMF的成员国，但IMF的成员国不一定都参加世界银行。

世界银行与国际货币基金组织两者起着相互配合的作用。国际货币基金组织主要负责国际货币事务方面的问题，其主要任务是向成员国提供解决国际收支暂时不平衡的短期外汇资金，以消除外汇管制，促进汇率稳定与国际贸易的扩大。世界银行则主要负责经济的复兴和发展，向各成员国提供发展经济的中长期贷款。

按照《国际复兴开发银行协定条款》的规定，世界银行的宗旨是：(1) 通过对生产事业的投资，协助成员国经济的复兴与建设，鼓励不发达国家对资源的开发。(2) 通过担保或参加私人贷款及其他私人投资的方式，促进私人对外投资。当成员国不能在合理条件下获得私人资本时，可运用该行自有资本或筹集的资金来补充私人投资的不足。(3) 鼓励国际投资，协助成员国提高生产能力，促进成员国国际贸易的平衡发展和国际收支状况的改善。(4) 在提供贷款保证时，应与其他方面的国际贷款配合。

2. 世界银行的组织机构。世界银行是具有股份性质的一个金融机构，设有理事会、执行董事会、行长及具体办事机构。

理事会是世界银行的最高权力机构，由每一成员国委派理事和副理事各一名组成。理事会每年举行一次会议，常与国际货币基金组织会议联合召开。理事会的主要职责是讨论批准接纳新成员、决定调整应缴股本、决定银行净收入的分配及其他重要问题。

执行董事会是负责银行的日常业务机构，行使理事会授予的职权。由理事会选出，现有执行董事21人，其中5人为常任执行董事，由股份最多的美国、英国、德国、法国、日本5国指派，其余16人由其他成员国选派。中国和沙特阿拉伯可自行单独选任一位执行董事。行长由执行董事会选举产生，并兼任执行董事会主席。

银行政策管理机构由行长、若干副行长、局长、处长及工作人员组成。世界银行对我国的贷款业务，由东亚及太平洋地区国家三局负责，国家三局也称中国和蒙古国国家局，简称"中蒙局"。

3. 世界银行的资金来源。

(1) 成员国缴纳的股金。根据世界银行的规定，成员国认缴股份分为两部分：实缴股金和待缴股金。实缴股金占全部股金的20%，其中的2%必须用黄金或美元支付，这一部分股金世界银行有权自由使用，其余的18%用成员国的本国货币支付，世界银行须征得该成员国的同意才能将这部分股金用于贷款。成员国认缴股金的80%是待缴股金，它可在世界银行因偿还借款或清偿债务而催缴时，以黄金、美元或世界银行需用的货币支付。

(2) 发行债券取得的借款。在实有资本极其有限而又不能吸收短期存款的条件下，世界银行主要通过在各国和国际金融市场发行债券来筹措资金。在世界银行的贷款总额中，约有80%是依靠发行债券借入的。世界银行在借款方面的基本政策是：借款市场分散化，以防止对某一市场的过分依赖。世界银行发行债券的方式主要有两种：一是直接向成员国政府、政府机构或中央银行出售中短期债券；二是通过投资银行、商业银行等中间包销商向私人投资市场出售债券。目前这两种方式中，后者所占的比重不断扩大。由于世界银行信誉优良，其发行的债券一直被评为 AAA 级，因而在国际资本市场上获得了比较优惠的融资条件，并成为世界上最大的非居民借款人。

(3) 债权转让。世界银行将一部分贷出款项的债权转让给私人投资者（主要是商业银行），收回一部分资金，从而加快资金的周转，扩大银行的贷款能力。

(4) 留存的业务净收益。世界银行从 1947 年开始营业以来，除第一年有小额亏损外，每年都有盈余。世界银行将历年业务净收益大部分留作银行的储备金，小部分以赠款形式拨给国际开发协会作贷款资金。

4. 世界银行的主要业务活动。向成员国尤其是发展中国家提供贷款是世界银行最主要的业务，另外也向其成员国提供投资担保、技术援助和分析咨询服务。

(1) 世界银行贷款的原则。

第一，只贷给成员国政府或经成员国政府、中央银行担保的公私机构。

第二，成员国确实不能以合理的条件从其他方面取得资金来源时，世界银行才考虑提供贷款。

第三，贷款一般用于世界银行审定、批准的特定项目，即项目贷款，重点是交通、公用工程、农业建设和教育建设等基础设施项目。只有在特殊情况下，世界银行才考虑发放非项目贷款。

第四，贷款只发放给有偿还能力且能有效运用资金的成员国。

第五，贷款必须专款专用，并接受世界银行的监督。世界银行不仅在使用款项方面，而且在工程的进度、物资的保管、工程管理等方面都可进行监督。

(2) 世界银行贷款的特点。

第一，贷款主要向成员国政府发放，且与特定的工程和项目相联系。

第二，贷款期限较长，一般为 7～30 年。

第三，贷款利率较优惠，一般低于市场利率，现采用浮动利率计息，参考 6 个月伦敦（伦敦银行）同业拆借利率加贷款利差决定。每半年调整一次。

第四，贷款数额不受认缴股份数额的限制，主要考虑是否有偿还能力。

第五，借款国要承担汇率变动的风险。

第六，贷款手续严密，从提出项目、选定、评定到取得贷款，一般要 1 年半到 2 年时间。

第七，贷款必须如期归还，不得拖欠或改变还款日期。

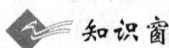

如果一个国家不能偿付世行的贷款，会出现什么情况？

如果一国不能按期偿还贷款，世行将于 30 天后中止为该国准备的任何新增贷款项目，并于 60 天后停止向现有贷款项目提供资金。

(3) 世界银行贷款的方向和种类。世界银行在成立之初，主要是资助西欧国家恢复被战争破坏了的经济。1948年后，欧洲各国开始主要依赖美国的"马歇尔计划"来恢复战后经济，世界银行于是主要转向亚洲、非洲、拉丁美洲等发展中国家，为促进发展中国家经济和社会的发展提供贷款和投资。

从世界银行的贷款投放项目来看，20世纪70年代以前，贷款的2/3用于资助基础结构项目，特别是运输和电力。70年代后，逐渐重视农业和农村发展项目投资，同时为提高生产力，增加就业机会和减少贫困现象面对小型企业、教育、卫生、保健和营养、人口、城市发展和供水排水等项目增加了投资。近年来，世界银行又对能源项目、石油、天然气、电力等扩大了贷款的数额。

1984年，世界银行将贷款分为以下六大类：

第一，项目贷款。针对成员国的交通、通信、市政、农田改造、水利工程及文教卫生等具体项目提供贷款，贷款期限一般为4～9年。它是世界银行传统的贷款业务，也是最主要的业务。

第二，部门贷款，包括部门投资贷款及维护贷款、部门调整贷款和中间金融机构贷款三部分。部门投资贷款及维护贷款用于改善部门的投资政策和投资重点、增强借款国制订和执行投资计划的能力；部门调整贷款用于部门体制改革中的外汇需要；中间金融机构贷款是指世行将资金贷放给借款国的中间金融机构如开发金融公司和农业信贷机构，再由中间金融机构转贷给该国的分项目。

第三，结构调整贷款。此贷款用于帮助借款国在宏观经济、部门经济和经济体制等方面进行全面的调整和改革，从而克服经济困难，解决国际收支不平衡的问题。该贷款1980年开始发放。

第四，技术援助贷款。它包括两类：一是与项目结合的技术援助贷款，如对项目的可行性研究、规划、实施，项目机构的组织管理及人员培训等方面提供的贷款；二是不与特定项目相联系的技术援助贷款，亦称"独立"技术援助贷款，主要用于资助为经济结构调整和人力资源开发而提供的专家服务。

第五，"第三窗口"贷款，亦称中间性贷款，是指在世界银行和国际开发协会提供的两项贷款（世界银行的一般性贷款和国际开发协会的优惠贷款）之外的另一种贷款。该贷款条件介于上述两种贷款之间，即比世界银行贷款条件宽松，但不如开发协会贷款条件优惠，期限可长达25年，主要贷放给低收入的发展中国家。

第六，联合贷款。严格意义上说，这种贷款并不是世界银行的一个贷款种类，而是进行贷款的一种方式，是指由世界银行牵头，联合其他贷款机构一起向借款国提供的项目融资。该贷款设立于20世纪70年代中期，主要有两种形式：一是世界银行与有关国家政府确定贷款项目后，即与其他贷款者签订联合贷款协议，而后它们各自按通常的贷款条件分别与借款国签订协议，各自提供融资；二是世界银行与其他借款者按商定的比例出资，由前者按贷款程序和商品、劳务的采购原则与借款国签订协议，提供融资。

拓展思考：

世界银行与国际货币基金组织的贷款特征有何不同？

(二) 国际开发协会

国际开发协会成立于1960年,是一个专门向低收入的发展中国家提供长期无息优惠贷款的国际金融组织。世界银行的成员国均可加入开发协会。目前,国际开发协会共有169个会员国。

1. 国际开发协会的宗旨。根据《国际开发协会协定》的规定,它的宗旨是"为了帮助世界上欠发达地区的协会会员国促进经济发展,提高生产能力,从而提高生活水平,特别是以比通常贷款更为灵活、在国际收支方面负担较轻的条件提供资金以解决它们在重要的发展方面的需要,从而进一步发展国际复兴开发银行的开发目标并补充其活动"。

2. 国际开发协会的组织形式。国际开发协会是世界银行的附属机构。它与世界银行是一套人马、两块牌子,故有"第二世界银行"之称。

知识窗

国际开发协会与世界银行

国际开发协会是世界银行的附属机构,其组织机构和管理方式与世界银行相同,甚至相应机构的管理和工作人员也是同一班人员兼任。但是国际开发协会又是一个独立的实体,有自己的协定、法规和财务系统,其资产和负债都与世界银行分开,业务活动也互不相关。

国际开发协会的最高权力机构是理事会,下设执行董事会处理日常业务。协会会员通过投票参与决策活动,成员国的投票权与其认缴的股本成正比。成立初期,每个会员都有500票基本票,每认缴5 000美元股本增加一票。在1975年第四次补充资金时,每个成员国已有3 850基本票,每认缴25美元再增加一票。

3. 国际开发协会的资金来源。

(1) 会员国缴纳的股本。截至1995年,协会成员国认缴的股本已达130亿特别提款权。

(2) 补充资金。这项资金是发达会员国在一定时期按规定提供的,以便补充协会的资金来源,满足不断增长的信贷需要。

(3) 世界银行拨款。世界银行从年度盈余中向协会拨款支持协会的业务需要。

(4) 国际开发协会自身的经营利润。这部分资金只占很小的比例。

4. 国际开发协会的业务活动。国际开发协会主要业务活动是向低收入发展中国家提供长期优惠贷款。按1993年规定,人均国民生产总值在696美元以下的国家,才有资格申请贷款。贷款对象为成员国政府。接受贷款最多的国家是印度、孟加拉国和巴基斯坦等国。

国际开发协会的贷款称为开发信贷,一般用于特定项目,比较集中在农业开发、教育及人力资源开发等见效期长或难以用收益表示的项目。

贷款期限为35~40年,宽限期为10年。还款时,借款国可部分或全部用本国货币偿还。对已拨付的贷款余额免收利息,只收取0.75%的手续费。因此,开发信贷具有明显的援助性质,被称为"软贷款",以区别条件较为严格的世界银行的"硬贷款"。

(三) 国际金融公司

国际金融公司是专门向经济不发达的成员国的私营企业提供贷款和投资的国际性金融组织。国际金融公司成立于1956年7月24日，是世界银行的另一个附属机构。国际金融公司成立时有31个成员国，目前已有175个成员国。

国际金融公司的宗旨是向发展中国家尤其是欠发达的成员国的生产性企业，提供无须政府担保的贷款与投资，鼓励国际私人资本流向这些国家，促进私人企业部门的发展，进而推动成员国经济的发展。

1. 国际金融公司的组织机构。国际金融公司设有理事会、执行董事会和以总经理为首的办事机构，其管理方法与世界银行相同。与国际开发协会一样，公司总经理和执行董事会主席由世行行长兼任，但与协会不同的是，公司除了少数机构和工作人员由世界银行相关人员兼任外，设有自己独立的办事机构和工作人员，包括若干地区局、专业业务局和职能局。按公司规定，只有世界银行成员国才能成为公司的成员国。

2. 国际金融公司的资金来源。

（1）成员国认缴的股金。根据协定，公司成立时的法定资本为1亿美元，分为10万股，必须以黄金或可兑换货币缴付。

（2）借款。在国际资本市场发行国际债券是借款的主要方式，约占借款总额的80%；国际金融公司还从世界银行及成员国政府那里取得贷款。

（3）业务净收益。指国际金融公司贷款与投资的利润收入。

3. 国际金融公司的业务活动。国际金融公司的主要业务是对成员国的私人企业提供贷款，或者向私人企业直接入股投资，分享企业利润，参与企业管理。

贷款发放的部门主要是制造业、加工业、开采业以及公用事业与旅游业等，贷款无须政府担保，期限一般为7~15年，需要以原借入货币偿还，利率高于世界银行贷款。

国际金融公司的投资政策是：（1）投资项目必须有利于所在国的经济；（2）投资项目必须有盈利前景；（3）投资项目无法以合理条件得到足够私人资本；（4）投资项目不为所在成员国政府反对；（5）投资项目施工时，本国投资者必须参与投资。此外，金融公司也会考虑以下因素：政府所有权和控制的程度、企业性质和管理效率以及将来扩大私人所有权的可能性等。

(四) 我国与世界银行集团的关系

中国是世界银行创始成员国之一，但1949年后，我国在世界银行的代表权由台湾当局占据。1980年5月15日，中国恢复了在世界银行的合法席位，随即我国政府向世界银行委派了理事、副理事和正副执行董事。

2010年4月，世界银行发展委员会春季会议通过了发达国家向发展中国家转移投票权的改革方案，这次改革使中国在世行的投票权从2.77%提高到4.42%，成为世界银行第三大股东国，仅次于美国和日本。

世界银行贷款是我国改革开放以来积极利用外资的一条重要渠道，世界银行和中国政府每年就双方的三年滚动合作计划进行磋商。财政部是世界银行集团在中国开展业务活动的主要对口部门，国家发展和改革委员在合作计划的制订中也起着重要作用。1981年，世界银行向中国提供第一笔贷款,用于支持中国的大学发展项目。截至 2010 年 2 月 28 日,世界银行向中国提供贷款总承诺额累计近 437 亿美元。

我国在国际开发协会的投票权为 344 829 票表决权,占总投票权的 1.88%。截至 1999 年 7 月,协会共向中国提供了 102 亿美元的软贷款,共执行 69 个项目。从 1999 年 7 月起,国际开发协会停止对中国提供贷款。

我国在国际金融公司的投票权为 24 750 票表决权,占总投票权的 1.03%。从 1985 年以来,国际金融公司在中国投资项目约 240 个,投资总额约 60 亿美元。

我国目前是世界银行最大的借款国,同时也是执行世界银行项目最好的国家之一。我国通过向世界银行争取贷款加快了基础设施建设等各方面的发展,同时,世界银行通过与我国的合作,提高了其资本运营的质量。

第二节　区域性国际金融组织

20 世纪 60 年代前后,欧洲、亚洲、非洲、拉丁美洲及中东等地区为了加强区域内的经济合作、协调货币金融关系,纷纷建立了区域性的国际金融组织。

一、国际清算银行

(一) 国际清算银行成立的背景及宗旨

国际清算银行 (Bank for International Settlement, BIS) 是英、法、德、意、比、日等国的中央银行与代表美国银行界利益的摩根银行、纽约和芝加哥的花旗银行组成的银团,根据海牙国际协定于 1930 年 5 月共同组建的。初建时成员国只有 7 个,截至 2008 年 8 月底,其正式成员已发展至 55 家中央银行或货币当局。我国于 1984 年与国际清算银行建立了业务联系,中国人民银行于 1996 年 11 月正式加入国际清算银行。

国际清算银行最初的宗旨是为了处理第一次世界大战后德国的赔偿支付及其有关的清算等业务问题。第二次世界大战后,该行的宗旨逐渐转变为促进各国中央银行之间的合作,为国际金融业务提供便利,并接受委托或作为代理人办理国际清算业务等。国际清算银行不是政府间的金融决策机构,亦非发展援助机构,它是各国"中央银行的银行"。

(二) 国际清算银行的组织形式

国际清算银行最高权力机构是股东大会,持有该银行 85% 股份的会员国中央银行在股东大会上拥有股份投票权,而持有另外 15% 股份的商业投资股东则没有投票权。

董事会是国际清算银行的最高决策机构。董事主要由比利时、法国、德国、意大利、英国、瑞士等欧洲成员国中央银行行长担任。董事会下设经理部、货币经济部、秘书处和法律处等。

(三) 国际清算银行的资金来源

1. 成员国缴纳的股金。该行建立时,法定资本为 5 亿金法郎 (Gold-francs),1969 年增至 15 亿金法郎，以后几度增资。截至 2001 年，国际清算银行的资产总额为 625 亿金法郎，自由资本（实收资本和储备）26 亿金法郎，分别约合 1 248 亿美元和 56 亿美元。

2. 借款。向各成员国中央银行借款，补充该行自有资金的不足。

3. 吸收存款。接受各国中央银行的黄金存款和商业银行的存款。

（四）国际清算银行的业务活动

1. 处理国际清算事务。第二次世界大战后，国际清算银行先后成为欧洲经济合作组织、欧洲支付同盟、欧洲煤钢联营、黄金总库、欧洲货币合作基金等国际机构的金融业务代理人，承担着大量的国际结算业务。

2. 办理或代理有关银行业务。主要有：接受成员国中央银行的黄金或货币存款；向成员国中央银行提供短期贷款，以解决其外汇收支失衡问题；接受各国中央银行委托，代理从事黄金、外汇、证券的买卖，以解决其外汇收支失衡问题。也可与商业银行和国际机构进行以上类似业务，但不得向政府提供贷款或以其名义开设往来账户。

3. 定期举办中央银行行长会议。国际清算银行于每月的第一个周末在巴塞尔举行西方主要国家中央银行的行长会议，商讨有关国际金融问题。协调有关国家的金融政策，促进各国中央银行的合作。

二、亚洲开发银行

（一）亚洲开发银行的建立与宗旨

亚洲开发银行（Asian Development Bank，ADB）简称亚行，是西方国家和亚洲及太平洋地区发展中国家联合创办的面向亚太地区的区域性政府间金融机构。它是根据联合国亚洲及太平洋经济与社会委员会的决议，并经于 1963 年 12 月在马尼拉举行的第一次亚洲经济合作部长级会议决定，在 1966 年 11 月正式建立，总部设在菲律宾首都马尼拉。1986 年 3 月我国成为亚行第 47 个成员国，在亚行认股排名第三。

亚行建立时有 34 个成员国，目前其成员不断增加，凡是亚洲及远东经济委员会的会员或准会员，亚太地区其他国家以及该地区以外的联合国及所属机构的成员，均可参加亚行。到 1995 年亚行的成员国增加到 56 个。

亚行的宗旨是向成员国或地区提供贷款与技术援助，帮助协调成员在经济、贸易和发展方面的政策，同联合国及其专门机构进行合作，以促进亚太地区的经济发展。

（二）亚洲开发银行的组织机构

亚洲开发银行的机构设置与国际货币基金组织及世界银行大致相同。其管理机构由理事会、执行董事会、行长组成。理事会是最高权力机构，由会员国各选派一名理事和副理事组成，多由成员国财政部长或中央银行行长担任。执行董事会是负责日常工作的常设机构，由 12 名董事组成。行长由董事长兼任，负责主持银行的日常工作。银行的重大事务由理事会和董事会投票表决。理事会和董事会中的投票权主要按会员国认缴股本的多少进行分配。日本和美国认缴的股本最多，其拥有的投票权也最多。

(三) 亚洲开发银行的资金来源

1. 普通资金 (Ordinary Capital)。普通资金是亚洲开发银行业务活动的主要资金来源，用于硬贷款。由股本、借款、普通储备金（由部分净收益构成）、特别储备金、其他净收益和预收股本六部分组成。

2. 特别基金 (Special Funds)。目前该行设立了三项特别基金：

(1) 亚洲开发基金。创设于 1974 年，由发达国家成员捐赠而来（最大认赠国是日本，美国第二），专门用于向亚太地区贫困成员国发放优惠贷款。

(2) 技术援助特别基金。创设于 1967 年，也由成员国捐赠而来，主要用于资助发展中成员国聘请咨询专家、培训人员、购置设备、进行项目准备、制定战略规划、加强机构建设、加强技术力量等。

(3) 日本特别基金。创设于 1988 年，由日本政府出资建立，主要用于赠款和股本投资。

(四) 亚洲开发银行的业务活动

亚洲开发银行的主要业务活动是向会员国提供贷款业务，贷款原则和程序与世界银行类似。贷款主要包括两大类：一类是普通贷款（称硬贷款），贷给收入较高的发展中国家和地区，用于工农业、电力、运输、邮电等部门的开发工程项目。贷款期限一般为 10～30 年，利率低于市场利率，一般半年调整一次。另一类是特别基金贷款（称软贷款），贷给较贫困的成员国，贷款期限为 40 年，免息，仅收 1% 的手续费。

按贷款方式划分，亚洲开发银行的贷款可分为：项目贷款、规划贷款、部门贷款、开发金融贷款、综合项目贷款及特别项目贷款等。其中，项目贷款是亚洲开发银行主要的贷款形式，该贷款是为成员国发展规划的具体项目提供融资。

除了提供贷款外，亚洲开发银行还向成员国提供咨询服务、技术援助、股本投资、联合融资、派遣顾问团等。

三、非洲开发银行

非洲开发银行 (African Development Bank, AFDB) 是一家由非洲国家合办的互助性质的区域性国际金融机构，成立于 1964 年 9 月，总行设在科特迪瓦的经济首都阿比让，2002 年临时搬迁至突尼斯至今。为筹集资金，1980 年 5 月非洲开发银行第 15 届年会通过决议，开始吸收非洲以外的国家参加。截至 2007 年 5 月，该行共有 77 个成员国，其中本地区 53 个，区域外成员国 24 个。我国于 1985 年 5 月正式加入非洲开发银行。

非洲开发银行的宗旨是：为成员国的经济和社会发展提供投资和贷款，或给予技术援助，充分利用非洲大陆的人才和资源，促进成员国经济发展和社会进步，协助制订非洲大陆总体发展规划和各成员国的发展计划，以逐步实现非洲经济一体化。

非洲开发银行的最高权力机构是理事会，由各成员国委派一名理事组成，表决权的份额按各国缴纳股份的多少计算。由理事会选出的董事会是常设的执行机构，负责制定非洲开发银行各项业务政策。

非洲开发银行的资金来源主要是会员国认缴的股本。除此之外，还通过与私人资本及其他信用机构合资合作，广泛动员和利用各种资金以扩大银行的业务。主要业务是向非洲地区成员国发放贷款。贷款种类分为普通贷款和特别贷款，前者是以该行普通股本资金提供或担保的贷款，后者是以银行设立的专门用途的"特别基金"来放贷，条件比较宽松。

四、泛美开发银行

泛美开发银行（Inter-American Development Bank，IDB）是由拉美国家、一些西方国家、日本及南斯拉夫合办的区域性国际金融机构，成立于1959年12月，于1960年10月正式营业，总行设在华盛顿。目前，成员国来自拉美地区、欧洲和亚洲。2009年1月12日，中国正式加入，成为该银行的第48个成员国。

泛美开发银行的宗旨是：集中美洲内外的资金向成员国政府及公、私团体的经济、社会发展项目提供贷款或对成员国提供技术援助，以促进拉丁美洲国家的经济发展和经济合作。

泛美开发银行的最高权力机构是董事会，由所有成员国各派1名董事和1名副董事组成。执行理事会是执行机构，负责领导银行的日常业务工作。执行理事正副职除美国和加拿大两国单独选派外，其他国家均由数国组成一组选派理事和副理事。董事会还选出行长1人，行长兼任执行理事会主席，是最高行政领导人。银行的重大事务由董事会和执行理事会投票解决，其投票权主要按会员国认缴股本的多少计算。

泛美开发银行的资金主要来源于成员国认缴的股本、在国际金融市场上借入的资金、银行业务净收入和成员国捐赠的特别业务基金。

泛美开发银行的贷款分为普通业务贷款和特种业务基金贷款。前者贷放的对象是政府和公、私机构的经济项目，期限一般为10~25年，还款时须用所贷货币偿还。后者主要用于条件较宽、利率较低、期限较长的贷款，期限多为10~30年，可全部或部分用本国货币偿还。此外，该行还设立了条件优惠的社会进步信托基金贷款。

五、亚洲基础设施投资银行

亚洲基础设施投资银行（Asian Infrastructure Investment Bank，AIIB）简称亚投行，是一个政府间性质的亚洲区域多边开发机构，重点支持基础设施建设。亚投行总部设在北京，法定资本1 000亿美元。

2013年10月2日，习近平主席提出筹建倡议，2014年10月24日，包括中国、印度、新加坡等在内21个首批意向创始成员国的财长和授权代表在北京签约，共同决定成立亚洲基础设施投资银行。2015年3月12日，英国正式申请加入亚投行，成为首个申请加入亚投行的主要西方国家。2015年4月15日，亚投行意向创始成员国确定为57个，其中域内国家37个、域外国家20个。

2015年6月29日，《亚洲基础设施投资银行协定》签署仪式在北京举行，亚投行57个意向创始成员国财长或授权代表出席了签署仪式。2015年12月25日，亚洲基础设施投资银行正式成立，全球迎来首个由中国倡议设立的多边金融机构。2016年1月16日至18日，亚投行开业仪式暨理事会和董事会成立大会在北京举行。

亚洲基础设施投资银行的成立宗旨是为了促进亚洲区域的建设互联互通化和经济一体化的进程,并且加强中国及其他亚洲国家和地区的合作。其主要业务是援助亚太地区国家的基础设施建设,为亚洲各国的基础设施项目提供融资支持——包括贷款、股权投资以及提供担保等,以振兴包括交通、能源、电信、农业和城市发展在内的各个行业投资。

亚投行的治理结构分为理事会、董事会、管理层。理事会是最高决策机构,每个成员在亚投行有正副理事各一名。董事会有12名董事,其中域内9名,域外3名。管理层由行长和5位副行长组成。

根据现有章程,亚投行作为"多边开发银行"治理最核心问题的投票权实际上分为两个部分:一部分是亚洲区域内国家和地区所占有的75%;另一部分是区域外非亚洲国家和地区占有的25%。亚洲区域内国家和地区的投票权将通过GDP、人口等一系列指标来决定。这与世界银行、亚洲开发银行根据出资占股比例决定投票权截然不同。

根据现有章程,《筹建亚投行备忘录》已经明确了各项参数的上下限:亚投行的法定资本为1 000亿美元,初始认缴资本目标为500亿美元左右,实缴资本为认缴资本的20%。并且亚投行多边临时秘书处秘书长金立群也作出了"在初创阶段中国的出资额可最高达50%"的保证。而据日本媒体的推算,中国的出资额约为35%~40%,即使日本加入亚投行亦不会低于30%。

亚投行是国际发展领域的新成员、新伙伴,在亚洲基础设施融资需求巨大的情况下,由于定位和业务重点不同,亚投行与现有多边开发银行是互补而非竞争关系。亚投行侧重于基础设施建设,而现有的世界银行、亚洲开发银行等多边开发银行则强调以减贫为主要宗旨。

亚洲基础设施投资银行(AIIB)的成立有重大意义,它弥补了亚洲发展中国家在基础设施投资领域存在的巨大缺口,减少了亚洲区内资金外流。不仅将夯实经济增长动力引擎的基础设施建设,还将提高亚洲资本的利用效率及对区域发展的贡献水平。

六、金砖国家开发银行

金砖国家开发银行(New Development Bank),是中国、俄罗斯、巴西、印度和南非等金砖国家设立的多边贷款机构,旨在为金砖国家和发展中国家基础设施项目融资。2014年7月15日成立,2015年7月21日在上海正式开业,法定资本1 000亿美元,初始认缴资本500亿美元,5个国家平均分配,每国认缴100亿美元,实缴比例为20%,分7年缴清。金砖国家开发银行是美国金融危机以来,金砖国家为避免在下一轮金融危机中受到货币不稳定的影响,计划构筑的一个共同的金融安全网,可以借助这个资金池兑换一部分外汇用来应急。

专栏13-1

亚洲基础设施投资银行运营现状

自身发展情况如何?——成员扩至84个

亚投行(全称:亚洲基础设施投资银行,英文缩写:AIIB)成立于2015年12月25日,2016年1月16日正式开业运营,法定股本为1 000亿美元,是由中国倡议设立的多边金融机构,旨在满足亚洲地区基础设施和互联互通建设的资金需求。

亚投行在开业时共有 57 个成员,随后"朋友圈"不断扩大。2017 年 3 月、5 月、7 月和 12 月先后进行四次扩容,批准了 27 个成员的加入申请,成员数增至 84 个,成员从亚洲拓展至全球。

最近一次扩容是在 12 月 19 日,亚投行宣布批准库克群岛、瓦努阿图、白俄罗斯和厄瓜多尔四个经济体的加入申请。

投资运营情况怎样?——共贷出 42 亿美元

除了成员扩展,投资运营也稳步展开。亚投行有关负责人透露,自正式开业运营以来,亚投行已在 12 个成员国开展了 24 个基础设施投资项目,项目贷款总额 42 亿美元,撬动了 200 多亿美元的公共和私营部门资金。

2017 年 6~7 月,亚投行先后获得了全球三大评级机构穆迪、标准普尔及惠誉的 AAA 信用评级,10 月还获得巴塞尔银行监管委员会零风险权重的认定。

具体投资了哪些项目?——投资项目从贫民窟到地铁均有覆盖

截至 2017 年底,其投资的 24 个项目主要涉及能源、交通、城市基础设施等领域。这些项目都位于亚洲及周边发展中国家,都是财务上可持续、对环境友好、社会经济效益高并且受到当地民众欢迎的项目。

根据亚投行官网介绍,24 个项目分布在菲律宾、印度、巴基斯坦、缅甸、印度尼西亚等国,内容涉及贫民窟改造、防洪、天然气基础设施建设、高速公路/乡村道路、宽带、电力系统、地铁建设等方面。

以菲律宾首都马尼拉防洪项目为例,其将能确保几百万居民免遭洪涝之害;而为孟加拉国改善以农村地区配电系统为主的项目,可使该国 1 250 多万农村人口受益。

亚投行表示,可持续基础设施、推动私营部门资本参与、跨境互联互通被确定为亚投行今后开展项目投资三大战略重点。

为何成立近两年才有对华项目?——先帮助其他中低收入发展中国家

12 月 11 日,亚投行公布首个对华项目,批准 2.5 亿美元贷款,用于"北京空气质量改善和煤改气"项目。

亚投行表示,"北京空气质量改善和煤改气"项目可以有效降低北京地区的空气可悬浮细颗粒物浓度、减少碳排放、减少煤炭消耗,从而改善北京地区空气质量和环境质量。

为何亚投行成立近两周年,才有第一笔对华投资?亚投行有关负责人表示,作为中方主导发起的多边金融机构,为更好地为其他中低收入发展中国家基础设施发展提供融资支持,中国政府决定在亚投行成立初期不大量从亚投行贷款。

开业以来,亚投行对有助于环境保护以及改善空气质量的在华基础设施项目,也在研究如何提供融资支持。亚投行在华首个投资项目,是综合考虑了亚投行宗旨、投资战略重点以及突出示范效应等方面因素的结果。

未来还有推出对华项目的计划吗?主要是哪些方向?亚投行透露,今后在华开展项目投资,会重点考虑有助于环境保护、节能增效、减少碳排放以及改善边境地区基础设施互联互通的投资项目。

> 为何大部分项目为联合融资？——合作共赢，与世行、亚开行等签署合作协议
>
> 记者注意到，亚投行投资的大部分为联合融资项目。如最近被批准的 3.35 亿美元贷款印度地铁项目，即为亚投行与欧洲投资银行（EIB）的联合融资项目。
>
> 根据亚投行透露，截至目前，24 个贷款项目中的 18 个是与其他多边开发银行联合融资的。
>
> 对此，亚投行相关负责人表示，自开业以来，亚投行一直以合作共赢的姿态，积极与其他多边开发银行开展务实合作，先后与世界银行、亚洲开发银行、欧洲复兴开发银行、欧洲投资银行等签署了合作协议。2017 年 5 月，亚投行等五个多边金融开发机构与中国财政部还就参与"一带一路"建设签署了合作备忘录。
>
> 资料来源：王佳昕. 亚投行晒两周年成绩单 谈为何刚投对华首个项目［EB/OL］. 环球网, 2017-12-25.

【本章要点】

1. 国际货币基金组织是联合国管理和协调国际金融关系的专门机构，最高决策机构是理事会，其成员由各国中央银行行长或财政部部长组成。《国际货币基金组织协定》中明确了该组织具有"为会员国提供一个常设的国际货币机构以促进国际货币合作"等六项宗旨。国际货币基金组织的主要业务活动包括汇率监督与政策协调、国际储备创造和金融贷款。我国是国际货币基金组织创立国之一。

2. 世界银行集团由国际复兴开发银行、国际开发协会、国际金融公司、多边投资担保机构和解决投资纠纷国际中心五大机构组成。国际复兴开发银行的主要业务是向成员国尤其是发展中国家提供贷款、投资担保、技术援助和分析咨询服务，国际开发协会主要向低收入发展中国家提供长期优惠贷款，国际金融公司则专门对经济不发达的成员国的私人企业提供贷款，或者向私人企业直接入股投资，分享企业利润，参与企业管理。

3. 国际清算银行被称为"中央银行的银行"，其宗旨是促进各国中央银行之间的合作，为国际金融运转提供便利，并作为国际清算的受托人或代理人。

4. 亚洲开发银行是西方国家和亚洲及太平洋地区发展中国家联合创办的面向亚太地区的区域性政府间金融机构。

5. 亚洲基础设施投资银行是一个政府间性质的亚洲区域多边开发机构，重点支持基础设施建设。

【思考题】

1. 国际金融组织有哪些类型？
2. 国际货币基金组织成立的背景是什么？其宗旨、资金来源和业务活动是什么？
3. 世界银行的宗旨是什么？它与国际货币基金组织有何异同？
4. 亚洲基础设施投资银行的宗旨是什么？
5. 谈谈近年来我国与主要国际金融机构的联系。

【技能案例】

安徽黄山新农村建设等4个世行贷款项目获批

据财政部消息,近日,世界银行执董会批准了安徽黄山新农村建设等四个中国贷款项目。

安徽黄山新农村建设示范项目,贷款金额1亿美元,使用以LIBOR为基础的浮动利差贷款,先征费率0.25%,贷款期30年(含5年宽限期);预计项目执行期为2013年12月27日至2018年12月31日;预计项目生效日为2014年5月15日,关账日为2019年6月30日。

广东农业面源污染治理项目,贷款金额1亿美元,使用以LIBOR为基础的浮动利差贷款,先征费率0.25%,贷款期25年(含5年宽限期);此外,全球环境基金还将提供510万美元的赠款。预计项目执行期为2013年12月27日至2019年6月30日;预计项目生效日为2014年5月15日,关账日为2019年12月31日。

农业可持续发展项目,贷款金额2亿美元,使用以LIBOR为基础的浮动利差贷款,先征费率0.25%,贷款期25年(含5年宽限期);预计项目执行期为2013年12月27日至2018年12月31日;预计项目生效日为2014年5月15日,关账日为2019年12月31日。

青海西宁城市交通项目,贷款金额1.2亿美元,使用以LIBOR为基础的浮动利差贷款,先征费率0.25%,贷款期30年(含5年宽限期);预计项目执行期为2013年12月27日至2019年3月31日;预计项目生效日为2014年5月26日,关账日为2019年9月30日。

资料来源:财政部网站,2013.12。

技能考核

分析:(1)上述案例反映了世界银行的哪些宗旨?(2)世界银行贷款的主要特点和程序是什么?

【实训操作】

金砖银行挑战世界经济秩序

13年前,Brics还是时任高盛(Goldman Sachs)首席经济学家吉姆·奥尼尔(Jim O'Neill)设想出的一个营销策略,现在它已是一家银行。

上个月(2014年7月),在巴西福塔莱萨(Fortaleza),巴西、俄罗斯、印度、中国和南非这5个金砖国家同意创建一家开发银行。他们还设立了一个规模达1 000亿美元的货币互换协议——正式名称是"应急储备安排"(CRA),该协议将让各国央行在紧急时期获得外汇供应。借用俄罗斯财长安东·西卢安诺夫(Anton Siluanov)的话来说,金砖国家正努力创造一个迷你版的世界银行(World Bank)和一个迷你版的国际货币基金组织(IMF)。

资料来源:英国《金融时报》社评,2014年7月21日。

实训任务 通过互联网搜索我国近年来从各种国际金融组织获得的优惠贷款,分析其贷款条件,从中分析金砖银行设立的背景。有人认为金砖银行将取代IMF和世界银行,你如何看待金砖银行与其他国际金融机构之间的关系?

主要参考文献

1. 陈雨露. 国际金融（第五版）[M]. 北京：中国人民大学出版社，2015.
2. 朱孟楠. 国际金融学 [M]. 厦门：厦门大学出版社，1999.
3. 刘园. 国际金融学（第二版）[M]. 北京：机械工业出版社，2016.
4. 王丹. 国际金融理论与实务 [M]. 北京：清华大学出版社，2008.
5. 王中华. 国际金融（第六版）[M]. 北京：首都经贸大学出版社，2016.
6. 梁峰. 国际金融概论（第二版）[M]. 北京：经济科学出版社，2007.
7. 杨胜刚，姚小义. 国际金融 [M]. 北京：高等教育出版社，2013.
8. 杜敏. 国际金融 [M]. 北京：机械工业出版社，2009.
9. 姜波克. 国际金融新编（第三版）[M]. 上海：复旦大学出版社，2005.
10. 刘玉操. 国际金融实务（第二版）[M]. 大连：东北财经大学出版社，2009.
11. 杨向荣. 外汇交易实务 [M]. 北京：电子工业出版社，2009.
12. 樊祎斌. 外汇交易实务 [M]. 北京：中国金融出版社，2009.
13. 孟昊. 国际金融理论与实务 [M]. 北京：人民邮电出版社，2014.
14. 孙刚，王月溪. 国际金融学 [M]. 大连：东北财经大学出版社，2014.
15. 王倩. 国际金融 [M]. 北京：清华大学出版社，2012.
16. 窦祥胜. 国际金融 [M]. 北京：中国人民大学出版社，2015.
17. 肖本华. 国际金融理论与实务 [M]. 上海：上海财经大学出版社，2013.
18. 郑梅青. 国际金融理论与实务 [M]. 上海：华东理工大学出版社，2014.
19. 霍伟东. 国际金融 [M]. 北京：高等教育出版社，2016.
20. 李小牧. 国际金融学教程 [M]. 北京：人民大学出版社，2008.
21. 汪洋. 国际收支与汇率 [M]. 上海：复旦大学出版社，2012.
22. 沈国兵. 国际金融 [M]. 北京：北京大学出版社，2013.
23. 朱靖. 国际金融理论与实务 [M]. 成都：西南大学出版社，2017.
24. 阿德里安·巴克利. 国际金融 [M]. 郭宁，汪涛译. 北京：中国人民大学出版社，2016.
25. 约瑟夫·P·丹尼尔斯等. 国际金融 [M]. 路蒙佳译. 北京：中国人民大学出版社，2016.
26. 王群琳，石月华. 国际金融 [M]. 北京：经济科学出版社，2010.
27. 缪玉林，朱旭强. 国际金融理论与实务 [M]. 北京：机械工业出版社，2012.
28. 李贺，冯晓玲等. 国际金融——理论·实务·案例·实训 [M]. 上海：上海财经大学出版社，2015.
29. 李学峰. 国际金融市场学 [M]. 北京：首都经济贸易大学出版社，2017.

30. 刘元春，胡曙光，范志勇. 国际金融市场与投融资［M］. 北京：中国人民大学出版社，2012.

31. 安砚贞. 国际融资［M］. 北京：中国人民大学出版社，2011.

32. 郑建明，潘慧峰. 国际融资与结算［M］. 北京：北京师范大学出版社，2017.

33. 李华根. 国际结算与贸易融资实务［M］. 北京：中国海关出版社，2011.

34. 苏宗祥，徐捷. 国际结算［M］. 北京：中国金融出版社，2010.

35. 隋平，程琳. 项目融资与银团贷款业务操作指引［M］. 北京：法律出版社，2012.

36. Steven Husted and Michael Melvin. International Economics［M］. Pearson Education，2001.

37. Giancarlo Gandolfo, Daniela Federici. International Finance and Open – Economy Macroeconomics［M］. Springer, 2016.

38. Anders Grath. The Handbook of International Trade and Finance: The Complete Guide for International Sales, Finance, Shipping and Administration［M］. Kogan Page Ltd; 4th Revised edition, 2016.

39. Paul R Krugman, Maurice Obstfeld, Marc Melitz. International Finance: Theory and Policy, Global Edition［M］. Pearson, 2014.